Bruxaria, Oráculos e Magia entre os Azande

Coleção
ANTROPOLOGIA SOCIAL
fundada por Gilberto Velho
dirigida por Karina Kuschnir

- O Riso e o Risível
  Verena Alberti

- Falando da Sociedade
- Outsiders
  Howard S. Becker

- Antropologia Cultural
  Franz Boas

- O Espírito Militar
- Evolucionismo Cultural
- Os Militares e a República
  Celso Castro

- Nas Redes do Sexo
  María Elvira Díaz-Benítez

- Bruxaria, Oráculos e Magia entre os Azande
  E.E. Evans-Pritchard

- Futuros Antropológicos
  Michael M.J. Fischer

- Nova Luz sobre a Antropologia
- Observando o Islã
  Clifford Geertz

- O Cotidiano da Política
  Karina Kuschnir

- Cultura: um Conceito Antropológico
  Roque de Barros Laraia

- Guerra de Orixá
  Yvonne Maggie

- A invenção de Copacabana
- De Olho na Rua
  Julia O'Donnell

- A Teoria Vivida
  Mariza Peirano

- Cultura e Razão Prática
- História e Cultura
- Ilhas de História
- Metáforas Históricas e Realidades Míticas
  Marshall Sahlins

- Antropologia Urbana
- Um Antropólogo na Cidade
- Desvio e Divergência
- Individualismo e Cultura
- Projeto e Metamorfose
- Rio de Janeiro: Cultura, Política e Conflito
- Subjetividade e Sociedade
- A Utopia Urbana
  Gilberto Velho

- Pesquisas Urbanas
  Gilberto Velho e Karina Kuschnir

- O Mistério do Samba
  Hermano Vianna

- Sociedade de Esquina
  William Foote Whyte

E.E. Evans-Pritchard

Bruxaria, Oráculos e Magia entre os Azande

Edição resumida e introdução:
Eva Gillies

Tradução:
Eduardo Viveiros de Castro

ZAHAR

Título original:
Witchcraft, Oracles and Magic among the Azande

Tradução autorizada da edição inglesa publicada em 1976
por Oxford University Press, de Londres, Inglaterra

Witchcraft, Oracles and Magic Among the Azande,
abridged with an introduction by Eva Gillies,
was originally published in English in 1976. This
translation is published by arrangement with
Oxford University Press

Jorge Zahar Editor Ltda.
rua Marquês de S. Vicente 99 – 1º
22451-041 Rio de Janeiro, RJ
tel (21) 2529-4750 / fax (21) 2529-4787
editora@zahar.com.br
www.zahar.com.br

Capa: Joana Leal

CIP-Brasil. Catalogação-na-fonte
Sindicato Nacional dos Editores de Livros, RJ

Evans-Pritchard, E.E. (Edward Evans), 1902-1973
E93b Bruxaria, oráculos e magia entre os Azande / E.E. Evans-Pritchard; edição resumida e introdução, Eva Gillies; tradução Eduardo Viveiros de Castro. — Rio de Janeiro: Zahar, 2005.
(Coleção Antropologia social)

Tradução de: Witchcraft, oracles and magic among the Azande
Apêndices
Inclui bibliografia
ISBN 978-85-7110-822-6

1. Zande (Povo africano). 2. Feitiçaria – África, Central. 3. Magia – África, Central. I. Gillies, Eva. II. Título III. Série.

CDD: 133.40967
05-2701 CDU: 133.4(6-191.2)

Sumário

Nota do tradutor

Publicada originalmente na Inglaterra em 1937, esta descrição das idéias sobre a influência mágica e das práticas divinatórias de um povo da África central é inaugural de um novo campo de investigação, aquele que se poderia chamar de "etnografia da verdade".

Combinando de modo mais que criativo, criador, orientações antropológicas muito diversas entre si, E. Evans-Pritchard submeteu o problema lévy-bruhliano da heterogeneidade constitutiva da razão humana ao método malinowskiano do trabalho de campo de longa duração junto a uma sociedade exótica. As pontes com isso lançadas entre a antropologia, a psicologia e a filosofia fizeram de ***Bruxaria, Oráculos e Magia entre os Azande*** uma das referências incontornáveis do debate contemporâneo sobre a natureza — e a cultura — da "racionalidade". Antropologia da religião, filosofia da ciência e psicologia da crença tornaram-se outras depois deste livro; e se em alguns pontos puderam ir adiante, só o foram graças a este livro.

Algumas das análises aqui propostas tornaram-se propriamente clássicas, isto é, permanentemente novas. Pense-se, por exemplo, na identificação do propósito epistemológico do recurso à bruxaria como explicação de infortúnios: a busca não de causas eficientes, mas de razões suficientes; não uma física da causalidade objetiva, mas uma política da intencionalidade subjetiva; não o fenômeno e o conceito, mas o evento e o sentido. É a este livro que a antropologia deve uma de suas principais contribuições ao pensamento contemporâneo, a saber, a constatação de que há muito mais bruxaria no céu e na terra do que supõe a vã burocracia da razão.

Ou pense-se ainda na análise minuciosa das técnicas divinatórias de produção da verdade, que as determina como um autêntico "jogo de linguagem" no sentido wittgensteiniano, descortinando toda uma economia política do veredicto, do dizer veraz que circunscreve o pensável e o dizível em regimes de signos como aquele dos Azande. É dificil imaginar onde estaria a antropologia hoje sem tais análises, sem as contribuições *teóricas* desta *etnografia*.

Seria igualmente difícil imaginá-la sem a escritura evans-pritchardiana. Possivelmente o maior estilista da prosa antropológica anglo-saxã, Evans-Pritchard é o mestre da monografia teórico-descritiva, o grande costureiro imperceptível do mais abstrato com o mais concreto. Seus livros impressionam pela arquitetura elegante e sóbria — pelas descrições precisas, as frase curtas e secas, a sintaxe cristalina, os *understatements* característicos, onde se afirmam as idéias mais desconcertantes. Evans-Pritchard representa assim a culminância de uma fase particularmente brilhante da história da antropologia.

EDUARDO VIVEIROS DE CASTRO
Museu Nacional, UFRJ
setembro de 2004

Introdução

I

Ao apresentar uma versão resumida de *Bruxaria, oráculos e magia entre os Azande* quase 40 anos após sua primeira edição, é difícil não sentir um certo desconforto quanto ao uso do presente etnográfico.* Afinal, a pesquisa de campo em que o livro se baseia foi realizada em fins da década de 1920: aqui se descreve um mundo desaparecido. Apesar disso, espero que ele ainda se revele, para o moderno antropólogo, filósofo ou historiador das idéias, um mundo novo e estimulante. Para os Azande, porém, habitantes da turbulenta África Central, na região do divisor de águas entre os rios Nilo e Congo, dificilmente se pode dizer que o tempo não tenha passado nesse intervalo (tampouco, como veremos, o tempo esteve imóvel no período em que Evans-Pritchard viveu entre eles).

A pátria tradicional dos Azande está atualmente cortada pelas fronteiras de três Estados africanos modernos: a República do Sudão, o Zaire** e a República Centro-Africana. No tempo de Evans-Pritchard todos esses territórios estavam sob domínio colonial: o Sudão era "anglo-egípcio", o Zaire era o Congo Belga, e a República Centro-Africana constituía parte da extensa África Equatorial Francesa. Evans-Pritchard, então encarregado pelo governo do Sudão anglo-egípcio de fazer um levantamento etnográfico, naturalmente dirigiu sua pesquisa para os Azande sudaneses, embora também tivesse visitado o Congo Belga em suas duas primeiras viagens. Exceto quando indicado de outra maneira, as referências ao governo colonial, a influências européias etc. aludem ao governo do Sudão anglo-egípcio e a seu impacto sobre a cultura zande tradicional.***

---

* Presente etnográfico é a técnica de exposição que consiste em descrever o modo de vida de um grupo — modo tradicional ou passado — utilizando o presente do indicativo. Esta convenção narrativa pode, deliberada ou involuntariamente, induzir o leitor a pressupor que o objeto da descrição é contemporâneo, não apenas à observação etnográfica, mas ao ato mesmo de sua leitura. (N.T.)

** Atual República Democrática do Congo (N.T.)

*** O prefixo / a- / indica plural na língua zande, e será usado na presente tradução como o plural em português: as crenças azande, etc. A convenção aqui adotada grafa a palavra "zande" com inicial maiúscula (e no plural vernacular) quando ela se refere a este povo como coletividade étnica e cultural: "os Azande". Nos demais contextos a palavra é grafada com inicial minúscula: o país zande, as idéias azande. Quando se trata de "o zande" ou "um zande", isto é, do indivíduo como um tipo, como encarnação particular da cultura dos Azande em geral — construção freqüente no livro de Evans-Pritchard —, mantivemos a inicial minúscula. (N.T.)

Evans-Pritchard encontrou os Azande sudaneses vivendo numa região de savanas esparsamente arborizada — uma planície vastíssima, cortada por inúmeros ribeirões cercados de matas ciliares. A morfologia da área se revelava somente na estação seca, de abril a novembro, quando o mato era queimado. No período das chuvas, todo o terreno se cobria de uma relva alta e densa que tornava difícil a caminhada fora das trilhas. Os Azande sob administração francesa, a oeste, ocupavam área semelhante em termos de vegetação; os que viviam no Congo Belga, por outro lado, ocupavam o limiar da floresta tropical úmida, que se adensa na direção do equador.

Os Azande, nessa época, viviam de cultivo do solo, de caça, pesca e coleta de frutos silvestres. Cultivavam eleusina*, milho, a batata-doce, mandioca, amendoim, bananas e uma grande variedade de legumes e oleaginosas. Evans-Pritchard menciona a abundância de caça e os enxames anuais de térmitas, consideradas um manjar.

Os Azande também mostravam grande competência como ferreiros, oleiros, entalhadores, cesteiros e em numerosos outros ofícios. No tempo em que Evans-Pritchard residiu entre eles, porém, tinham poucas oportunidades de comercializar seus artigos, ou incentivos para cultivar produtos comerciais. Desta forma, importantes aspectos de sua cultura ficaram a salvo de influências externas, ainda que em outros pontos tais influências já estivessem afetando substancialmente os costumes tradicionais.

Além disso, os Azande criavam aves domésticas (que eram, como veremos, parte central de suas técnicas de controle de forças hostis), mas não tinham gado. Aliás, não poderiam tê-lo: a região era infestada pela mosca tsé-tsé (*Glossina* sp.), transmissora de microorganismos que provocam a tripanossomíase no gado — e a doença do sono no homem. Na década de 1920, o governo colonial tentou controlar a doença do sono concentrando a população, antes dispersa, em grandes aldeamentos ao longo das recém-construídas estradas federais. Grande parte do trabalho de Evans-Pritchard, na verdade, foi realizado nessas colônias, e é no pretérito que ele descreve o padrão tradicional de residência:

> Toda a região era pontilhada de sítios** que abrigavam famílias individuais. Em geral distavam muito entre si, separados por lavouras e faixas de floresta. Se to-

* *Eleusine corocana*, uma gramínea semelhante ao milhete. (N.T.)

** No original *homestead*, que traduzimos neste livro por "sítio" ou "residência" (mais raramente, "casa"). Trata-se de um conjunto, em geral cercado, de equipamentos de moradia e trabalho — cabanas, oficinas, despensas, galinheiros, cozinhas etc. — pertencentes a um grupo familiar, ao qual está associado uma ou mais roças. (N.T.)

mássemos uma seção transversal de um distrito zande, veríamos que cada residência compreendia um homem, sua esposa (ou esposas) e seus filhos, enquanto seus vizinhos mais próximos estavam geralmente ligados a ele por laços de parentesco ou casamento.[1]

Esse padrão tradicional de residência dispersa refletia originalmente um sistema político indígena altamente organizado. A extensa área aqui descrita como constituindo a pátria dos Azande consistia, na verdade, em vários reinos tribais separados por largas faixas de matagal desabitado. Cada reino era governado por um membro diferente de uma única dinastia real, os Avongara, sob cuja liderança os "verdadeiros" Azande (também chamados Ambomu) tinham conquistado a região, expulsando ou mais freqüentemente absorvendo vários outros povos das mais diversas origens étnicas e lingüísticas.

O número e tamanho desses reinos variaram no decorrer do tempo. Os Avongara eram uma dinastia aventureira e amante da guerra; e, como não existia uma regra de sucessão fixa, muitos príncipes ambiciosos haviam preferido, na época pré-colonial, criar um domínio para si mesmos a permanecer em sujeição feudal a um pai ou irmão. Não obstante, a organização e o aspecto de todos esses reinos obedeciam a um mesmo padrão cultural. Cada reino era dividido em províncias administradas pelos filhos e irmãos mais novos do rei, ou por alguns plebeus abastados, não-Avongara, por ele designados. A província central do reino ficava sob a administração pessoal do monarca: os habitantes eram seus vassalos num sentido muito mais imediato que aqueles das províncias circundantes, cujos governadores gozavam de muita autonomia, embora estivessem obrigados ao pagamento de tributo ao rei e a atender à sua convocação em caso de guerra. Este era o caso em especial dos príncipes; os governadores plebeus eram mais dependentes do rei, que os podia transferir, e o fazia a seu talante, em geral para favorecer um filho. De hábito, contudo, o rei sentia-se na obrigação de apresentar uma desculpa, justificando seu ato. Ao mencionar as diferenças entre a condição dos príncipes e a dos governadores plebeus, Evans-Pritchard esclarece:

> Quando falo de príncipes, contudo, devem-se compreender também os governadores plebeus, salvo indicação explícita em contrário. Na realidade, ao se discutirem a organização e o procedimento de uma ... corte, termos como rei, príncipe e governadores são mais ou menos intercambiáveis. A corte de um rei era maior que a de um príncipe, mas não diferia dela de modo significativo; ele dirigia sua província assim como os príncipes faziam com as suas. A corte de um

---

[1] E.E. Evans-Pritchard, *Witchcraft, Oracles and Magic among the Azande*, p.14.

governador plebeu igualmente não parece haver diferido daquelas dos governadores nobres em forma ou funcionamento.[2]

Tais cortes sempre estavam localizadas no centro da respectiva província, de forma que a do rei ficava não apenas no centro de sua própria província, mas também no centro do reino. Largas estradas irradiavam-se como estrelas a partir da corte real até as cortes dos governadores, os quais assumiam a responsabilidade de mantê-las em condições de uso.

Cada corte de governador (inclusive a do rei, em sua condição de governador da própria província) era, por sua vez, o eixo de um sistema similar, embora em menor escala. No centro localizava-se a corte do dirigente provincial, de onde saíam estradas menores para os povoados menos importantes, residência de seus delegados principais. Cada delegado era responsável, perante seu governador, pela convocação dos moradores de seu distrito para a guerra ou o trabalho, além de recolher tributos, quando requeridos. Competia-lhe ainda manter a ordem naquele distrito, conservar limpas todas as vias importantes, resolver disputas em nome de seu senhor e, em geral, comunicar-lhe tudo o que ocorria no distrito. (A organização militar era um domínio separado, havendo companhias de guerreiros para cada província.)

Geralmente cada delegado instalava-se perto de um dos muitos riachos que cortavam a região, enquanto seus parentes e clientes estabeleciam-se em suas respectivas roças, nas vizinhanças. Em outras palavras, o padrão residencial disperso refletia fielmente um sistema político que, embora altamente organizado, se baseava numa ampla delegação hierárquica de autoridade.

Ora, o objetivo inicial da administração colonial, de acordo com o princípio então sólido da administração indireta [*Indirect Rule*], era "dirigir o país por meio dos 'chefes' e 'sultões' tribais cuja ação é limitada pelo direito dos nativos de apelarem a um funcionário do governo".[3] Não deixava de se tratar de uma política sensata, uma vez que era claramente impossível governar os Azande senão por meio dos príncipes avongara, cuja autoridade eles reconheciam. Parece também que se fez algum esforço no sentido de evitar que o modo de vida zande sofresse influências estrangeiras, em especial as da cultura arábica, infiltradas na massa dos funcionários coloniais (e, é bom lembrar, havia tanto egípcios como britânicos entre eles), de seus criados e dos ubíquos mercadores egípcios e sudaneses. Com visível aprovação, Evans-Pritchard menciona o então comissário distrital, o major Larken, que "fala zande com

[2] E.E. Evans-Pritchard, *The Azande: History and Political Institutions*, p.169.

[3] *Bahr El Gazal Province Handbook*, p.37.

fluência e tem desencorajado, posso mesmo dizer que com fanatismo, o uso do árabe e a adoção de crenças e costumes islâmicos".[4]

Mas o conservadorismo cultural é notoriamente eivado de dificuldades, e a administração indireta era uma contradição em termos, como a experiência veio a demonstrar. Uma aristocracia governante, como a dos Avongara, não pode conservar sua posição tradicional quando a fonte real de autoridade está fora do sistema. No início dos anos 1920, novas medidas administrativas acarretaram um controle mais direto por parte das agências governamentais, para maior prejuízo ainda da organização política tradicional.

Em primeiro lugar, a característica central dessa organização simplesmente desapareceu quando o rei foi substituído por um comissário distrital, por mais que este fosse consciencioso e esclarecido. Os próprios Azande parecem ter percebido isso claramente. A parte do território zande onde Evans-Pritchard mais trabalhou tinha sido o domínio de um rei chamado Gbudwe, monarca astuto e bem-sucedido segundo o modelo tradicional. Gbudwe fora assassinado num choque com as forças britânicas em 1905; sua memória ainda era reverenciada por seu povo. Evans-Pritchard escreve:

> Para os Azande, sua morte não foi apenas a morte de um rei, porém ... o fim de uma época, mais ainda, uma catástrofe que transformou a ordem das coisas. Quando os homens mais velhos falam sobre seus costumes, contrastam o sucedido hoje com o que acontecia "quando Gbudwe era vivo"; e, em sua opinião, o que acontecia nos dias de Gbudwe era o que devia acontecer. Embora Gbudwe tivesse morrido apenas 21 anos antes que eu iniciasse minha pesquisa na região, aqueles que tinham vivido em seu reinado recordavam o passado com tristeza. Para eles, aquela fora a Idade de Ouro da lei e do costume.[5]

No fim da década de 1920, os filhos de Gbudwe e outros governadores provinciais ainda mantinham suas cortes. Mas elas haviam perdido muito em tamanho e importância; despidas do antigo encanto, não mais eram fontes de patronagem e poder. A guerra, esteio do sistema político zande, deixara de existir como possibilidade; desapareceram as companhias de guerreiros e pajens, e os homens não mais afluíam à corte para oferecer lanças, presentes ou favores — de fato, raras vezes ali se viam mais que uns poucos, agora. E, quando vinham, não encontravam a antiga e pródiga hospitalidade, porque agora os príncipes recebiam tributos insignificantes e muito pequena ajuda no plantio e na colheita. Mesmo esse pouco recebido pelos príncipes era dado

---

[4] E.E. Evans-Pritchard, *Witchcraft, Oracles and Magic among the Azande*, p.18.
[5] Ibid, p.19.

quase que secretamente — não podia ser obrigatório, como nos tempos idos. A administração colonial substituíra o trabalho nas terras do príncipe pelo trabalho nas estradas do governo, declarando ademais que um príncipe não tinha o direito de exigir prestação de serviços de seus súditos.

Os príncipes continuavam mantendo numerosas esposas, mas não tinham o mesmo controle sobre elas; quando fugiam, não era fácil trazê-las de volta. Se um príncipe ultrajado quisesse fazer valer seus direitos conjugais, as esposas podiam queixar-se de maus-tratos num centro administrativo. Os príncipes obviamente não tinham o menor desejo de prestar contas ao governo em assuntos dessa natureza. No tempo de Evans-Pritchard, em verdade, a autoridade geral dos homens sobre as mulheres, e a dos velhos sobre os jovens, estava sendo minada em todo o país zande. Aqui também os velhos falavam com nostalgia da época de ouro do bom rei Gbudwe, quando os jovens sabiam o seu lugar e as esposas eram adequadamente submissas. Mas, mesmo na década de 1920, a vida familiar, baseada no casamento poligínico e na residência patrilocal, ainda "se caracterizava pela inferioridade das mulheres e pela autoridade dos mais velhos".[6]

Voltando às cortes principescas sobreviventes, talvez a mais profunda modificação de todas fosse elas terem deixado de ser tribunais de justiça de última instância. Já vimos que na época pré-colonial as disputas de menor importância eram arbitradas por um delegado do governador, que se limitava a comunicá-las a seu senhor. Os casos mais sérios, porém (tipicamente a bruxaria e o adultério), eram levados à corte provincial para serem resolvidos pelo príncipe — melhor dizendo, por seu oráculo de veneno, que, como diz Evans-Pritchard, era, "nos velhos tempos ..., em si mesmo, a maior parte do que chamamos prova, juiz, júri e testemunhas".[7]

O oráculo de veneno será detalhadamente descrito no capítulo VIII. Basicamente trata-se de um método de obtenção de respostas para questões obscuras ou difíceis, por meio da administração de veneno a galinhas. O veredicto do oráculo manifesta-se pela morte ou sobrevivência da ave ao ordálio. O veneno empregado pelos Azande era um pó vermelho extraído de determinada trepadeira da floresta; misturado com água, formava uma pasta, de onde o líquido era espremido à força dentro do bico de pequenas aves domésticas. Em geral a dose era seguida de convulsões violentas, por vezes fatais; mas muitas vezes as galinhas se recuperavam. Algumas delas não pareciam afetadas pelo veneno. Evans-Pritchard levou uma amostra desse pó para a

---

[6] Ibid, p.16.
[7] Ibid, p.267.

Inglaterra, para análise química. Verificou-se que possuía propriedades análogas às da estricnina.

A questão, portanto, é obviamente a imprevisibilidade da reação da galinha: é seu comportamento no ordálio, especialmente sua morte ou sobrevivência, que responde à pergunta feita ao oráculo. A imprevisibilidade coloca-se como garantia da verdade, da mesma forma como distinguiríamos entre experiências "fraudulentas" e "genuínas" pela incerteza do resultado. Os Azande utilizavam várias outras técnicas oraculares, mas o oráculo de veneno era considerado o mais digno de confiança, e por isso era utilizado nas decisões judiciais.

Como já foi dito, as duas categorias mais freqüentes de casos eram a bruxaria e o adultério. A bruxaria era equivalente ao assassinato, pois todas as mortes eram *ipso facto* atribuídas à ação maléfica de bruxos humanos. Após qualquer morte, exceto a de uma criança pequena, os bruxos eram preliminarmente identificados por uma consulta privada aos oráculos de veneno, em nome de um parente ou parentes sobreviventes. Se o oráculo do príncipe confirmasse os nomes apresentados, o veredicto estava irrefutavelmente lançado. A indenização devida pelo bruxo era estabelecida por lei. Nos casos de adultério, provas circunstanciais podiam ser acrescentadas, mas a única conclusiva era o veredicto do oráculo de veneno. Assim, a melhor defesa de um acusado consistia em requerer ele próprio uma consulta oracular que atestasse sua inocência.

Para os Azande, que acreditavam na imparcialidade e confiabilidade do oráculo, tais métodos judiciais eram plenamente satisfatórios. Para o governo colonial, naturalmente, tudo aquilo não passava de uma superstição absurda. Os novos códigos legais recusavam-se a reconhecer a realidade da bruxaria, não aceitavam a prova dos oráculos e não admitiam a indenização paga pelos bruxos ou a vingança mágica contra eles. Os príncipes só poderiam ouvir os casos em tribunais do governo e sob supervisão governamental. E, embora as pessoas continuassem solicitando os veredictos dos oráculos provinciais, ninguém mais via por que pagar por uma consulta, agora que seu resultado não tinha mais valor legal. Quanto aos príncipes, eles já não dispunham agora de meios para implementar as decisões tomadas por seus tribunais: o caso sempre podia ser em seguida levado a um tribunal do governo — não como apelação, mas como se não tivesse havido qualquer julgamento anterior. Talvez tenha sido essa a modificação mais profunda de todas as sutis alterações provocadas pela primeira intervenção colonial na estrutura sociocultural zande.

Os Azande parecem ter reagido ao desmoronamento de suas noções de lei e ordem importando de povos vizinhos novas medidas de proteção contra a maldade invisível. Estas eram as confrarias mágicas descritas no capítulo XII; elas talvez constituam um dos fenômenos mais curiosos descritos neste livro. Evans-Pritchard afirma que era difícil, pela própria natureza do tema, conseguir informações sobre essas associações; acrescenta que teve dificuldade em integrar os dados ao restante do material. Como ele mesmo viu claramente, sua descrição das novas sociedades secretas perturbava a límpida simetria de seu triângulo bruxaria-oráculo-magia.

Ao tomarem tão facilmente de empréstimo esse dispositivo cultural de seus vizinhos, os Azande agiam bem a seu modo. Evans-Pritchard assim os caracteriza:

> ... os Azande estão tão habituados à autoridade, pois são um povo dócil ... é muito fácil para os europeus entrar em contato com eles; ... são hospitaleiros, bondosos, quase sempre joviais e sociáveis; ... sem maiores dificuldades, adaptam-se a novas condições de vida e estão sempre dispostos a copiar o comportamento daqueles que encaram como culturalmente superiores, a adotar novos estilos de vestuário, novas armas e utensílios, novas palavras e mesmo novas idéias e hábitos ... eles possuem uma inteligência incomum, são sofisticados e progressistas, oferecendo pouca resistência à administração estrangeira, além de demonstrarem pouco desprezo por estrangeiros.[8]

Nessa caracterização dos Azande, Evans-Pritchard tem o cuidado de acrescentar que se referia apenas aos plebeus, isto é, aos não-membros da classe dominante Avongara, que em todos os reinos azande funcionava como dinastia governante e como aristocracia exclusiva. Todos os demais Azande estavam na condição de plebeus. Não obstante, dentro dessa última categoria, Evans-Pritchard percebeu certa diferenciação entre os Ambomu (ou "verdadeiros" Azande), conquistadores da terra, e as várias tribos originalmente submetidas por eles, cujos membros eram conhecidos genericamente por Auro. Seja como for, ele acreditava que a distinção Ambomu/Auro — menos marcada, seja como for, que a existente entre Avongara e plebeus — dependia menos do nascimento que de interesses políticos. Os Ambomu, mesmo no tempo de Evans-Pritchard, tinham um contato mais íntimo com a vida da corte. Tendiam também a ser um pouco mais ricos.

A verdadeira diferença, porém, está entre Avongara e plebeus. Os primeiros, ainda na década de 1920, viviam dos tributos minguantes dos plebeus; em vista disso, não tomavam qualquer parte na produção alimentar, se excetuarmos a caça ocasional. Ao contrário de seus súditos, aos quais desprezavam,

---

[8] Ibid, p.13.

eram altivos, conservadores, contrários à mudança e aos conquistadores europeus que a trouxeram. Evans-Pritchard legou-nos um quadro inesquecível dessa aristocracia desdenhosa e votada ao desaparecimento:

> Em geral, eles são belos, muitas vezes talentosos, podendo ser anfitriões e companheiros encantadores; mas costumam mascarar com uma fria polidez sua aversão ao novo estado de coisas e àqueles que o impõem. Descobri que, com raras exceções, não tinham a menor utilidade como informantes, uma vez que se recusavam firmemente a discutir seus costumes e crenças, sempre desviando a conversa para outros assuntos. ... Ingleses em terra zande não correm o risco de confundir um nobre com um plebeu e vice-versa. Há um toque aristocrático em seu vestuário, na maneira como se penteiam, no porte da cabeça, no andar, no modo de falar e no tom de voz, na polidez da conversa, nas mãos que desconhecem o trabalho duro e na expressão do rosto, que revela serem homens cuja superioridade jamais é contestada e cujas ordens são seguidas de obediência imediata.[9]

Aristocratas ou plebeus, assim eram os Azande tal como Evans-Pritchard os conheceu entre os anos de 1926-29. Já naquela época ele preocupou-se em registrar conscienciosamente um sistema de vida e de crenças que sabia estar em rápido desaparecimento. Desde então as pressões e influências que afetavam a vida zande alteraram-se de várias maneiras. No início dos anos 1920, como vimos, o governo colonial transferira a população para aldeamentos junto às estradas a fim de controlar a doença do sono. Por volta de 1940, o número de casos da doença decrescera de maneira sensível, o que provocou um relaxamento das disposições: cada um podia voltar a viver onde quisesse. Os Azande parecem ter interpretado isso como uma ordem oficial para deixar os aldeamentos, aos quais já se haviam acostumado.[10] Mas o pior estava por vir. Até 1940 o governo colonial tinha como preocupação dominante a manutenção da paz e a proteção da população zande contra influências externas. Agora, embora tais objetivos continuassem em pauta, tinham sido ofuscados por outro. A meta básica do governo passava a ser o desenvolvimento socioeconômico, a longo prazo, do Sudão meridional e das possessões africanas em geral. No início dos anos 1940, o distrito Zande foi escolhido como área de aplicação de um plano-piloto que visava, em última análise, inserir este e outros povos africanos na economia mundial.

---

[9] Ibid, p.13-14.

[10] Conrad C. Reining, *The Zande Scheme: An Anthropological Case Study of Economic Development in Africa*, p.101-2.

A Operação Zande, como ficou conhecido o projeto, tinha como meta principal o cultivo de algodão voltado para o mercado internacional. A proposta era de um paternalismo benevolente:

> tornar estas áreas praticamente auto-sustentadas e capacitá-las a comercializarem uma produção ... que as capacite à obtenção dos poucos ... fundos necessários à sua auto-suficiência... [A operação visava] nada menos que a completa maturidade social e estabilidade econômica do povo zande.[11]

Para tão louváveis propósitos, o governo do Sudão estabeleceu em 1946 a Junta de Projetos Equatoria, com uma generosa dotação de recursos. A essa Junta cabia fazer tudo: supervisionar o plantio do algodão, comprá-lo dos produtores, organizar sua fiação e tecelagem no novo centro industrial de Nzara, exportar a produção e, pela instalação de uma rede de casas comerciais, "proteger a população da exploração por parte de empresas comerciais ... [e] ensiná-la como gastar sensatamente o dinheiro recebido pelas colheitas".[12]

Percebeu-se que o cultivo do algodão exigia uma supervisão atenta, não apenas porque os Azande jamais o haviam plantado antes, mas também para garantir um uso racional da terra, a conservação do solo e um rodízio adequado nas semeaduras. Como resultado, surgiu um novo plano de acordo com o qual, no período de 1945-50, foram removidas cerca de 50 a 60 mil famílias dos aldeamentos de beira de estrada de 1920 para novas áreas predeterminadas da zona rural.

Considerando-se as características nacionais e o passado histórico dos Azande, acreditou-se que eles, como um todo, acolheriam a mudança com satisfação. Eram tidos como de natureza dócil e adaptável; obedientes acima de tudo a seus governantes nativos, por meio dos quais seriam implantadas as novas medidas. Na época pré-colonial, o sistema de ocupação dispersa do território era o tradicional; e além disso, a estreita contigüidade espacial estava associada aos temores relativos à bruxaria.

Apesar disso, os planejadores e o próprio funcionário encarregado dessa instalação (um bem-intencionado e experiente ex-comissário distrital), haviam feito seus cálculos sem levar em conta as mudanças históricas. Reining, um antropólogo norte-americano que visitou os Azande nos anos 1950, cons-

---

[11] H. Ferguson, "The Zande Scheme", p.2-3, cit. in P. De Schlippe, *Shifting Cultivation in Africa: The Zande System of Agriculture*, p.20.

[12] De Schlippe, op.cit., p.21.

tatou que eles se queixavam amargamente do isolamento: não apenas da distância dos hospitais e de outras vantagens a que se tinham acostumado no decorrer de uma geração, mas sobretudo da dispersão. Ele comentou:

> O desconforto provocado pelo isolamento poderá parecer estranho, se recordarmos que as habitações tradicionais eram espalhadas pela floresta. Entretanto, o novo tipo de colônia não possuía características semelhantes às das antigas moradias; além disso, eles não queriam viver daquela maneira. Quase sem exceção suspiravam pela vida nas estradas ... Uma queixa comum entre eles era a de que não viviam mais *da maneira normal para eles — isto é, com seus parentes.* Relatos obtidos de algumas famílias indicavam que nas colônias à beira das estradas os filhos em geral viviam perto dos pais, e os irmãos viviam em áreas adjacentes, ou bem próximos uns dos outros. (O grifo é meu.)[13]

Como vimos anteriormente, é verdade que, no sistema de moradias dispersas da época pré-colonial, os vizinhos mais próximos de um homem em geral "eram ligados a ele por laços de parentesco ou casamento", os quais não foram considerados por ocasião do novo plano de reinstalação. Mas ao mesmo tempo somos levados a suspeitar que as idéias dos Azande sobre o modo de vida que consideravam "normal" haviam mudado no decorrer de uma geração. Não obstante, ainda lançavam mão de relatos idealizados sobre a época pré-européia como forma de legitimação.[14]

O mais interessante, no entanto, é que o novo espacejamento de moradias não pareceu contribuir em nada para eliminar os temores referentes à bruxaria. Tais temores permaneceram ativos nesse período, e os Azande ainda acreditavam que a bruxaria era mais eficaz quando praticada a pequena distância. Como sempre, entretanto, apenas um infortúnio concreto desencadeava uma preocupação com tais forças; apenas então efetivamente consultavam adivinhos e oráculos em vista de uma mudança de local de moradia para outro lugar. Na época dos aldeamentos ao longo das estradas, tal prática ainda era possível; mas agora, com a liberdade de movimentos restringida pelo plano de reinstalação, é bem provável que tivessem aumentado os temores de bruxaria.[15]

Reining nada diz sobre as confrarias mágicas. Laynaud, um antropólogo francês que visitou os Azande sob domínio colonial francês por volta do mes-

---

[13] Reining, op.cit., p.114-15.

[14] Ibid, p.99 e 114.

[15] E.E. Evans-Pritchard, *Witchcraft, Oracles and Magic among the Azande*, p.125-6.

mo período, registra que tais associações ainda eram ativas naquela área.[16] Aliás, os governantes avongara ainda faziam a elas a mesma ferrenha oposição que nos tempos de Evans-Pritchard.

Como um todo, os príncipes governantes pareciam ter menos restrições à Operação Zande que a maioria da população. Levado a efeito por intermédio de sua autoridade, o plano de reinstalação deu a impressão de acentuar essa autoridade; provavelmente eles pensavam que agora lhes seria mais fácil controlar seus súditos quando estes fossem encaminhados para um trecho determinado de terra e obrigados a lá permanecer. Os príncipes foram ainda beneficiados com um pequeno bônus do algodão. Mas o preço que pagaram a longo prazo foi alto: aos olhos dos súditos, esses governantes tornaram-se cada vez mais identificados a uma política impopular. Em vista disso, os plebeus foram ficando cada vez mais descontentes.[17]

Ao mesmo tempo, novos líderes iam surgindo. A educação ocidental teve um desenvolvimento vagaroso no país zande, embora houvesse escolas missionárias desde 1916. Em 1927 o governo instituiu um sistema de "escolas primárias de vernáculo". Estas, como ocorria em toda a África colonial britânica, eram destinadas essencialmente ao treinamento de professores e amanuenses de aldeia: isto é, pessoas que logo iriam questionar veementemente o funcionamento arbitrário da Operação Zande e que perceberam o despotismo e a cobiça dos governantes tradicionais. Começou assim a surgir uma clivagem entre o tradicional e o moderno que recobriu as antigas distinções entre Avongara e plebeus. Em 1945, por ocasião das primeiras eleições parlamentares no distrito, os plebeus instruídos apresentaram com sucesso seu próprio candidato contra o filho do príncipe governante.[18]

Essas eleições parlamentares ocorreram durante o período de autogoverno interno, que havia sido programado para preparar a independência total da República do Sudão. Outras alterações estavam em curso: os funcionários britânicos estavam sendo gradativamente substituídos por sudaneses — entenda-se, neste contexto, sudaneses do Norte. Em 1955 um conflito entre tra-

[16] E. Laynaud, "Ligwa: un village zande de la R.C.A.", p.346. Os Azande daquele lado da fronteira também haviam sido removidos para aldeamentos ao longo das estradas durante os anos do entre-guerras, mas não tinham sido perturbados depois disso. Laynaud fala deles como estando em declínio demográfico (em 1955), mas conservando muito de sua cultura tradicional. Os Azande congoleses, por outro lado, dedicavam-se ao plantio comercial de algodão desde os anos 1930; economicamente esse empreendimento foi mais bem-sucedido que o sudanês. Nos anos 1950 os sudaneses falavam com inveja dos salários e preços em vigor entre os Azande congoleses (Reining, op.cit., p.184-6).

[17] Conrad C. Reining, op.cit., p.27-38 e 117-18.

[18] Ibid, p.9, 29 e 118-19.

balhadores azande e o novo gerente do centro industrial de Nzara, um nortista, desencadeou um tumulto que provocou a decretação da lei marcial na área. Este foi um dos fatores que mais tarde contribuiu para um motim muito mais sério, quando as tropas do Sudão sulista ergueram-se contra seus novos oficiais nortistas.[19]

O ano de 1956 trouxe a independência total, e 1958 significou um golpe de Estado em Cartum. Desde 1962 a história do Sudão meridional tem sido quase sempre sangrenta e tumultuada. No decorrer de prolongada guerra civil que durou cerca de 17 anos, grande número de Azande parece ter cruzado a fronteira em direção ao Zaire atual.[20] Para os que ficaram, a situação deve ter acalmado após o Acordo de Adis-Abeba, em 1972; os odiados oficiais nortistas foram substituídos por sulistas, e os rancores de 1955 parecem ter arrefecido gradualmente.[21] Ainda não se sabe como os Azande remanescentes se arranjarão sob o atual regime. De qualquer modo, a vida para eles deve ter sofrido mudanças que a tornaram irreconhecível.

2

Por sorte as monografias antropológicas não pretendem possuir "valor jornalístico", no sentido de serem uma exposição factual, mas contribuir para o desenvolvimento de um *corpus* de deduções fundamentadas a respeito dos princípios que regem a interação humana em diferentes épocas e lugares. Os dados obviamente devem ser dignos de confiança para o momento e lugar em que foram coletados; mas em última análise são a matéria-prima da teoria, e a teoria é — ou deveria ser — um processo em constante devir. Em vista disso, cada trabalho original, gerado, por assim dizer, pela teoria a partir de dados brutos, deve ser encarado como um elo na genealogia do tema, com ancestrais e descendentes legítimos.

Isso pode ser observado com clareza singular para o caso de um livro como *Bruxaria, oráculos e magia entre os Azande*. Publicado pela primeira vez em 1937, quando já estavam bem estabelecidos os métodos antropológicos de abordagem das sociedades humanas, ele tem gerado desde então linhas de descendência bastante distintas entre si. E, na melhor tradição dos protocolos genealógicos, o ancestral apical é constantemente evocado como fonte de legitimação. Até hoje é difícil escrever sobre bruxaria, magia, crenças referentes

[19] Ibid, p.215-16.
[20] A. Singer, comunicação pessoal.
[21] C.A. Bilal, comunicação pessoal.

à causalidade, sobre a expressão de tensões e conflitos sociais em idioma místico, ou mesmo sobre a sociologia geral do conhecimento sem mencionar o nome de Evans-Pritchard.

Acima do ancestral apical, a genealogia se mostra inevitavelmente escorçada, mas prossegue ainda com alguma clareza. De Evans-Pritchard a linha sobe diretamente até o grande francês Lévy-Bruhl, e mais acima até Durkheim e o grupo do *Année Sociologique*; ao fundo, esmaecido, Marx, no papel de ancestral remoto, talvez menos confessável.

Atualmente a reputação de Lévy-Bruhl parece estar se recuperando de um eclipse temporário. O próprio Evans-Pritchard reconheceu seu débito com ele, prestando tributo ao "brilhantismo e originalidade excepcionais" que prevaleceram triunfantes sobre as deficiências teóricas do autor mais velho.[22] O que Evans-Pritchard questionava era o postulado de Lévy-Bruhl referente a uma mentalidade "primitiva" específica, a explicar crenças aparentemente irracionais; mas ele debruçou-se confiante sobre as considerações do autor francês quanto à natureza das "representações coletivas", isto é, aquelas crenças que, eliminadas todas as variações individuais, são as mesmas para todos os membros de uma dada sociedade ou segmento social — as afirmações básicas e inquestionáveis sobre as quais se apóiam necessariamente todos os demais raciocínios naquela sociedade ou segmento. Esses postulados e crenças são mantidos coletivamente e aceitos de modo inconsciente por todo indivíduo pela influência penetrante exercida pela sociedade; e Lévy-Bruhl (embora devesse a Durkheim o conceito de "representações coletivas") explorou sua natureza muito além de qualquer outro antes dele.

Marx, Durkheim e Lévy-Bruhl compartilhavam a preocupação em explicar a tenacidade daquilo que lhes parecia serem crenças religiosas irracionais. Mas Evans-Pritchard levou o problema para além da esfera da religião. Tomando como ponto de partida a crença insofismável de seus inteligentes, sofisticados e às vezes céticos informantes azande nos poderes malignos de bruxos e na confiabilidade do oráculo de veneno, ele se pergunta por que os homens em geral deveriam apoiar-se em suposições metafísicas. Como Mary Douglas observou recentemente, a bruxaria como sistema de explicação de eventos não postula, na verdade, a existência de seres espirituais misteriosos — apenas os poderes misteriosos dos homens. Ela acrescenta:

> A crença [na bruxaria] está em pé de igualdade com a teoria conspiratória da história, com a crença nos efeitos funestos da fluorização da água potável ou no va-

[22] E.E. Evans-Pritchard, "Levy-Bruhl's Theory of Primitive Mentality", p.9.

lor terapêutico da psicanálise — isto é, com qualquer crença que possa apresentar-se de forma inverificável. O problema, portanto, torna-se uma questão de racionalidade.[23]

Durante uma década ou mais — com a II Guerra Mundial de permeio — o livro de Evans-Pritchard não gerou descendentes diretos (*Navajo Witchcraft*, de Kluckhon, publicado em 1944, foi concebido de maneira independente). Mas no pós-guerra, com a retomada das pesquisas, *Bruxaria, Oráculos e Magia entre os Azande* começou a influenciar sensivelmente a literatura antropológica.

Em primeiro lugar, vários estudos diretamente preocupados com crenças sobre bruxaria e feitiçaria reconhecem, como é óbvio, sua influência. Alguns desses trabalhos, é verdade, parecem ter-se preocupado sobretudo com a distribuição sociológica das acusações de bruxaria e feitiçaria numa dada população, mais do que com a natureza das crenças em si, as quais foram tratadas simplesmente como um idioma para a expressão de tensões latentes. Citando novamente Mary Douglas:

> O trabalho de Evans-Pritchard, ao que se esperava, deveria ter estimulado mais estudos sobre as determinações sociais da percepção. Em vez disso gerou estudos de micropolítica. Em lugar de ser mostrada como infinitamente complexa, sutil e fluida, a relação entre crença e sociedade foi concebida como um sistema de controle com *feedback* negativo.[24]

Mas, mesmo para esse uso limitado, os instrumentos conceituais forjados entre os Azande mostraram-se valiosos: os "estudos de micropolítica" empreendidos a partir das noções de bruxaria e feitiçaria serviram para elucidar, mais do que até então tinha sido possível, as realidades do poder e do conflito em sociedades de pequena escala. Algumas das conclusões assim alcançadas poderiam na verdade ser utilizadas na análise de situações políticas mais complexas: o uso jornalístico do termo "caça às bruxas" no pós-guerra exprimiu um legítimo conhecimento etnosociológico.

Afirmar no entanto que acusações mútuas de posse e exercício de poderes malignos intangíveis exprimem conflitos sociais e políticos não é algo muito surpreendente, nem muito útil. A questão é: quais conflitos? Entre quem e quem? Em que circunstâncias? Em outras palavras — é possível predizer que, num certo momento e numa determinada sociedade, as acusações

---

[23] Mary Douglas, "Introduction: Thirty Years after *Witchcraft, Oracles and Magic*", p.xvi.
[24] Ibid, p.xiv.

de bruxaria e feitiçaria tenderão a proliferar, desaparecendo quando modificadas as condições? Seria possível a correlação entre o fluxo e refluxo dessa maré de acusações e certas alterações observáveis em outras variáveis (independentes)?

Devemos admitir sem vacilação que Evans-Pritchard não foi de grande ajuda para essas perguntas. As crenças azande na bruxaria são interpretadas por ele, até certo ponto, no clássico estilo funcionalista da época, como uma influência estabilizadora do sistema sociomoral. Evans-Pritchard mostra de modo plenamente satisfatório como as crenças eram isoladas de quaisquer situações em que se pudessem chocar com as normas básicas da sociedade zande. Assim, a crença de que apenas os plebeus poderiam ser bruxos exclui automaticamente a possibilidade de acusações contra quaisquer membros da aristocracia avongara, pois elas seriam prejudiciais à sua autoridade e seu prestígio. Do mesmo modo o sistema de crenças impedia que as mulheres acusassem os maridos. Uma vez que entre os plebeus a bruxaria era tida como hereditária, um filho também não podia acusar o pai sem que simultaneamente não acusasse a si mesmo, como herdeiro de uma linhagem maculada. Em suma, a autoridade dos pais sobre os filhos, dos maridos sobre as esposas e dos príncipes sobre os plebeus mantinha-se inatacável. Expressando apenas tensões entre rivais e iguais não-aparentados, as acusações de bruxaria são descritas como uma espécie de instrumento social polivalente — ao mesmo tempo restringindo todo comportamento agressivo (que poderia suscitar acusações) e, em aparente contradição com isso, exibindo publicamente ressentimentos de forma não-disruptiva. Tratava-se de fato de um sistema de controle com *feedback* negativo.

Como o próprio Evans-Pritchard deixa ver, a sociedade zande dificilmente funcionava de maneira homeostática no tempo em que ele ali residiu. Pelo contrário, ela se encontrava em plenos estertores da transformação — na época, transformação não-violenta, mas nem por isso menos radical, pois a administração colonial minava a própria estrutura da autoridade que as crenças na bruxaria pareciam tão bem adaptadas a proteger. É bem possível que em tais circunstâncias as crenças em si e as práticas que as envolviam não tenham tido tanto um efeito homeostático, mas antes um efeito nitidamente conservador, ao conter os resultados da mudança e limitá-los a uma direção determinada. É também possível que realmente tivesse havido um aumento de acusações desde os dias do rei Gbudwe. Seria interessante saber, mas quanto a isso — e como não existem dados quantificáveis sobre o estado de coisas no tempo de Gbudwe — Evans-Pritchard não nos pôde esclarecer. A única indicação que ele nos fornece a respeito de uma reação indígena à transformação em termos de crença e ritual é, como já foi observado, seu relato sobre as novas sociedades secretas para a prática da magia. Tais confrarias devem ter significado uma verdadeira inovação: é interessante notar que não somente eram proibidas oficialmente pelo governo, mas também detestadas cordialmente pelos príncipes conservadores. Muitos descontentamentos devem ter sido canalizados para essas associações antes de encontrar formas mais diretas de ação política.

Os estudos sobre bruxaria e feitiçaria empreendidos durante a década de 1950-60 por um grupo de antropólogos treinados em Manchester ainda seguiram a tradição funcionalista, atribuindo a crenças desse tipo um papel essencialmente legitimador, dentro de sociedades vistas como em estado de equilíbrio a longo prazo. Entretanto tais estudos abriram o caminho para pesquisas históricas posteriores, ao introduzirem uma dimensão temporal, ainda que curta e cíclica. Turner,[25] Mitchell[26] e Marwick[27] publicaram monografias em que a crença na bruxaria deixa de ser considerada um simples regulador social e moral dentro de uma sociedade imóvel, passando a ser vista como parte de uma dinâmica política, como elemento mobilizado pelas mudanças cíclicas experimentadas periodicamente pelo sistema. Quando, pelo aumento natural da população, uma pequena aldeia atingia certa densidade crítica (além daquela que sua frágil estrutura de autoridade poderia conter), começavam a surgir acusações de bruxaria entre rivais que almejavam as posições de domínio local. O ponto de fissão era atingido quando as acusações e contra-acusações já tinham envenenado completamente o ambiente. Uma parte da aldeia instalava-se a certa distância, liderada por um dos rivais em luta, enquanto os remanescentes, novamente reduzidos a um grupo manejável, voltavam a um estado livre de suspeitas (naquele momento). Mais recentemente Ardener[28] adotou perspectiva similar, embora mais sofisticada, ao associar a calma e o recrudescimento periódicos das crenças sobre bruxaria aos ciclos de prosperidade e depressão econômicas.

A questão aqui é que as crenças na bruxaria estão presentes o tempo todo nas sociedades descritas, mas, durante períodos de tensão social mínima, elas permanecem como que latentes. Quando a situação geral se deteriora, surgindo poderosas rivalidades — especialmente ali onde, como em geral é o caso nas sociedades pré-industriais, as normas éticas tradicionais inibem a explici-

---

[25] V.W. Turner, *Schism and Continuity in an African Society.*

[26] Clyde Mitchell, *The Yao Village: A Study in the Social Structure of a Nyasaland Tribe.*

[27] M.G. Marwick, "The Social Context of Cewa Witch Beliefs", (I) p.120-35 e (II) p.215-33; e *Sorcery in its Social Setting: A Study of the Northern Rhodesian Cewa.*

[28] Edwin Ardener, "Witchcraft, Economics and the Continuity of Belief", p.141-60.

tação dessas rivalidades —, as crenças na bruxaria inflamam-se bruscamente, gerando acusações reais, para voltar a amainar quando as tensões diminuem. A partir dessa perspectiva, bastou um pequeno — embora talvez imprudente — passo para considerar-se o aumento das acusações de bruxaria como um sintoma de sociedade "doente".[29] A sociedade enferma era implicitamente definida como aquela que estivesse atravessando uma mudança brusca e de longo alcance, como a produzida pela situação colonial na África, ou pela Revolução Industrial européia.[30] Em tal sociedade, segundo a teoria, as crenças na bruxaria proliferavam descontroladamente, podendo causar danos sérios, ao passo que, numa sociedade que desfrutasse de alguma imobilidade edênica preexistente, as crenças eram controladas e socialmente úteis, "uma espécie inteiramente domesticada".[31]

Mesmo deixando de lado os pré-julgamentos morais implícitos em expressões do tipo "sociedade doente", a hipótese é inteiramente inverificável. Não apenas em virtude das quase insuperáveis dificuldades de quantificação (Marwick[32] fez um belo esforço com seu material sobre os Cewa, mas como se pode medir o grau de tensão interpessoal que constitui uma disfunção social?), mas também em razão da impossibilidade de construção de algo que se aproximasse de uma escala adequada de tempo. Os antropólogos visitam as sociedades que pesquisam (como Evans-Pritchard visitou os Azande) durante uma certa época. Por um motivo ou outro, muitos deles não retornam a essas sociedades posteriormente. Com sorte, podem permanecer lá o tempo suficiente — ou voltar muitas vezes — para testemunhar com imparcialidade mudanças cíclicas a curto prazo, como as descritas por Turner, Mitchell e Marwick. Além disso, como Ardener, podem ser afortunados e engenhosos no manuseio de documentos já existentes, ou na descoberta de informantes idosos que atravessaram pessoalmente alguma mudança. O espectro temporal em que um antropólogo pode estender suas observações, contudo, é em geral dolorosamente curto, e para certas finalidades essa insuficiência não pode ser compensada nem mesmo pela observação mais rica e detalhada.

Muito menos pode o antropólogo — trabalhando numa sociedade pré-letrada, sem documentos e registros sistemáticos — encontrar apoio suficiente em fontes históricas. Um historiador que trabalhe, digamos, na África, pesquisando o passado pré-letrado (mesmo recente), deve recorrer, tanto quanto qualquer etnógrafo, às declarações de informantes vivos; quando essa

---

[29] P. Mayer, "Witches", p.15.
[30] Idem.
[31] Mary Douglas, *Witchcraft Confessions and Accusations*, p.19.
[32] M.G. Marwick, *Sorcery in its Social Setting: A Study of the Northern Rhodesian Cewa*, passim.

tradição oral é destruída, o pesquisador é forçado a se voltar para as descobertas arqueológicas (à parte, aqui, os relatos dispersos e incertos de viajantes anteriores). Por motivos vários não se pode julgar nenhuma dessas fontes seguras quanto a dados quantitativos a respeito do ressurgimento e queda das acusações de bruxaria no decorrer de longos, mas bem definidos períodos de tempo; e muito menos quanto à possibilidade de correlacionar tais fenômenos a outras instâncias do processo de mudança social.

A situação é bem diversa, contudo, para a tribo mais tradicional dos historiadores — que trabalham sobre documentos históricos produzidos por uma sociedade letrada, com possível acesso a materiais como registros paroquiais, judiciais etc., assim como aos pronunciamentos de testemunhas contemporâneas instruídas. Com efeito, esse pesquisador muitas vezes se vê privado da oportunidade de fazer observações diretas e questionar informantes; mas, por outro lado, ele tem a possibilidade — como fez MacFarlane recentemente em sua pesquisa sobre o Essex nos períodos Tudor e Stuart[33] — de vasculhar registros e outras fontes escritas de uma área determinada, para um período de mais de um século. Por essa via, ele pode ter uma idéia do aumento e declínio das acusações de bruxaria durante longos períodos — períodos bem documentados, além disso, com respeito a fatores econômicos, políticos, religiosos e outros. O material é mais pobre, mas muito mais extenso. É como se Evans-Pritchard tivesse acesso a registros escritos de todos os casos levados aos oráculos dos príncipes, desde muito antes da época do rei Gbudwe até os nossos dias, mas sem ter a possibilidade de presenciar uma única sessão oracular ou falar com um só informante.

Nos anos recentes, uma historiografia inglesa de orientação mais sociológica[34] voltou sua atenção para a evolução das crenças — e especialmente para ação levada a efeito contra bruxos e outros praticantes do mal místico na Inglaterra e Europa continental do passado —, numa tentativa de relacionar as variações de intensidade desse fenômeno com outras variáveis históricas. Em termos antropológicos, as conclusões desses trabalhos foram até certo ponto desconcertantes. Mas em última análise tornaram-se reveladoras. Parece que no contexto europeu a era em que a bruxaria esteve realmente ativa e vigorosa teve um começo e um fim bem definidos. Surgindo de um nível an-

---

[33] Alan MacFarlane, *Witchcraft in Tudor and Stuart England*; "Witchcraft in Tudor and Stuart Essex".

[34] H. Trevor-Roper, *Religion and the Decline of Magic*; Norman Cohn, "*Warrants of Genocide. The Myth of the Jewish World Conspiracy and the Protocols of the Elders of Zion*" e "The Myth of Satan and his Human Servants"; Alan MacFarlane, *Witchcraft in Tudor and Stuart England*; Keith Thomas "Anthropology and the Study of English Witchcraft" e *Religion and the Decline of Magic*.

terior mais modesto e aparentemente "domesticado", ela floresceu impetuosamente durante os séculos XVI e XVII, entrando em declínio do decorrer do século XVIII, quando se iniciava a Revolução Industrial. Isso contradiz diretamente a hipótese que considerava a bruxaria um "sintoma" de transformação social rápida. Não que a sociedade européia, é claro, tenha ficado exatamente estática durante os séculos da Renascença, da Reforma e da Contra-Reforna; entretanto, não se pode mais afirmar que a "febre da bruxaria", mesmo entre os povos desprovidos de sofisticação científica, acompanhe toda e qualquer convulsão social. (Em verdade algumas das evidências africanas já apontavam exatamente nessa direção).[35]

Embora muito do material europeu ainda esteja por analisar, e o campo permaneça inteiramente aberto à especulação, dois pontos adicionais parecem claros. Os historiadores estabeleceram de forma praticamente indiscutível a futilidade de explicações sociológicas simplistas, baseadas em correlações unívocas, acerca da propagação e incidência das acusações de bruxaria. Por outro lado, como os mesmos historiadores reconhecem, sua abordagem do fenômeno da bruxaria foi substancialmente enriquecida e intensificada pelas contribuições da antropologia. Em sua maioria, tais contribuições remetem diretamente a *Bruxaria, oráculos e magia entre os Azande.*

Eis assim o que se pode dizer a respeito da vertente que vai dos "estudos sobre micropolítica" às teorias sobre a sintomatologia da transformação social, e, por esta via, à reinterpretação de certos aspectos do passado europeu. Mas essa está longe de ser a única linha de descendência que remete ao estudo de Evans-Pritchard. No correr dos anos, aumentou notavelmente o interesse sobre as determinações sociológicas do conhecimento e da percepção, interesse que não cresceu somente entre os antropólogos. Dentro da própria antropologia Victor Turner[36] iniciou sua carreira com um clássico estudo funcionalista sobre as implicações sociopolíticas das crenças causais; seu trabalho posterior debruçou-se com resultados notáveis sobre a linguagem simbólica em que se apóiam as crenças. Assim, Turner nos deu para os Ndembu um mapa indígena completo da sociedade e do cosmos, uma cartografia desenhada em cores e texturas, com as propriedades naturais de plantas, árvores e pedras usadas no ritual.[37] Desde então os "mapas cognitivos" entraram em moda, mas poucos foram os desenhados com tanto cuidado e

---

[35] G. e M. Wilson, *The Analysis of Social Change*, p.154; Clyde Mitchell, "The Meaning of misfortune for urban Africans".

[36] V.W. Turner, *Schism and Continuity in an African Society.*

[37] V.W. Turner, *Ndembu Divination, Religion, the Reformation and Social Change, The Drums of Affliction* e *The Ritual Process.*

amor. Na África Ocidental, Horton, formado em ciências exatas, explorou o estatuto teórico dos modelos indígenas de causalidade, ali encontrando tanto semelhanças quanto diferenças significativas diante das idealizações epistemológicas da ciência ocidental.[38] Estes são apenas dois exemplos entre muitos. Há alguns anos a Associação de Antropólogos Sociais da Grã-Bretanha e da Comunidade Britânica patrocinou uma conferência sobre o tema "Antropologia e medicina" na qual foram discutidos os determinantes sociais que atuam sobre as noções de saúde, doença e cura, não apenas no contexto de culturas pré-letradas, mas também nas industrialmente avançadas. É interessante observar que a essa conferência compareceram médicos, além de antropólogos. Tradicionalmente a profissão médica tem-se mostrado um tanto lenta no interessar-se por idéias "nativas" sobre etiologia, embora haja honrosas exceções.[39]

Mas a "sociologia do conhecimento" permanece um problema epistemológico. Preocupados com isso, os filósofos muito a propósito aproveitaram o farto material de Evans-Pritchard, rendendo assim tributo à precisão de suas observações e à profundidade de sua compreensão. Collingwood usou seu trabalho para discutir a natureza de percepção estética[40], enquanto Polanyi dele se valeu ao especular sobre a própria possibilidade de um conhecimento genuíno.[41] Em nossos dias, Gellner, MacIntyre e Winch, entre outros, desenvolvem uma discussão constantemente enriquecida por aportes que, direta ou indiretamente, derivam de *Bruxaria, oráculos e magia entre os Azande.*

Além disso, seja qual for o interesse na reconstrução das genealogias intelectuais, Evans-Pritchard é, para o antropólogo dos anos 1970, alguém muito mais importante do que um ancestral reverenciado — é um colega que tornou, como que miraculosamente, os Azande de meio século atrás nossos contemporâneos, tanto quanto dele mesmo. Por isso o emprego do presente etnográfico nesta versão condensada, tão absurdo à primeira vista, termina se revelando de singular adequação. De qualquer forma, pareceu mais indicado conservá-lo no corpo do texto, para que o próprio Evans-Pritchard nos fale com sua voz inimitável.

A despeito do máximo cuidado tomado, há sempre o risco de que uma condensação desta natureza encerre algo como uma profanação. Passagens muito queridas — por vezes capítulos inteiros — tiveram de ser forçosamente

---

[38] Robin Horton, "African Tradicional Thought and Western Science".

[39] E.T. Ackerknecht, "Problems in Primitive Medicine", "Primitive Medicine and Culture Pattern" e "Natural Disease and Rational Treatment in Primitive Medicine".

[40] R.G. Collingwood, *The Principles of Art.*

[41] Michael Polanyi, *Personal Knowledge.*

eliminados, definições e dados foram relegados a uma nota ao pé da página ou a um apêndice. Pior ainda, em função da brevidade, precisaram ser sacrificados muitos casos e histórias, tão abundantes quanto minuciosos, e muitos textos nativos, que tanto enriqueciam e davam sabor ao trabalho original. Como compensação ao menos parcial, o melhor conselho que posso oferecer ao leitor desta edição condensada é, paradoxalmente, que a encare apenas como uma leitura preliminar. Como introdução a um dos grandes clássicos sobre o assunto ela é adequada; mas idealmente deveria induzir seu leitor a ir adiante e comprar, pedir, roubar — ou até tomar emprestado numa biblioteca — uma edição completa de *Bruxaria, oráculos e magia entre os Azande*, para ler tudo do começo ao fim.

EVA GILLIES

Referências bibliográficas

ACKERKNECHT, E.H. "Problems of Primitive Medicine". *Bulletin of the History of Medicine*, XI, 1942, p.501-21.

——. "Primitive Medicine and Culture Pattern". *Bulletin of the History of Medicine*, XII, 1942, p.545-74.

——. "Natural Diseases and Rational Treatment in Primitive Medicine". *Bulletin of the History of Medicine*, XIX, 1946, p.467-97.

ARDENER, Edwin. "Witchcraft, Economics and the Continuity of Belief". In Mary Douglas (org.). *Witchcraft Confessions and Accusations*. A.S.A. Monographs 9. Tavistock Publications, 1970, p.141-60.

Bahr-el-Gazal Province Handbook 1911. Anglo-Egyptian Handbook Series. Londres, H.M.S.O, 1911

COHN, Norman. *Warrant for Genocide. The Myth of the Jewish World Conspiracy and the Protocols of the Elders of Zion*. Londres, Eyre and Spottiswoode, 1967.

——. "The Myth of Satan and his Human Servants". Mary Douglas (org.). *Witchcraft Confessions and Accusations*. A.S.A. Monographs 9. Tavistock Publications, 1970, p.3-16.

COLLINGWOOD, R.G. *The Principles of Art*. Oxford, Clarendon Press, 1938.

DE SCHLEPPE, P. *Shifting Cultivation in Africa: The Zande System of Agriculture*. Londres, Routledge and Kegan Paul, 1956.

DOUGLAS, Mary (org.). *Witchcraft Confessions and Accusations*. A.S.A. Monographs 9. Tavistock Publications, 1970.

——. "Introduction: Thirty years after *Witchcraft, Oracles and Magic*". In ——. (org.). *Witchcraft Confessions and Accusations*. A.S.A. Monographs 9. Tavistock Publications, 1970, p.xiii-xxxviii.

EVANS-PRITCHARD, E.E. "Lévy-Bruhl's Theory of Primitive Mentality". *Bulletin of the Faculty of Arts*. II (1), Egyptian University, Cairo, 1934.

——. *Witchcraft, Oracles and Magic among the Azande*. Oxford, Clarendon Press, 1937.

——. *The Azande: History and Political Institutions*. Oxford, Clarendon Press, 1971.

HORTON, Robin. "African Thought and Western Science". I: *Africa* XXVII (1), p.50-71; II: *Africa* XXXVII (2), 1967, p.155-87.

LEYNAUD, Ëmile. "Ligawa: un village Zande de la R.C.A". *Cahiers d'Etudes Africaines* (École Pratique des Hautes Etudes, Sorbone, 6eme, Sciences Economiques et Sociales), vol. III, 3eme cahier, nº11, 1963, p.318-412.

MACFARLANE, Alan. *Witchcraft in Tudor and Stuart England: A Regional Comparative Study*. Londres, Routledge and Kegan Paul, 1970.

——. "Witchcraft in Tudor and Stuart Essex". In Mary Douglas (org.). *Witchcraft Confessions and Accusations*. A.S.A. Monographs 9. Tavistock Publications, 1970, p.81-99.

MARWICK, M.G. "The Social Context of Cewa witch Beliefs". I: *Africa* XXII (2), 1952, p.120-34; II: *Africa* XXII (3), 1952, p.215-33.

——. *Sorcery in its Social Setting: A Study of the Northern Rhodesian Cewa*. Manchester, Manchester University Press, 1965.

MAYER, P. "Witches". Conferência inaugural, Rhodes University, Grahamstown, 1954.

MITCHELL, Clyde. *The Yao Village: A Study in the Social Structure of a Nyasaland Tribe*. Manchester, Manchester University Press for the Rhodes-Livingstone Institute, 1956.

——. "The Meaning of Misfortune for Urban Africans". In M. Fortes, e G. Dieterlen (orgs.), *African Systems of Thought*. Londres, O.U.P. for International African Institute, 1965, p.192-202.

POLANYI, Michael. *Personal Knowledge*. Londres, Routledge and Kegan Paul, 1958.

REINING, Conrad. *The Zande Scheme: An Anthropological Case Study of Economic Development on Africa*. Evanston, Illinois, Northwestern University Press, 1966.

THOMAS, Keith. "History and Anthropology". *Past and Present*, 24, 1963, p.3-24.

——. "Anthropology and the Study of English Witchcraft". In Mary Douglas (org.). *Witchcraft Confessions and Accusations*. A.S.A. Monographs 9. Tavistock Publications, 1970, p.47-79.

——. *Religion and the Decline of Magic: Studies in Popular Belief in Sixteenth and Seventeenth Century England*. Londres, Weidenfeld and Nicolson, 1971.

TREVOR-ROPER, H. *Religion, the Reformation and Social Change*. Londres, Macmillan, 1967.

TURNER, V.W. *Schism and Continuity in an African Society: A Study of Ndembu Village Life*. Machester, Manchester University Press for the Rhodes-Livingstone Institute, 1957.

——. *Ndembu Divination: Its Symbolism and Techniques*. Rhodes-Livingstone Paper nº31. Manchester, Manchester University Press, 1961.

——. *The Forest of Symbols*. Ithaca/Nova York, Cornell University Press, 1967.

——. *The Drums of Affliction*. Oxford, Clarendon Press, 1968.

——. *The Ritual Process: Structure and Anti-Structure*. Londres, Routledge and Kegan Paul, 1969.

WILSON, G. e M. *The Analysis of Social Change: Based on Observations in Central Africa*. Cambridge: C.U.P., 1945.

CAPÍTULO I

A bruxaria é um fenômeno orgânico e hereditário

I

Os Azande acreditam que certas pessoas são bruxas e podem lhes fazer mal em virtude de uma qualidade intrínseca. Um bruxo não pratica ritos, não profere encantações e não possui drogas mágicas. Um ato de bruxaria é um ato psíquico. Eles crêem ainda que os feiticeiros podem fazê-los adoecer por meio da execução de ritos mágicos que envolvem drogas maléficas. Os Azande distinguem claramente entre bruxos e feiticeiros. Contra ambos empregam adivinhos, oráculos e drogas mágicas. O objeto deste livro são as relações entre essas crenças e ritos.

Descrevo a bruxaria em primeiro lugar, por se tratar de uma base indispensável para a compreensão das demais crenças. Quando os Azande consultam os oráculos, sua preocupação maior são os bruxos. Quando empregam os adivinhos, fazem-no com o mesmo objetivo. O curandeirismo e as confrarias que o praticam são dirigidos contra o mesmo inimigo.*

Não tive dificuldade em descobrir o que pensam os Azande sobre a bruxaria, nem em observar o que fazem para combatê-la. Tais idéias e práticas jazem à superfície de sua vida; elas são acessíveis a quem quer que viva com eles em suas casas por algumas semanas. Todo zande é uma autoridade em bruxaria. Não há necessidade de consultar especialistas. Nem mesmo é preciso interrogá-los sobre esse assunto, porque as informações fluem livremente, de situações recorrentes em sua vida social, e tudo o que se tem a fazer é observar e ouvir. *Mangu*, "bruxaria", foi uma das primeiras palavras que ouvi na terra zande, e continuei a ouvi-la dia após dia no correr dos meses.

Os Azande acreditam que a bruxaria é uma substância existente no corpo dos bruxos. Esta é uma crença encontrada entre muitos povos da África Central e Ocidental. O território zande é o limite nordeste de sua distribuição. É

* O leitor deve consultar o *Apêndice I*, que traz um glossário dos termos empregados por Evans-Pritchard na tradução de certos conceitos nativos ligados à bruxaria e demais crenças dos Azande. (N.T.)

difícil precisar a que órgão do corpo associam a bruxaria. Nunca vi essa substância-bruxaria humana, mas ela me foi descrita como uma pequena bolsa ou inchação enegrecida e oval, dentro da qual costuma ser encontrada uma variedade de pequenos objetos. Quando os Azande descrevem sua forma, em geral apontam para o cotovelo do braço flexionado, e quando descrevem sua localização, mostram a área logo abaixo da cartilagem xifóidea,* que, dizem, "recobre a substância-bruxaria". Segundo eles: "Está presa à beira do fígado. Quando se abre a barriga, basta furar a substância-bruxaria, que ela explode com um estalo."

Ouvi pessoas dizerem que ela apresenta cor avermelhada e contém sementes de abóbora, gergelim ou quaisquer outras plantas que tenham sido devoradas por um bruxo nas roças de seus vizinhos. Os Azande conhecem a localização da substância-bruxaria porque, no passado, ela costumava ser extraída em autópsias. Suspeito que seja o intestino delgado em certas fases digestivas. Este órgão foi-me sugerido pelas descrições azande das autópsias e por aquilo que me foi apontado como contendo substância-bruxaria no ventre de um bode.

Um bruxo não apresenta sintomas externos de sua condição, embora o povo diga: "É pelos olhos vermelhos que se conhece um bruxo."

2

A bruxaria não é apenas um traço físico, mas também algo herdado. É transmitida por descendência unilinear, dos genitores a seus filhos. Os filhos de um bruxo são todos bruxos, mas suas filhas, não; as filhas de uma bruxa são todas bruxas, mas seus filhos, não. A transmissão biológica da bruxaria — de um dos genitores para todos os filhos do mesmo sexo que ele — está em complementaridade com as opiniões azande sobre a procriação e com suas crenças escatológicas. Considera-se que essa concepção deve-se a uma união das propriedades psíquicas do homem e da mulher. Quando a alma do homem é mais forte, nascerá um menino; quando a alma da mulher é mais forte, nascerá uma menina. Assim, uma criança participa das qualidades psíquicas de ambos os pais, mas uma menina tem mais da alma da mãe, e um menino, mais da alma do pai. No entanto, certos atributos são herdados exclusivamente de apenas um dos genitores, como as características sexuais, a alma corpórea e a substância-bruxaria. Há uma crença vaga, que dificilmente se

* Apêndice alongado e cartilaginoso que termina inferiormente o esterno (N.T.)

poderia descrever como uma doutrina, segundo a qual o ser humano possui duas almas, uma corpórea e outra espiritual. Por ocasião da morte, a alma corpórea transforma-se num animal totêmico do clã, enquanto a outra torna-se um espectro e leva uma existência impalpável nas cabeceiras dos cursos d'água. Muita gente diz que a alma corpórea de um homem torna-se o animal totêmico do clã de seu pai, ao passo que a alma corpórea de uma mulher torna-se o animal totêmico do clã de sua mãe.

À primeira vista, pode parecer estranho encontrar uma forma de transmissão matrilinear numa sociedade marcada por um forte viés patrilinear, mas a bruxaria, como a alma corpórea, faz parte do corpo, e portanto acompanha a transmissão de características masculinas ou femininas, do pai ou da mãe.

Em nosso modo de ver, seria evidente que, se um homem é comprovadamente bruxo, então todos os de seu clã são *ipso facto* bruxos, pois o clã zande é um grupo de pessoas ligadas biologicamente entre si em linha masculina. Os Azande entendem perfeitamente o argumento, mas refutam suas conclusões, as quais, se aceitas, tornariam contraditória toda a noção de bruxaria. Na prática, são considerados bruxos apenas os parentes paternos mais próximos de um bruxo reconhecido. É somente em teoria que eles estendem tal imputação a todos os membros do clã do bruxo. Se, para a opinião pública, o pagamento de homicídio por bruxaria marca os parentes do culpado como bruxos, um exame *post-mortem* que não revele a existência de substância-bruxaria num homem isenta de suspeita seus parentes paternos. Aqui novamente raciocinaríamos que, se o exame *post-mortem* não descobre a substância-bruxaria, todo o clã do morto seria imune, mas os Azande não agem como se fossem desta opinião.

Elaborações adicionais da crença libertam os Azande da necessidade de admitirem aquilo que para nós seriam as conseqüências lógicas da idéia de uma transmissão biológica da bruxaria. Se ficar indubitavelmente provado que um homem é bruxo, seus parentes podem, para reivindicar inocência para si mesmos, lançar mão do próprio princípio biológico que os colocou sob suspeita. Eles admitem que o homem é um bruxo, mas negam que seja membro do clã deles. Dizem que era um bastardo, pois entre os Azande um homem é sempre do clã de seu *genitor*, e não do seu *pater*. Contaram-me também que eles podem então forçar a mãe (se ainda está viva) a confessar quem era seu amante, espancando-a e perguntando: "O que você foi fazer no mato para arranjar bruxaria com adultério?" Mais freqüentemente, porém, declaram apenas que o bruxo deve ter sido um bastardo, já que eles não têm bruxaria em seus corpos, e portanto ele não pode ser seu parente. Para reforçar a alegação, citam casos em que membros da família revelaram-se, após a autópsia, livres de bruxaria. Não é provável que outras pessoas aceitem tal argumento, mas não lhes é pedido que o admitam ou rejeitem.

A doutrina zande inclui também a noção de que, mesmo que um homem seja filho de um bruxo e tenha substância-bruxaria em seu corpo, ele pode não usá-la. Ela permanecerá inoperante, "fria", como dizem os Azande, durante toda a sua vida, e um homem dificilmente pode ser classificado como bruxo se sua bruxaria nunca funciona. Na verdade, os Azande geralmente encaram a bruxaria como uma característica individual, e assim ela é tratada, a despeito de sua associação com o parentesco. Desse modo, no tempo do rei Gbudwe, certos clãs tinham a reputação de bruxos. Mas ninguém pensa mal de um homem pelo simples fato de ser membro de um desses clãs.

Os Azande não percebem a contradição como nós a percebemos, porque não possuem um interesse teórico no assunto, e as situações em que manifestam suas crenças na bruxaria não lhes obrigam a enfrentar o problema. Um homem nunca pergunta aos oráculos — único poder capaz de detectar a localização da substância-bruxaria nos viventes — se um determinado indivíduo é ou não bruxo. O que ele pergunta é se, nesse momento, aquele homem lhe está fazendo bruxaria. O que se procura saber é se um indivíduo está fazendo bruxaria para alguém em circunstâncias determinadas, e não se ele é um bruxo de nascença. Se os oráculos dizem que certo homem está fazendo mal a você no presente, você então sabe que ele é um bruxo; mas se os oráculos dizem que, naquele momento, ele não está lhe fazendo mal, você não sabe se ele é um bruxo ou não, e não tem o menor interesse em aprofundar o assunto. Saber se ele é um bruxo pouco lhe importa, desde que você não seja sua vítima. Um zande se interessa pela bruxaria apenas enquanto esta é um poder agente em ocasiões definidas, e apenas em relação a seus próprios interesses, e não como uma condição permanente de alguns indivíduos. Quando adoece, ele normalmente não diz: "Bem, vamos ver quem são os bruxos notórios da vizinhança, para colocar seus nomes diante do oráculo de veneno." A questão não é considerada desse ponto de vista; o que ele se pergunta é quem, dentre seus vizinhos, tem queixas contra ele, e então procura saber do oráculo de veneno se algum deles está neste momento lhe fazendo bruxaria. Os Azande interessam-se apenas pela dinâmica da bruxaria em situações particulares.

Pequenos infortúnios são rapidamente esquecidos. Aqueles que os causaram são tidos pela vítima e sua família como tendo-lhes feito bruxaria naquela ocasião, e não como bruxos comprovados. Somente pessoas que são constantemente denunciadas pelos oráculos como responsáveis por doenças ou perdas são tidas por bruxos confirmados; e, nos velhos tempos, era apenas quando um bruxo matava alguém que se tornava um homem marcado na comunidade.

3

A morte é resultado de bruxaria, e deve ser vingada. Todas as demais práticas ligadas à bruxaria se acham resumidas na ação da vingança. Em nosso contexto de discussão, é suficiente indicar que, na época pré-européia, a vingança podia ser perpetrada tanto diretamente — às vezes pelo assassinato do bruxo, outras vezes aceitando-se uma compensação — como por magia letal. Só muito raramente um bruxo era assassinado; isso acontecia quando um homem cometia seu segundo ou terceiro homicídio, ou quando matava uma pessoa importante. O príncipe então permitia sua execução. Sob o domínio britânico, apenas o método mágico é empregado.

A vingança parece ter sido menos o resultado de um sentimento de raiva ou ódio que o cumprimento de um dever piedoso e uma fonte de lucro. Nunca ouvi dizer que, hoje em dia, os parentes de um homem morto, após realizada sua vingança, tenham demonstrado qualquer rancor com relação à família do homem cuja magia o abateu, nem que no passado houvesse hostilidade prolongada entre os parentes do morto e os parentes do bruxo que pagaram indenização por seu crime. Hoje em dia, se um homem mata uma pessoa por bruxaria, o crime é de sua única responsabilidade, e seus parentes não estão vinculados à culpa. Antigamente eles o ajudavam no pagamento da indenização, não em virtude de uma responsabilidade coletiva, mas pelas obrigações sociais que se devem a um parente. Seus parentes por afinidade e irmãos de sangue também contribuíam para o pagamento. Atualmente, tão logo um bruxo é abatido pela magia — ou, no passado, quando morria a golpes de lança ou pagava indenização —, o assunto é considerado encerrado. Além do mais, trata-se de uma questão entre a parentela do morto e a parentela do bruxo, e outras pessoas nada têm a ver com isso, porque seus vínculos com ambas as partes são os mesmos.

Hoje em dia é extremamente difícil obter informações sobre vítimas de magia de vingança. Os próprios Azande nada sabem a respeito, a não ser que sejam membros do círculo mais íntimo dos parentes de um homem assassinado. Quando se nota que esses parentes cessaram de observar os tabus do luto, isso indica que sua magia cumpriu a missão, mas de nada adianta perguntar-lhes quem foi a vítima, pois eles nada dirão. Trata-se de um assunto que concerne apenas a eles, e, além disso, de um segredo entre eles e seu príncipe. Este deve ser informado do efeito da magia, pois é necessário que seu oráculo de veneno confirme o oráculo de veneno dos parentes antes que estes possam suspender o luto. Além do mais, trata-se de um veredicto do oráculo de veneno, e não se deve falar de suas revelações a respeito desses temas.

Se outras pessoas conhecessem os nomes daqueles que caíram vítimas da magia de vingança, todo o processo teria sua precariedade exposta. Caso se soubesse que a morte de um homem X foi vingada sobre um bruxo Y, então todo o processo estaria reduzido ao absurdo, porque a morte de Y está sendo vingada por seus parentes contra um bruxo Z. Alguns indivíduos chegaram mesmo a confidenciar-me suas dúvidas quanto à honestidade dos príncipes que controlam os oráculos, e uns poucos estão cientes de que o sistema atual é falacioso. De qualquer modo, essa falácia é encoberta, pois os envolvidos guardam segredo sobre a identidade das vítimas de sua vingança mágica. No passado as coisas eram diferentes; então, quando uma pessoa era acusada pelos oráculos do príncipe de ter assassinado alguém por bruxaria, ela pagava indenização imediatamente ou era executada. Em ambos os casos o assunto estava encerrado, porque o homem que pagava a compensação não dispunha de meios para provar que não era um bruxo, e se fosse executado por ordem do príncipe, sua morte não podia ser vingada. Não se concedia permissão para a autópsia do cadáver de forma a saber se ele continha ou não a substância-bruxaria.

Quando eu desafiava os Azande a justificarem seu sistema de vingança, em geral me respondiam que um príncipe cujos oráculos declarassem que Y morreu pela magia dos parentes de X não colocaria o nome de Z diante de seus oráculos para descobrir se ele morreu pela magia dos parentes de Y. Quando os parentes de Y pedissem ao príncipe para apresentar o nome de Z diante de seu oráculo de veneno, ele se recusaria a fazê-lo, dizendo saber que Y tinha morrido em expiação de um crime, e que sua morte não podia, portanto, ser vingada. Alguns indivíduos explicavam o sistema atual dizendo que talvez a vingança mágica e a bruxaria participem nas causas das mortes. A parcela da magia de vingança explica o término do luto de uma família, e a parcela da bruxaria explica o início da vingança por outra família. Isto é, os Azande procuram explicar uma contradição nas suas crenças por meio do idioma místico dessas próprias crenças. Mas a explicação só me foi oferecida como uma possibilidade geral e teórica, tendo sido suscitada por minhas objeções. Uma vez que os nomes das vítimas de vingança são guardados em segredo, a contradição não é aparente, o que só ocorreria se todas as mortes fossem levadas em consideração, e não apenas uma morte em particular. Desde que sejam capazes de agir segundo o costume e de manter a honra familiar, os Azande não estão interessados nos aspectos mais amplos da vingança em geral. Percebiam a objeção quando eu a levantava, mas não se incomodavam com ela.

Os príncipes devem estar cientes da contradição, porque sabem os desdobramentos de qualquer morte ocorrida em suas províncias. Quando perguntei ao príncipe Gangura como ele podia aceitar que a morte de um homem fosse ao mesmo tempo resultado da magia de vingança mágica e de bruxaria, ele sorriu, admitindo que nem tudo era perfeito no sistema atual. Alguns príncipes me disseram que não permitiam que um homem fosse vingado quando sabiam que morrera por vingança mágica; mas penso que estavam mentindo. Ninguém pode saber ao certo, pois mesmo se um príncipe contasse aos parentes de um morto que ele fora vítima de vingança mágica — e portanto não poderia ser vingado —, ele contaria isso em segredo, e os parentes do morto guardariam em sigilo suas palavras. Fingiriam, diante dos vizinhos, que estavam vingando o parente morto; e assim, depois de alguns meses, em sinal de vingança cumprida, guardariam a cinta de entrecasca que indicava luto, pois jamais deixariam os vizinhos saberem que seu parente era um bruxo.

Conseqüentemente, se os parentes de A vingam sua morte por meio de mágica contra B, e então descobrem que os parentes de B também suspenderam o luto em sinal de vingança cumprida, eles acreditam que esta segunda vingança é uma farsa. Dessa forma, evita-se a contradição.

4

Sendo uma parte do corpo, a substância-bruxaria cresce com ele. Quanto mais velho um bruxo, mais potente é sua bruxaria, e mais inescrupuloso seu uso. Esta é uma das razões que fazem com que os Azande freqüentemente demonstrem apreensão diante de pessoas idosas. A substância-feitiçaria de uma criança é tão pequena que não pode causar grande dano a outrem. Por isso uma criança nunca é acusada de assassinato, e nem mesmo moças e rapazes crescidos são suspeitos de bruxaria séria, embora possam causar pequenos infortúnios a pessoas de sua própria faixa etária. Como veremos adiante, a bruxaria opera quando existe animosidade entre bruxo e vítima, e não costuma haver antagonismo entre crianças e adultos. Apenas os adultos podem consultar o oráculo de veneno, e eles normalmente não apresentam o nome de crianças quando são consultados sobre bruxaria. As crianças não podem exprimir suas inimizades e pequenos infortúnios em termos de revelações oraculares sobre bruxaria porque elas não podem consultar o oráculo de veneno.

Contudo, sabe-se de casos raros em que, depois de se consultar em vão o oráculo a respeito de todos os adultos suspeitos, um nome de criança foi posto diante dele, sendo confirmado como bruxo. Mas disseram-me que, se isso acontecer, um ancião irá sugerir um erro, dizendo: "Um bruxo pegou a criança e colocou-a na frente dele como escudo para proteger-se."

Desde cedo as crianças ficam sabendo sobre bruxaria. Conversando com meninas e meninos pequenos, até mesmo de seis anos, constatei que compreendem o que os mais velhos estão dizendo quando falam disso. Disseram-me que, numa briga, uma criança pode vir a mencionar a má reputação do pai de outra criança. Entretanto, as pessoas não compreendem a verdadeira natureza da bruxaria até que sejam capazes de operar com segurança os oráculos, de agir em situações de infortúnio conforme as revelações oraculares e de praticar a magia. O conceito se expande junto com a experiência social de cada indivíduo.

Homens e mulheres podem igualmente ser bruxos. Os primeiros podem ser vítimas de bruxaria praticada por homens e mulheres, mas estas geralmente são atacadas apenas por membros de seu próprio sexo. Um homem doente de hábito consulta os oráculos sobre seus vizinhos homens, mas se os consulta por causa de uma esposa ou parenta doente, normalmente pergunta sobre outras mulheres. Isso porque a animosidade tende a surgir mais entre homem e homem, e mulher e mulher, do que entre homem e mulher. Um homem está em contato regular apenas com sua esposa e parentas, tendo portanto pouca oportunidade de despertar o ódio de outras mulheres. Provocaria suspeitas se, em seu próprio benefício, consultasse os oráculos sobre a esposa de outro homem. O marido seria levado a presumir um adultério, perguntando-se que contato teria tido sua mulher com o acusador que pudesse ter levado ao desentendimento. Contudo, um homem freqüentemente consulta os oráculos sobre suas próprias esposas, pois pode ter certeza de que as desagradou alguma vez, e é comum elas o detestarem. Nunca soube de casos em que um homem fosse acusado de ter feito bruxaria para sua esposa. Os Azande dizem que ninguém faria uma coisa dessas, pois ninguém quer matar ou fazer adoecer a esposa, já que o próprio marido seria o principal prejudicado. Kuagbiaru disse-me que ele nunca soube de um homem ter pago indenização pela morte da esposa. Outro motivo pelo qual nunca se ouve falar em asas de galinha sendo apresentadas a maridos, como acusação de bruxaria[1] ligada aos males de suas esposas, é que uma mulher não pode consultar diretamente o oráculo de veneno, geralmente confiando essa tarefa ao marido. Ela pode pedir ao irmão que faça a consulta em seu benefício, mas este provavelmente não apresentará o nome de seu cunhado diante do oráculo, porque um marido jamais deseja a morte da esposa.

---

[1] É costume, quando se suspeita de bruxaria, pedir ao príncipe local — ou mais freqüentemente a seu delegado — que envie uma asa de ave ao presumível bruxo, solicitando cortesmente que ele assopre água com a boca sobre a asa, como sinal de boa vontade com relação à pessoa injuriada. Enviar uma asa de ave a alguém equivale, portanto, a uma acusação de bruxaria.

Nunca soube de algum caso em que um homem tenha sido embruxado por uma parenta, ou em que uma mulher tenha sido embruxada por um homem aparentado. Ademais, só tive notícia de um único caso no qual um homem foi embruxado por parente seu. Um parente pode prejudicar um homem de outros modos, mas não o iria embruxar. É claro que um doente não vai perder tempo inquirindo o oráculo sobre seus irmãos e primos paternos, porque, se o oráculo de veneno declarar que um deles o embruxou, esta mesma declaração o tornaria um bruxo, uma vez que a bruxaria é herdada em linha masculina.

Os membros da classe aristocrática, os Avongara, não são acusados de bruxaria, pois se um homem dissesse que, segundo os oráculos, o filho de um príncipe usou bruxaria contra ele, estaria afirmando que o rei e os príncipes são bruxos. Por mais que um príncipe possa detestar os membros de sua linhagem, jamais permitiria que fossem acusados por um plebeu. Assim, embora os Azande digam à boca pequena acreditar que alguns nobres são bruxos, raramente consultam os oráculos sobre isso, e desse modo os nobres não são acusados de bruxaria. No passado os oráculos nunca eram consultados a propósito dos nobres. Há uma ficção estabelecida de que os Avongara não são bruxos, e esse consenso é mantido pelo grande poder e prestígio dos príncipes governantes.

Governadores de província, delegados distritais, cortesãos, comandantes de companhias militares e outros plebeus de riqueza e posição não costumam ser acusados de bruxaria, a não ser por um príncipe — movido por suas próprias razões ou pela necessidade de reagir à morte de algum outro plebeu influente. Em geral pessoas de pouca projeção não ousam consultar os oráculos sobre indivíduos de prestígio, pois suas vidas não valeriam mais nada se insultassem os homens mais importantes da vizinhança. Portanto, podemos dizer que a incidência de bruxaria numa comunidade zande distribui-se eqüitativamente entre os sexos, na classe dos plebeus, enquanto os nobres, inteiramente, e os plebeus poderosos, em larga medida, são imunes a acusações. Todas as crianças estão normalmente isentas de suspeita.

As relações dos príncipes governantes com a bruxaria são peculiares. Embora imunes a acusações, eles crêem em bruxos tão firmemente quanto qualquer outra pessoa e consultam constantemente o oráculo de veneno para descobrir quem os está embruxando. Temem especialmente suas esposas. Além disso, o oráculo de um príncipe é a autoridade final em todos os casos de bruxaria que envolvam homicídio, e no passado era usado para proteger os súditos contra a bruxaria durante uma guerra. A morte de um indivíduo da pequena nobreza é imputada a um bruxo e vingada da mesma maneira que a morte de um plebeu; mas quando é o rei ou um príncipe governante que morre, ele não é vingado, e sua morte é geralmente atribuída à feitiçaria ou a outros agentes malignos de natureza mística.

5

Embora a bruxaria propriamente dita seja uma parte do organismo humano, sua ação é psíquica. Aquilo que os Azande chamam de *mbisimo mangu*, a alma da bruxaria, é um conceito que anula a distância entre a pessoa do bruxo e a de sua vítima. Uma idéia desse tipo é necessária para explicar o fato de um bruxo estar em sua cabana no momento em que se supõe que estivesse fazendo mal a alguém. A alma da bruxaria pode abandonar sua sede corporal a qualquer momento, dia ou noite, mas os Azande geralmente imaginam um bruxo expedindo sua alma para passeios noturnos, quando a vítima está adormecida. A alma viaja pelos ares emitindo uma luz brilhante. Durante o dia, essa luz só pode ser vista por bruxos ou por adivinhos (quando estes estão adequadamente dopados), mas qualquer um pode ter a rara desventura de deparar com ela à noite. Os Azande dizem que a luz da bruxaria é como o tremeluzir de pirilampos, só que muito maior e mais brilhante. Também afirmam que um homem pode ver a bruxaria quando ela pousa num galho de árvore para descansar, pois "bruxaria é como fogo, ela acende uma luz". Se um homem vê a luz da bruxaria, ele apanha um pedaço de carvão e guarda debaixo de sua cama, para não sofrer algum infortúnio por causa da visão.

Apenas uma vez pude ver a bruxaria em seu caminho. Ficara escrevendo até tarde, em minha cabana. Por volta de meia-noite, antes de me recolher, tomei de uma lança e saí para minha costumeira caminhada noturna. Andava pelo jardim atrás de minha cabana, entre bananeiras, quando avistei uma luz brilhante passando pelos fundos do abrigo de meus criados, em direção à residência de um homem chamado Tupoi. Como aquilo parecia merecer uma investigação, comecei a segui-la até que um trecho de relva alta obscureceu minha visão. Corri depressa, atravessei minha cabana e saí do outro lado, de forma a ver aonde a luz estava indo; mas não consegui mais enxergá-la. Sabia que apenas um de meus criados tinha uma lamparina capaz de emitir luz tão brilhante. Mas na manhã seguinte ele me disse que não tinha saído àquela hora e nem usara a lamparina. Não faltaram informantes solícitos para dizer que o que eu tinha visto era bruxaria. Pouco depois, na mesma manhã, morria um velho parente de Tupoi, agregado à sua residência. O acontecimento explicou inteiramente a luz que eu vira. Nunca cheguei a descobrir sua origem real; possivelmente um punhado de relva aceso por alguém que saía para defecar. Mas a coincidência da direção em que a luz se movia e a morte subseqüente estavam de acordo com as idéias azande.

Essa luz não é o bruxo em pessoa espreitando sua presa, mas uma emanação de seu corpo. Nesse ponto a opinião zande é unânime. O bruxo jaz em sua cama, enquanto despacha a alma de sua bruxaria para remover a parte psíquica dos órgãos da vítima, o *mbisimo pasio*, a alma da carne, que ele e seus companheiros bruxos devorarão. Todo esse ato de vampirismo é incorpóreo: a alma da bruxaria remove a alma do órgão. Não consegui obter uma explicação precisa sobre o que significam "alma de bruxaria" e "alma de um órgão". Os Azande sabem que as pessoas são mortas dessa maneira, mas somente um bruxo poderia esclarecer exatamente o que se passa no processo.

Os Azande usam a mesma palavra para descrever as partes psíquicas da substância-bruxaria e dos outros órgãos e para designar aquilo a que chamamos a alma de um homem. Qualquer coisa cuja ação não esteja sujeita à percepção sensorial pode igualmente ser explicada pela existência de uma alma. As drogas agem por meio de sua alma — uma explicação que preenche o vazio entre um rito mágico e a consecução de seu objetivo. O oráculo de veneno também possui uma alma, responsável por seu poder de enxergar o que um homem não consegue perceber.

Assim, a ação da bruxaria não está sujeita às condições ordinárias que limitam a maioria dos objetos cotidianos. No entanto, sua atividade é concebida como limitada, até certo ponto, por considerações de espaço. A bruxaria não atinge um homem a longa distância; só faz mal às pessoas das vizinhanças. Se, ao ser atacado por bruxaria, um homem deixa o distrito em que vive, ela não o seguirá muito longe. Além do mais, ela exige um direcionamento consciente. O bruxo não pode despachar sua bruxaria e deixá-la encontrar a vítima sozinha; ele precisa definir um objetivo e determinar a rota a seguir. Por isso, um doente pode se proteger de ataques ulteriores recolhendo-se a uma cabana de relva no mato desconhecida de todos, exceto da esposa e dos filhos. Quando o bruxo enviar sua bruxaria atrás da vítima, ela irá procurá-la em vão na sua residência, acabando por voltar ao dono.

Da mesma forma, um homem pode deixar sua casa antes do amanhecer, para escapar à bruxaria — a essa hora os bruxos estão dormindo e não assistirão à partida. Quando descobrirem que ele se foi, já estará fora do alcance da bruxaria. Mas se os bruxos o vêem saindo, podem atacá-lo, e algum infortúnio se abaterá sobre ele em sua jornada ou quando estiver de volta. Graças à crença de que a bruxaria só atua a curta distância, se uma mulher cai doente quando está em visita à casa dos pais, é lá que estes procuram o bruxo responsável, e não no lar do marido. Se a mulher morre na casa dos pais, seu marido pode fazê-los responder por isso, já que eles não a protegeram com uma consulta aos oráculos sobre seu bem-estar.

Quanto mais distante de quaisquer vizinhos estiver a residência de um homem, mais a salvo ele estará de bruxaria. Quando os Azande do Sudão anglo-egípcio foram forçados a viver em aldeamentos à beira das estradas, eles obedeceram com muita apreensão, e muitos fugiram para o Congo Belga para evitar contato tão estreito com seus vizinhos. Os Azande afirmam que não gostam de viver muito próximos uns dos outros, em parte porque convém ter uma boa faixa de terra entre suas esposas e os possíveis amantes, em parte porque, quanto mais perto de um bruxo, maior o perigo.

No é o verbo zande correspondente ao "embruxar"; em seu único outro contexto de emprego, traduziríamos essa palavra por "atirar".* Ela é usada para designar o ato de atirar com arco-e-flecha ou com uma arma de fogo. Com um movimento brusco da perna, os adivinhos atiram (*no*) pedaços de osso nos outros adivinhos, de longe. Deve-se notar a analogia entre esses diferentes "atirar" a partir de um fator comum, a ato de fazer mal a distância.

6

Ao falar de bruxos e bruxaria, é preciso esclarecer que os Azande normalmente pensam em bruxaria de uma forma muito impessoal, sem referência a quaisquer bruxo ou bruxos em particular. Quando um homem diz que não pode viver em certo lugar por causa de bruxaria, isso significa que os oráculos alertaram-no contra esse lugar, declarando que, se ele for morar lá, será atacado por bruxos, e ele assim concebe este perigo como um risco geral ligado à bruxaria. Por isso está sempre falando de *mangu*, bruxaria. Essa força não existe fora dos indivíduos; ao contrário, ela é uma parte orgânica de alguns deles. Mas quando indivíduos em particular não são especificados e não se procura identificá-los, a bruxaria está sendo concebida como uma força generalizada. Bruxaria, portanto, significa alguns bruxos — quaisquer uns. Quando um zande comenta um revés dizendo "isto é bruxaria", ele está querendo dizer que isso se deve a algum bruxo, mas não sabe exatamente qual. No mesmo sentido, ele dirá, numa encantação, "que morra a bruxaria", referindo-se a quem quer que tente embruxá-lo. O conceito de bruxaria não é o de uma força impessoal que pode vincular-se a pessoas, mas sim uma força pessoal

* Traduzimos *to bewitch* por "embruxar" para evitar o verbo "enfeitiçar", que poderia causar confusão, uma vez que Evans-Pritchard distingue nitidamente entre "bruxo" (*witch*) e "feiticeiro" (*sorcerer*). (N.T.)

que é generalizada na linguagem, pois se os Azande não particularizam, mostram, ao contrário, uma tendência a generalizar.

7

Um bruxo não destrói imediatamente sua vítima. Pelo contrário: se um homem cai rápida e gravemente doente, ele pode ter certeza de que foi vítima de feitiçaria, não de bruxaria. Os efeitos da bruxaria acarretam morte lenta, pouco a pouco, pois é somente depois que um bruxo devorou toda a alma de um órgão vital que a morte sobrevém. Isso demora, porque o bruxo faz visitas constantes, durante um longo período de tempo, consumindo apenas uma pequena porção da alma do órgão de cada vez; ou, se ele retira uma larga porção, esconde-a no teto de sua casa ou num oco de árvore, e vai comendo-a aos pouquinhos. Uma doença prolongada e debilitante é o tipo das que são causadas por bruxaria. Pode-se perguntar se os Azande consideram que o consumir da alma de um órgão leva necessariamente à sua deterioração física. Certamente algumas vezes parecem ter tal opinião. Os bruxos também disparam objetos — chamados *anu mangu*, coisas de bruxaria — no corpo daqueles que querem ferir. Isso causa dores no local em que se alojou o míssil, e um adivinho, em sua função de curandeiro, é solicitado a extrair os objetos patogênicos, que podem ser coisas inanimadas, vermes ou larvas.

Os bruxos costumam congregar-se para suas atividades destruidoras e subseqüentes festins macabros. Ajudam-se em seus crimes, coordenando seus planos nefandos. Possuem um tipo especial de ungüento que, friccionado na pele, torna-os invisíveis durante suas expedições noturnas. Essa afirmação sugere que às vezes se considera que os bruxos vão em carne e osso atacar suas vítimas. Eles possuem também pequenos tambores que soam para convocar a seus congressos, durante os quais as discussões são presididas pelos membros mais velhos e experientes da irmandade; pois há status e lideranças entre os bruxos. Para que um homem esteja qualificado a matar seus vizinhos, é preciso que tenha adquirido experiência sob a supervisão dos bruxos mais velhos. O ganho de experiência se faz acompanhar por um incremento da substância-bruxaria. Diz-se também que um bruxo não pode matar um homem por sua própria e exclusiva conta, mas que, ao contrário, deve levar sua proposta a uma reunião de colegas, presidida por um bruxo-líder. A questão é decidida entre eles.

Cedo ou tarde um bruxo cai vítima de vingança, ou, se tiver sido esperto o bastante para escapar à retaliação, acaba por ser morto por outro bruxo ou por um feiticeiro. Caberia perguntar: a distinção entre bruxos, *aboro mangu*, e não-bruxos, *amokundu*, persiste além-túmulo? Nunca consegui obter uma afirmação espontânea sobre isso, mas, em resposta a questões dirigidas, obtive uma ou duas vezes a informação de que, ao morrer, os bruxos se transformam em espíritos malignos (*agirisa*). *Atoro*, os espíritos dos mortos comuns, são seres benevolentes, pelo menos tanto quanto pode ser, digamos, um pai de família zande, e sua participação ocasional no mundo que deixaram é tranqüila e voltada para o bem-estar de seus descendentes. Os *agirisa*, ao contrário, demonstram um ódio mortal pela humanidade. Assombram viajantes no mato e causam estados transitórios de dissociação mental.

8

A existência de substância-bruxaria numa pessoa viva é conhecida por meio de veredictos oraculares. Nos mortos, ela é descoberta pela abertura do ventre, e é este segundo método de identificação que interessa para a presente descrição da base física da bruxaria. Sugeri anteriormente que o órgão em que se acha a substância-bruxaria está localizado no intestino delgado.

São obscuras as condições de realização de uma autópsia na época pré-européia. Segundo um informante, Gbaru, elas eram um antigo costume dos Ambomu, e as dificuldades começaram a aparecer apenas no tempo de Gbudwe. É provável que se tratasse de uma prática antiga, que desapareceu quando o controle político exercido pelos Avongara aumentou, para reaparecer com todo seu vigor depois da conquista européia. O rei Gbudwe desencorajava sua prática, segundo me disseram todos os informantes.

Contudo, quando um bruxo era executado sem sanção real, por vezes realizavam-se. Ocasionalmente os parentes de um homem morto agiam conforme o veredicto de seu próprio oráculo de veneno, vingando-se de um bruxo sem esperar confirmação do oráculo de veneno real. Em tais casos, a ação destes parentes era *ultra vires*, e se os parentes da vítima da vingança conseguissem provar que não havia substância-bruxaria em seu ventre, podiam exigir compensação, na corte do rei, por parte do grupo que fizera justiça com as próprias mãos. Por sua vez, as autópsias destinadas a limpar o nome de uma linhagem que tivesse um membro acusado de atos menores de bruxaria, sem implicar indenização, devem ter sido bem freqüentes antes da conquista européia, como o foram com certeza depois dela.

Um homem que em vida tivesse sido freqüentemente acusado de bruxaria, ainda que jamais de homicídio, tinha o direito de sentir-se insultado sem razão e de considerar que o nome de sua família fora arrastado à lama. Em vista disso, ao morrer, poderia instruir os filhos para que lhe abrissem o abdômen antes do enterro e verificassem se eram justificadas aquelas aleivosias contra a honra da linhagem. Poderia também executar essa operação num filho falecido prematuramente. Pois a mentalidade zande é lógica e inquisitiva, dentro das premissas de sua própria cultura, e insiste na coerência de seu próprio idioma. Se a bruxaria é uma substância orgânica, sua presença pode ser verificada por um exame *post-mortem*. Se ela é hereditária, pode ser descoberta no ventre de um parente próximo em linha masculina de um bruxo, tão certamente quanto no ventre do próprio bruxo.

Uma autópsia é realizada em público, à beira do túmulo. Os assistentes são os parentes do morto, seus afins, amigos, irmãos de sangue e homens idosos e de prestígio das redondezas, que geralmente assistem aos funerais, vigiando o trabalho dos coveiros e outros preparativos para o enterro. Muitos desses anciãos já assistiram a situações idênticas, cabendo-lhes decidir sobre a presença ou ausência da substância-bruxaria. Eles detectam sua presença pela forma como os intestinos saem do ventre.

Dois talhos laterais são feitos no ventre, e uma ponta dos intestinos é presa na fenda de um ramo, em torno do qual eles são enrolados. Depois que a outra ponta é seccionada do corpo, outro homem desenrola os intestinos afastando-se do companheiro que segura o ramo fendido. Os velhos caminham ao longo das entranhas esticadas no ar, examinando-as em busca de substância-bruxaria. Terminado o exame, os intestinos são repostos no ventre, afim de que o corpo seja sepultado. Disseram-me que, quando não se encontra qualquer substância-bruxaria no ventre de um homem, seus parentes podem chicotear com os intestinos o rosto dos acusadores, ou fazer secar as vísceras ao sol, para serem mais tarde levadas à corte, onde os parentes do morto se vangloriam da vitória. Também ouvi dizer que, se for descoberta a substância-bruxaria, os acusadores podem tomar as entranhas e pendurá-las a uma árvore na beira dos principais caminhos que levam à corte de um príncipe.

O corte do ventre e o sepultamento devem ser levados a cabo por um irmão de sangue, pois este é um dos deveres da fraternidade de sangue (*blood-brotherhood*).* Um informante explicou-me que, se um homem que não estabeleceu o pacto de sangue com os parentes do morto realizar a cerimônia do

* "Irmãos de sangue" são indivíduos não-aparentados que estabelecem uma aliança especial, consagrada por um rito em que a ingestão de um pouco de sangue do parceiro é o símbolo focal. Essa relação pode estender-se até os clãs de cada irmão de sangue. Ela se opõe em inúmeros aspectos à relação entre irmãos "reais" (ver Evans-Pritchard, "Zande Blood-Brotherhood", in *Essays in Social Anthropology*, Faber & Faber 1962). (N.T.)

enterro, ele se torna pelo ato seu irmão de sangue. Sendo encontrada a substância-bruxaria, o operador deverá ser regiamente pago por seus serviços. Havendo substância-bruxaria ou não, ele precisa submeter-se a uma purificação ritual após a operação. Carregado nos ombros de um parente do morto, é saudado com gritos cerimoniais e bombardeado com torrões de terra e com os frutos vermelhos de *nonga* (*Amomum korarima*), "para que a friagem o abandone". É levado em seguida a um curso de água, onde os parentes do morto lavam-lhe as mãos e lhe dão de beber uma infusão feita de raízes, cascas ou folhas de várias árvores. Antes da purificação, esse homem não pode comer ou beber, pois está contaminado, como uma mulher cujo marido morreu. Finalmente, se não foi encontrada a substância-bruxaria, prepara-se uma festa na qual o homem que fez os cortes e um parente do morto partem ao meio uma cabaça de cerveja. A seguir os parentes do morto e os do operador trocam presentes: um homem de cada grupo avança até o outro e atira seu presente ao chão, e assim sucessivamente.

CAPÍTULO II

A noção de bruxaria como explicação de infortúnios

I

Da forma como os Azande os concebem, bruxos não podem evidentemente existir. No entanto, o conceito de bruxaria fornece a eles uma filosofia natural por meio da qual explicam para si mesmos as relações entre os homens e o infortúnio, e um meio rápido e estereotipado de reação aos eventos funestos. As crenças sobre bruxaria compreendem, além disso, um sistema de valores que regula a conduta humana.

A bruxaria é onipresente. Ela desempenha um papel em todas as atividades da vida zande: na agricultura, pesca e caça; na vida cotidiana dos grupos domésticos tanto quanto na vida comunal do distrito e da corte. É um tópico importante da vida mental, desenhando o horizonte de um vasto panorama de oráculos e magia; sua influência está claramente estampada na lei e na moral, na etiqueta e na religião; ela sobressai na tecnologia e na linguagem. Não existe nicho ou recanto da cultura zande em que não se insinue. Se uma praga ataca a colheita de amendoim, foi bruxaria; se o mato é batido em vão em busca de caça, foi bruxaria; se as mulheres esvaziam laboriosamente a água de uma lagoa e conseguem apenas uns míseros peixinhos, foi bruxaria; se as térmitas não aparecem quando era hora de sua revoada, e uma noite fria é perdida à espera de seu vôo, foi bruxaria; se uma esposa está mal-humorada e trata seu marido com indiferença, foi bruxaria; se um príncipe está frio e distante com seu súdito, foi bruxaria; se um rito mágico fracassa em seu propósito, foi bruxaria; na verdade, qualquer insucesso ou infortúnio que se abata sobre qualquer pessoa, a qualquer hora e em relação a qualquer das múltiplas atividades da vida, ele pode ser atribuído à bruxaria. O zande atribui todos esses infortúnios à bruxaria, a menos que haja forte evidência, e subseqüente confirmação oracular, de que a feitiçaria ou um outro agente maligno estavam envolvidos, ou a menos que tais desventuras possam ser claramente atribuídas à incompetência, quebra de um tabu, ou ao não-cumprimento de uma regra moral.

Dizer que a bruxaria estragou a colheita de amendoim, que espantou a caça, que fez fulano ficar doente equivale a dizer, em termos de nossa própria cultura, que a colheita de amendoim fracassou por causa das pragas, que a caça é escassa nessa época e que fulano pegou uma gripe. A bruxaria participa de todos os infortúnios e é o idioma em que os Azande falam sobre eles — e por meio do qual eles são explicados. Para nós, bruxaria é algo que provocava pavor e repugnância em nossos crédulos antepassados. Mas o zande espera cruzar com a bruxaria a qualquer hora do dia ou da noite. Ficaria tão surpreso se não a encontrasse diariamente quanto nós o ficaríamos se topássemos com ela. Para ele, nada há de milagroso a seu respeito. É de se esperar que uma caçada seja prejudicada por bruxos, e o zande dispõe de meios para enfrentá-los. Quando ocorrem infortúnios, ele não fica paralisado de medo diante da ação de forças sobrenaturais; não se põe aterrorizado pela presença de um inimigo oculto. O que ele fica é extremamente aborrecido. Alguém por maldade arruinou seus amendoins, ou estragou a caçada, ou deu um susto em sua mulher, e isso certamente é para se ficar com raiva! Ele nunca fez mal a ninguém, então que direito tem alguém de se meter nos seus negócios? É uma impertinência, um insulto, uma manobra suja e insultuosa. É a agressividade, e não a estranheza sobrenatural dessas ações, que os Azande sublinham quando falam delas, e é raiva, e não temor, o que se observa em sua resposta a elas.

A bruxaria não é menos esperada que o adultério. Está tão entrelaçada ao curso dos acontecimentos cotidianos que é parte do mundo ordinário de um zande. Nada há de extraordinário num bruxo — você mesmo pode ser um, e com certeza muitos de seus vizinhos mais próximos. Tampouco existe algo de atemorizante na bruxaria. Nós não ficamos psicologicamente transtornados quando ouvimos dizer que alguém está doente — é de se esperar que pessoas fiquem doentes —, e dá-se o mesmo com os Azande. Eles esperam que as pessoas fiquem doentes, isto é, sejam embruxadas, e isso não é algo que cause surpresa ou assombro.

Achei a princípio estranho viver entre os Azande e ouvir explicações ingênuas sobre infortúnios que, a nosso ver, tinham causas evidentes. Mas em pouco tempo aprendi o idioma de seu pensamento e passei a aplicar as noções de bruxaria tão espontaneamente quanto eles, nas situações em que o conceito era relevante. Certa vez um rapaz deu uma topada num pequeno toco de árvore no meio de uma trilha no mato — acontecimento freqüente na África — e veio a sentir dores e desconforto em conseqüência disso. Foi impossível, pela sua localização no artelho, manter o corte limpo, e ele começou a infeccionar. O rapaz declarou que a bruxaria o fizera chutar o toco. Eu sempre discutia com os Azande e criticava suas afirmações, e assim fiz nessa ocasião. Disse ao rapaz que ele batera com o pé no toco porque tinha sido descuidado, e que não fora bruxaria que colocara o toco na trilha, pois ele crescera lá naturalmente. Ele concordou que a bruxaria nada tinha a ver com o toco estar na trilha, mas observou que tinha ficado de olhos abertos para tocos, como realmente todo zande faz, e que, portanto, se não tivesse sido embruxado, tê-lo-ia visto. Como argumento definitivo, a seu ver, lembrou que os cortes não levam dias para cicatrizar — ao contrário, fecham logo, pois esta é a natureza dos cortes. Por que então sua ferida infeccionara e continuava aberta, se não havia bruxaria por trás dela? Como não tardei a descobrir, essa pode ser considerada a explicação zande básica para as doenças.

Pouco depois de minha chegada ao país zande, ao passar por um aldeamento do governo, vimos uma cabana que tinha sido destruída pelo fogo na noite anterior. O proprietário estava acabrunhado, pois ela abrigava a cerveja que estava preparando para uma festa mortuária. Ele nos contou que na noite do acidente fora até lá examinar a cerveja. Acendeu um punhado de palha e levantou-o sobre a cabeça para iluminar os potes, e com isso incendiou o telhado de palha. Ele — assim como meus companheiros — estava convencido de que o desastre fora causado por bruxaria.

Um de meus principais informantes, Kisanga, era hábil entalhador, um dos melhores em todo o reino de Gbudwe. De vez em quando, como bem se pode imaginar naquele clima, as gamelas e bancos que esculpia rachavam durante a operação. Embora se escolham as madeiras mais duras, elas às vezes racham durante o entalhe ou no processo de acabamento, mesmo quando o artesão é cuidadoso e está bem familiarizado com as regras técnicas de sua arte. Quando isso ocorria com as gamelas e bancos desse artesão em particular, ele atribuía o acidente à bruxaria, e costumava reclamar comigo sobre o despeito e ciúme de seus vizinhos. Quando eu respondia que achava estar ele enganado, que as pessoas gostavam dele, brandia o banco ou gamela rachados em minha direção, como prova concreta de suas conclusões. Se não tivesse gente embruxando seu trabalho, como eu iria explicar aquilo? Assim também um oleiro atribuirá a quebra de seus potes durante a cozedura à bruxaria. Um oleiro experiente não precisa temer que os potes rachem por causa de erros. Ele seleciona a argila adequada, amassa-a bem até que tenha extraído todas as pedrinhas e impurezas e molda-a lenta e cuidadosamente. Uma noite antes de ir buscar a argila, ele se abstém de relações sexuais. Portanto ele não deveria ter nada a temer. E no entanto alguns potes racham, mesmo nas mãos de oleiros exímios, e isso só pode ser explicado por bruxaria. "Quebrou-se — aí tem bruxaria", diz simplesmente o oleiro. Muitas situações similares a essas, em que a bruxaria é citada como um agente, serão referidas neste capítulo e nos seguintes.

2

Ao conversar com os Azande sobre bruxaria, e observando suas reações em situações de infortúnio, tornou-se óbvio para mim que eles não pretendiam explicar a existência de fenômenos, ou mesmo a ação de fenômenos, por uma causação mística exclusiva. O que explicavam com a noção de bruxaria eram as condições particulares, numa cadeia causal, que ligaram de tal forma um indivíduo a acontecimentos naturais que ele sofreu dano. O rapaz que deu uma topada no toco de árvore não justificou o toco por referência à bruxaria, e tampouco sugeriu que sempre que alguém dá uma topada num toco isso acontece necessariamente por bruxaria; também não explicou o corte como se tivesse sido causado por bruxaria, pois sabia perfeitamente que fora causado pelo toco. O que ele atribuiu à feitiçaria foi que, nessa ocasião em particular, enquanto exercia sua cautela costumeira, ele bateu com o pé num toco de árvore, ao passo que em centenas de outras ocasiões isso não acontecera; e que nessa ocasião em particular, o corte, que ele esperava resultar naturalmente da topada, infeccionou, ao passo que já sofrera antes dúzias de cortes que não haviam infeccionado. Certamente essas condições peculiares exigem uma explicação. Ou ainda: todos os anos centenas de Azande inspecionam sua cerveja à noite, e eles sempre levam um punhado de palha para iluminar a cabana de fermentação. Por que esse homem em particular, nessa única ocasião, incendiou o teto de sua cabana? Ou ainda: meu amigo entalhador fizera uma quantidade de gamelas e bancos sem acidentes, e ele sabia tudo o que é preciso sobre a madeira apropriada, o uso das ferramentas e as condições de entalhe. Suas gamelas e bancos não racham como os produtos de artesãos inábeis; portanto, por que em certas raras ocasiões as gamelas e bancos racham, se usualmente isso não acontece e se ele tinha exercido todo seu cuidado e conhecimento usuais? Sabia muito bem a resposta, como também sabiam muito bem, em sua opinião, seus invejosos e traiçoeiros vizinhos. Do mesmo modo um oleiro faz questão de saber por que seus potes quebraram numa ocasião particular, visto que ele usou os mesmos materiais e técnicas que das outras vezes; ou melhor, ele já sabe por que — a resposta é como que sabida de antemão. Se os potes se quebraram, foi por causa de bruxaria.

Estaríamos dando uma imagem falsa da filosofia zande se disséssemos que eles acreditam que a bruxaria é a única causa dos fenômenos. Essa proposição não está contida nos esquemas azande de pensamento, os quais afirmam apenas que a bruxaria põe um homem em relação com os eventos de uma maneira que o faz sofrer algum dano.

No país zande, às vezes um velho celeiro desmorona. Nada há de notável nisso. Todo zande sabe que as térmitas devoram os esteios com o tempo, e que até as madeiras mais resistentes apodrecem após anos de uso. Mas o celeiro é a residência de verão de um grupo doméstico zande; as pessoas sentam à sua sombra nas horas quentes do dia para conversar, jogar ou fazer algum trabalho manual. Portanto, pode acontecer que haja pessoas sentadas debaixo do celeiro quando ele desmorona; e elas se machucam, pois trata-se de uma estrutura pesada, feita de grossas vigas e de barro, que pode além disso estar carregada de eleusina. Mas por que estariam essas pessoas em particular sentadas debaixo desse celeiro em particular, no exato momento em que ele desabou? É facilmente inteligível que ele tenha desmoronado — mas por que ele tinha que desabar exatamente naquele momento, quando aquelas pessoas em particular estavam sentadas ali em baixo? Ele já poderia ter caído há anos — por que, então, tinha que cair justamente quando certas pessoas buscavam seu abrigo acolhedor? Diríamos que o celeiro desmoronou porque os esteios foram devorados pelas térmitas: essa é a causa que explica o desabamento do celeiro. Também diríamos que havia gente ali sentada àquela hora porque era o período mais quente do dia, e acharam que ali seria um bom lugar para conversar e trabalhar. Essa é a causa de haver gente sob o celeiro quando ele desabou. Em nosso modo de ver, a única relação entre esses dois fatos independentemente causados é sua coincidência espaço-temporal. Não somos capazes de explicar por que duas cadeias causais interceptaram-se em determinado momento e determinado ponto do espaço, já que elas não são interdependentes.

A filosofia zande pode acrescentar o elo que falta. O zande sabe que os esteios foram minados pelas térmitas e que as pessoas estavam sentadas debaixo do celeiro para escapar ao calor e à luz ofuscante do sol. Mas também sabe por que esses dois eventos ocorreram precisamente no mesmo momento e no mesmo lugar: pela ação da bruxaria. Se não tivesse havido bruxaria, as pessoas estariam ali sentadas sem que o celeiro lhes caísse em cima, ou ele teria desabado num momento em que as pessoas não estivessem ali debaixo. A bruxaria explica a coincidência desses dois acontecimentos.

3

Espero não ser necessário salientar que o zande não é capaz de analisar suas doutrinas da forma como eu fiz por ele. Não adianta dizer para um zande: "Agora me diga o que vocês Azande pensam da bruxaria", porque o tema é demasiado geral e indeterminado, a um só tempo vago e imenso demais para ser concisamente descrito. Mas é possível extrair os princípios do pensamento zande a partir de dezenas de situações em que a bruxaria é invocada como explicação, e de dezenas de outras em que o fracasso é atribuído a alguma outra causa. Sua filosofia é explícita, mas não formalmente afirmada como uma doutrina. Um zande não diria: "Acredito na causação natural, mas não acho que ela explique inteiramente as coincidências, e me parece que a teoria da bruxaria fornece uma explicação satisfatória sobre elas". Em vez disso exprime seu pensamento em termos de situações reais e particulares. Ele diz: "um búfalo ataca", "uma árvore cai", "as térmitas não estão fazendo seu vôo sazonal quando deveriam", e assim por diante. Está se pronunciando sobre fatos empiricamente atestados. Mas também diz: "Um búfalo atacou e feriu fulano", "uma árvore caiu na cabeça de sicrano e o matou", "minhas térmitas recusam-se a voar em quantidade suficiente, mas outras pessoas estão coletando-as normalmente", e assim por diante. Ele vai dizer que essas coisas devem-se à bruxaria, comentando, para cada evento: "Fulano foi embruxado". Os fatos não se explicam a si mesmos, ou fazem-no apenas parcialmente. Eles só podem ser integralmente explicados levando-se em consideração a bruxaria.

Podemos captar a extensão total das idéias de um zande sobre causalidade apenas se o deixarmos preencher as lacunas sozinho; caso contrário nos perderíamos em convenções lingüísticas. Ele diz: "Fulano foi embruxado e se matou." Ou, mais simplesmente: "Fulano foi morto por bruxaria." Mas ele está falando da causa última da morte de fulano, não das causas secundárias. Você pode perguntar: "Como ele se matou?", e seu interlocutor dirá que fulano cometeu suicídio enforcando-se num galho de árvore. Você pode também inquirir: "Por que ele se matou?", e ele dirá que foi porque fulano estava zangado com os irmãos. A causa da morte foi enforcamento numa árvore, e a causa do enforcamento foi a raiva dos irmãos. Se então você perguntar a um zande por que ele disse que o homem estava embruxado, se cometeu suicídio em razão de uma briga com os irmãos, ele lhe dirá que somente os loucos cometem suicídio, e que se todo mundo que se zangasse com seus irmãos cometesse suicídio, em breve não haveria mais gente no mundo; se aquele homem não tivesse sido embruxado, não faria o que fez. Se você persistir e perguntar por que a bruxaria levou o homem a se matar, o zande lhe dirá que acha que alguém odiava aquele homem; e se você perguntar por que alguém o odiaria, seu informante vai dizer que assim é a natureza humana.

Se os Azande não podem enunciar uma teoria da causalidade em termos aceitáveis para nós, eles descrevem, entretanto, os acontecimentos num idioma que é explanatório. Estão cientes de que são circunstâncias particulares de eventos em sua relação com o homem, sua nocividade para uma pessoa em particular, que constituem a evidência da bruxaria. A bruxaria explica *por que* os acontecimentos são nocivos, e não *como* eles acontecem. Um zande percebe como eles acontecem da mesma forma que nós. Não vê um bruxo atacando um homem, mas um elefante. Não vê um bruxo derrubar um celeiro, mas térmitas roendo seus esteios. Não vê uma labareda psíquica incendiando o telhado, mas apenas um feixe de palha aceso. Sua percepção de como os eventos ocorrem é tão clara quanto a nossa.

4

A crença zande na bruxaria não contradiz absolutamente o conhecimento empírico de causa e efeito. O mundo dos sentidos é tão real para eles como para nós. Não nos devemos deixar enganar por seu modo de exprimir a causalidade e imaginar que, por dizerem que um homem foi morto por bruxaria, negligenciem inteiramente as causas secundárias que, em nosso modo de ver, são as razões reais daquela morte. O que eles estão fazendo aqui é abreviando a cadeia de eventos e selecionando a causa socialmente relevante numa situação social particular, deixando o restante de lado. Se um homem é morto por uma lança na guerra, uma fera numa caçada, ou uma mordida de cobra, ou de uma doença, a bruxaria é a causa socialmente relevante, pois é a única que permite intervenção, determinando o comportamento social.

A crença na morte por causas naturais e a crença na morte por bruxaria não são mutuamente exclusivas. Pelo contrário, elas se suplementam, cada uma justificando o que a outra não explica. Além disso a morte não é somente um fato natural — é também um fato social. Não se trata simplesmente de um coração ter parado de bater, e dos pulmões não mais bombearem ar para o interior de um organismo; trata-se também da destruição de um membro de uma família e grupo de parentesco, de uma comunidade e uma tribo. A morte leva à consulta de oráculos, à realização de ritos mágicos e à vingança. Dentre todas as causas de morte, a bruxaria é a única que possui alguma relevância para o comportamento social. A atribuição do infortúnio à bruxaria não exclui o que nós chamamos de "causas reais", mas superpõe-se a estas, dando aos eventos sociais o valor moral que lhes é próprio.

O pensamento zande é capaz de exprimir com muita clareza as relações entre as noções de causalidade mística e causalidade natural por meio de uma metáfora venatória. Os Azande sempre dizem da bruxaria que ela é a *umbaga*, ou "segunda lança". Quando os Azande matam a caça, há uma divisão da carne entre o homem que primeiro atingiu o animal e o que lhe cravou a segunda lança. Esses dois são considerados os matadores do animal, e o dono da segunda lança é chamado o *umbaga*. Assim, se um homem é morto por um elefante, os Azande dizem que o elefante é a primeira lança, que a bruxaria é a segunda lança, e que, juntas, elas o mataram. Se um homem mata outro com uma lançada na guerra, o homicida é a primeira lança, a bruxaria é a segunda; juntas, as duas o mataram.

Como os Azande reconhecem a pluralidade das causas, e é a situação social que indica qual a causa relevante, podemos entender por que a doutrina da bruxaria não é usada para explicar qualquer fracasso ou infortúnio. Por vezes a situação social exige um julgamento causal de senso comum, não-místico. Assim, se você conta uma mentira, comete adultério, rouba ou trai seu príncipe e é descoberto, não pode escapar à punição dizendo que foi embruxado. A doutrina zande declara enfaticamente que "bruxaria não faz uma pessoa dizer mentiras", "bruxaria não faz uma pessoa cometer adultério". "A bruxaria não coloca o adultério dentro de um homem; essa 'bruxaria' está em você mesmo (você é o responsável), isto é, seu pênis fica ereto; ele vê os cabelos da esposa de um homem e fica ereto, porque a única 'bruxaria' é ele mesmo" ('bruxaria' aqui está sendo usada metaforicamente). "Bruxaria não faz uma pessoa roubar"; "bruxaria não torna uma pessoa desleal". Apenas uma vez ouvi um zande alegar que estava embruxado quando havia cometido uma ofensa, e isso foi quando mentiu para mim; mesmo nessa ocasião, todos os presentes riram dele e lhe disseram que bruxaria não faz ninguém dizer mentiras.

Se um homem assassina outro membro da tribo com lança ou faca, ele é executado. Num caso como este, não é preciso procurar um bruxo, pois já se tem o alvo contra o qual a vingança pode ser dirigida. Se, por outro lado, é um membro de uma outra tribo que lanceou um homem, seus parentes ou seu príncipe tomarão medidas para descobrir o bruxo responsável pelo fato.

Seria traição afirmar que um homem executado por ordem de seu rei, por ofensa à autoridade real, foi morto por bruxaria. Se um homem consultasse os oráculos para descobrir o bruxo responsável pela morte de um parente que foi executado por ordem do rei, estaria correndo o risco de ser ele próprio executado. Pois aqui a situação social exclui a noção de bruxaria, como em outras ocasiões negligencia os agentes naturais e focaliza apenas a bruxaria. Do mesmo modo, se um homem for morto por vingança porque os oráculos disseram que era um bruxo e assassinara outro homem com sua bruxaria, então seus parentes não poderão dizer que ele foi morto por bruxaria. A doutrina zande decide que ele morreu nas mãos dos vingadores porque era um homicida. Se um de seus parentes insistisse que, na verdade, aquele homem morrera por bruxaria, e levasse o caso adiante até consultar o oráculo de veneno, poderia ser punido por ridicularizar o oráculo real — pois fora o oráculo de veneno real que confirmara oficialmente a culpa do bruxo, e fora o próprio rei que permitira a realização da vingança.

Nessas situações, a bruxaria é irrelevante e, se não completamente excluída, não é indicada como o principal fator causal. Assim como, em nossa própria sociedade, uma teoria científica da causalidade é, embora não excluída, considerada irrelevante em questões de responsabilidade moral e legal, assim também na sociedade zande a doutrina da bruxaria, embora não excluída, é tida por irrelevante nas mesmas situações. Nós aceitamos explicações científicas das causas das doenças e mesmo das causas da loucura, mas negamos essas explicações nos casos de crime e pecado, porque aqui elas entram em conflito com a lei e a moral, que são axiomáticas. O zande aceita uma explicação mística das causas de infortúnios, doenças e mortes, mas recusa essa explicação se ela se choca com as exigências sociais expressas na lei e na moral.

Portanto, a bruxaria não é considerada como uma causa do fracasso de algo, se um tabu foi quebrado. Se uma criança adoece, e é sabido que seus pais tiveram relações sexuais antes que ela fosse desmamada, a causa da morte já está contida na ruptura de um interdito ritual, e a questão da bruxaria não se coloca. Se um homem contrai lepra, e existe, no seu caso, uma história de incesto, então o incesto é a causa da lepra, não a bruxaria. Nesses casos, porém, dá-se uma situação curiosa, porque se a criança ou o leproso morrerem, faz-se necessário vingar sua morte, e o zande não vê a menor dificuldade em explicar o que para nós parece ser um comportamento extremamente ilógico. E faz segundo os mesmos princípios aplicados quando um homem é morto por um animal feroz, e ele invoca a mesma metáfora da "segunda lança". Nos casos acima mencionados, há realmente três causas da morte de uma pessoa. Existe a doença de que ela morreu — lepra, no caso do homem, e alguma febre, talvez, no caso da criança. Essas doenças não são em si produtos de bruxaria, pois existem nelas mesmas, exatamente como um búfalo ou um celeiro existem em si mesmos. Há ainda, em seguida, a quebra de um tabu, no caso do desmame e no caso do incesto. A criança e o homem tiveram febre e lepra porque um tabu foi quebrado. A quebra do tabu foi a causa das doenças, mas as doenças não os teriam morto se a bruxaria não estivesse agindo também. Se a bruxaria não estivesse presente como "segunda lança", eles teriam tido febre e lepra do mesmo modo, mas não morreriam por isso. Nesses exemplos há duas causas socialmente significantes: quebra de tabu e bruxaria, ambas relativas a diferentes processos sociais, e cada uma é sublinhada por pessoas diferentes.

Mas quando há quebra de um tabu e a morte não ocorre, a bruxaria não será mencionada como causa de infortúnio. Se um homem come um alimento proibido depois de ter realizado uma poderosa magia punitiva, ele pode morrer, e nesse caso a razão de sua morte é conhecida de antemão, pois ela está contida nas condições da situação em que ele morreu, mesmo que a bruxaria também estivesse operando. Mas isso não quer dizer que ele morrerá. O que inevitavelmente sucederá é que a droga mágica que ele preparou deixará de funcionar contra a pessoa a que se destinava, e deve ser destruída sob pena de se voltar contra o mago que a enviou. O fracasso da droga em atingir seu objetivo deve-se à quebra de um tabu, e não à bruxaria. Se um homem teve relações sexuais com a esposa e no dia seguinte consulta o oráculo de veneno, este não revelará a verdade, e sua eficácia oracular estará permanentemente prejudicada. Se um tabu não tivesse sido quebrado, dir-se-ia que a bruxaria fez o oráculo mentir, mas o estado da pessoa que assistiu à sessão dá uma razão para seu malogro em ouvir a verdade, sem que seja preciso invocar a noção de bruxaria como agente causal. Ninguém vai admitir que tenha quebrado um tabu antes de consultar o oráculo de veneno, mas quando um oráculo mente todos estão prontos a admitir que algum tabu deve ter sido quebrado por alguém.

Do mesmo modo, quando o trabalho de um ceramista se quebra na cozedura, a bruxaria não é a única causa possível da calamidade. Inexperiência e falta de habilidade artesanal podem ser outras razões do fracasso, ou o ceramista pode ter tido relações sexuais na noite anterior. O próprio artesão atribuirá seu fracasso à bruxaria, mas outras pessoas podem não ser da mesma opinião.

Nem mesmo todas as mortes são invariável e unanimemente atribuídas à bruxaria ou à quebra de um tabu. As mortes de bebês causadas por certas doenças são vagamente atribuídas ao Ser Supremo. Assim também, se um homem cai repentina e violentamente doente, morrendo logo a seguir, seus parentes podem ter certeza de que um feiticeiro fez magia contra ele, e não que um bruxo o matou. Uma quebra das obrigações entre irmãos de sangue pode exterminar grupos inteiros de parentes; assim, quando irmãos e primos vão morrendo uns após os outros, é ao sangue, e não à bruxaria que as outras pessoas atribuirão as mortes, embora os parentes dos mortos procurem vingá-los nos bruxos. Quando morre um homem muito idoso, os não-aparentados dizem que ele morreu de velhice, mas não o fazem em presença de parentes, pois estes declaram que a bruxaria foi responsável pela morte.

Acredita-se também que o adultério possa causar infortúnios, embora seja apenas um fator concorrente, já que a bruxaria também está presente. Diz-se que um homem pode ser morto na guerra ou num acidente de caça por causa das infidelidades de sua esposa. Portanto, antes de ir à guerra ou partir para uma grande expedição de caça, um homem pode pedir à esposa que divulgue o nome de seus amantes.

Mesmo quando não ocorrem infrações à lei ou à moral, a bruxaria não é a única razão a que se atribui um fracasso. Incompetência, preguiça, ignorância podem ser indicadas como causas. Quando uma menina quebra a bilha d'água, ou um menino esquece de fechar a porta do galinheiro à noite, eles serão severamente repreendidos pelos pais por sua estupidez. Os erros das crianças são atribuídos ao descuido ou à ignorância, e ainda pequenas elas são ensinadas a evitá-los. Os Azande não dizem que esses erros são causados por bruxaria, ou, mesmo que dispostos a aceitar a possibilidade da bruxaria, consideram a estupidez a causa principal. Ademais, o zande não é ingênuo a ponto de culpar a bruxaria pela quebra de um pote durante a cozedura se exames posteriores revelam que um seixo foi deixado na argila; ou pela fuga de um animal de sua armadilha se alguém o espantou com um movimento ou barulho. As pessoas não culpam a bruxaria se uma mulher queima o mingau, ou se o serve cru ao marido. E quando um artesão inabilidoso faz um banco grosseiro, ou que racha, isso é atribuído à sua inexperiência.

Em todos esses casos, o homem que sofre o infortúnio possivelmente dirá que ele se deve à bruxaria, mas os outros não farão o mesmo. Devemos lembrar contudo que um infortúnio sério, especialmente se resulta em morte, é normalmente atribuído por todos à ação da bruxaria — e especialmente pela vítima e seus parentes, por mais que tal desgraça tenha sido causada pela incompetência ou falta de autocontrole. Se um homem cai no fogo e se queima seriamente, ou cai num fojo e quebra o pescoço ou a perna, isso será automaticamente atribuído à bruxaria. Assim, quando seis ou sete filhos do príncipe Rikita ficaram encurralados num anel de fogo ao caçar ratos do brejo, morrendo queimados, suas mortes foram indubitavelmente causadas por bruxaria.

Desse modo, vemos que a bruxaria tem sua própria lógica, suas próprias regras de pensamento, e que estas não excluem a causalidade natural. A crença na bruxaria é bastante consistente com a responsabilidade humana e com uma apreciação racional da natureza. Antes de mais nada, um homem deve desempenhar qualquer atividade conforme as regras técnicas tradicionais, que consistem no conhecimento testado por ensaio e erro a cada geração. É apenas quando ele fracassa, apesar de sua adesão a essas regras, que vai imputar a sua falta de sucesso à bruxaria.

5

Freqüentemente indaga-se se os povos primitivos distinguem entre o natural e o sobrenatural. Essa questão pode ser respondida de forma preliminar no que concerne aos Azande. Como tal, a questão pode querer dizer: os povos primitivos distinguem entre o natural e o sobrenatural em termos abstratos? Nós possuímos a noção de um mundo ordenado de acordo com o que chamamos leis naturais; mas algumas pessoas em nossa sociedade acreditam que podem ocorrer certas coisas misteriosas que não podem ser explicadas por meio dessas leis naturais; e que portanto essas coisas transcendem supostamente tais leis; e chamamos esses eventos de sobrenaturais. Para nós, sobrenatural significa quase o mesmo que anormal ou extraordinário. Os Azande certamente não possuem tais noções a respeito da realidade. Eles não têm uma concepção do "natural" tal como nós o entendemos, e, por conseguinte, tampouco do "sobrenatural" tal como nós o entendemos. A bruxaria representa para os Azande um evento que, embora talvez infreqüente, é ordinário, e não extraordinário. É um acontecimento normal, e não anormal. Mas embora não atribuam a natural e sobrenatural os significados que os europeus cultos concedem a essas noções, distinguem os dois domínios. Assim, nossa pergunta pode ser formulada, e deve ser formulada, de outra maneira. O que deveríamos perguntar é se os povos primitivos vêem alguma diferença entre os acontecimentos que nós — os observadores — classificamos como naturais e os acontecimentos que classificamos como místicos. Os Azande percebem indubitavelmente uma diferença entre aquilo que consideramos como as ações da natureza, por um lado, e as ações da magia, dos espíritos e da bruxaria, por outro, embora, na ausência de uma doutrina formulável sobre a legalidade natural, não possam exprimir a diferença tal como nós o fazemos.

A noção zande de bruxaria é incompatível com nossos modos de pensar. Mas mesmo para os Azande existe algo de peculiar na ação da bruxaria. Ela só pode ser percebida normalmente em sonhos. Não se trata de uma noção evidente; ela transcende a experiência sensorial. Os Azande não afirmam que compreendem perfeitamente a bruxaria. Sabem que ela existe e age maleficamente, mas podem apenas conjeturar sobre a maneira pela qual age. E realmente, sempre que eu discutia sobre bruxaria com os Azande, surpreendia-me pela atitude dubitativa e hesitante que assumiam frente ao assunto, não apenas no que diziam, mas sobretudo em sua maneira de dizê-lo, em contraste com o conhecimento desembaraçado e fluente que demonstram a respeito dos eventos sociais e das técnicas econômicas. Eles se sentiam perdidos ao tentar explicar de que forma a bruxaria alcança seus objetivos. Que ela mata pessoas, é óbvio, mas como as mata, não se sabe exatamente. Sugeriam-me que talvez fosse melhor consultar um homem mais velho, ou um adivinho, para maiores informações. Mas os homens mais velhos e os adivinhos são capazes de dizer pouco mais que os jovens e os leigos. Eles sabem apenas o que todos sabem: que a alma da bruxaria vaga à noite e que devora a alma de suas vítimas. Só os próprios bruxos entendem desses assuntos em profundidade. Na verdade, os Azande experimentam sentimentos, mais que idéias, sobre a bruxaria, pois seus conceitos intelectuais sobre ela são fracos, e eles sabem mais o que fazer quando atacados por ela do que como explicá-la. A resposta é a ação, não a análise.

Não existe uma representação elaborada e consistente da bruxaria que dê conta detalhadamente de seu funcionamento, como tampouco há uma representação elaborada e consistente da natureza que esclareça sua conformidade com seqüências e inter-relações funcionais. O zande atualiza essas crenças, mais que as intelectualiza, e seus princípios são exprimidos mais em comportamentos socialmente controlados que em doutrinas. Daí a dificuldade em se discutir o tema da bruxaria com os Azande, pois suas idéias a esse respeito estão aprisionadas na ação, não podendo ser utilizadas para explicar e justificá-la.

CAPÍTULO III

As vítimas de infortúnios buscam os bruxos entre os inimigos

I

Devemos agora abordar a bruxaria de uma forma mais objetiva, pois ela é um modo de comportamento, tanto quanto um modo de pensamento. O leitor tem o direito de perguntar o que faz um zande quando é embruxado, como descobre quem o está embruxando, como manifesta seu ressentimento, que medidas toma para se proteger e que sistema de controle inibe uma retaliação violenta.

Somente se pode exigir vingança ou indenização por danos causados pela bruxaria quando o infortúnio sofrido é a morte de alguém. Nas perdas menores, tudo o que se pode fazer é apontar o bruxo e persuadi-lo a interromper sua influência nefasta. Quando um homem sofre uma perda irreparável, portanto, é inútil levar a questão adiante, já que não pode obter compensação, e que um bruxo não pode desfazer o que já foi feito. Em tais circunstâncias, um zande lamenta sua desventura e culpa a bruxaria em geral; mas é improvável que se esforce por identificar um bruxo determinado, pois o acusado negará sua responsabilidade ou dirá que não tem consciência de ter feito mal a alguém; e que, se o fez, foi involuntariamente, o que ele lamenta muito; de qualquer forma, a vítima fica na mesma.

Mas quando o infortúnio é ainda incipiente, há boas razões para uma identificação imediata do bruxo, pois este pode ser persuadido a interromper sua bruxaria antes que as coisas se agravem. Se a caça escasseia no final da estação, é inútil descobrir os bruxos que a espantaram; mas no auge da estação, a identificação dos bruxos pode assegurar um bom resultado. Se um homem é mordido por uma cobra venenosa, ele fica bom logo ou morre. Quando se cura, de nada adianta consultar os oráculos para saber o nome do bruxo responsável pela mordida. Mas se um homem cai doente, e a doença promete ser séria e demorada, então seus parentes buscam o bruxo responsável para que a balança pese mais do lado da cura que da morte.

Mais adiante explicaremos a maneira pela qual operam os oráculos. Aqui falaremos apenas dos veredictos como parte do mecanismo social de controle da bruxaria. É evidente que, quando um bruxo é denunciado pelos oráculos, se cria uma situação perigosa, pois o homem prejudicado e seus parentes ficam furiosos com uma afronta à sua dignidade e um ataque ao seu bem-estar por parte de um vizinho. Ninguém aceita tranqüilamente que outros estraguem sua caçada ou prejudiquem sua saúde por despeito e inveja; e os Azande com certeza agrediriam pessoalmente os bruxos que lhes prejudicam, se não existissem canais tradicionais, apoiados na autoridade política, de controle do ressentimento.

Devo novamente lembrar que não estamos tratando de crimes passíveis de serem levados a tribunais e punidos, nem de delitos civis para os quais se possa exigir uma indenização legal. A não ser que um bruxo realmente mate um homem, é impossível processá-lo no tribunal de um príncipe; e não registrei qualquer caso de bruxos punidos por terem causado outros danos. Alguns anciãos, porém, disseram-me que antigamente um favorito da corte podia persuadir um príncipe a conceder-lhe indenização pela perda total, por fogo ou praga, de sua colheita de eleusina.

O processo descrito neste capítulo é portanto o costumeiro, no qual a questão da retaliação não se coloca. Desde que a parte ofendida e o bruxo observem as formas corretas de comportamento, o incidente estará encerrado sem qualquer troca de palavras ásperas e muito menos golpes; na verdade, sem que nem mesmo as relações entre as partes fiquem estremecidas. Você tem o direito de pedir a um bruxo que lhe deixe em paz e pode inclusive avisá-lo de que, caso seu parente morra, ele será acusado de assassinato; mas não deve insultá-lo ou fazer-lhe mal. Pois um bruxo é também um companheiro de tribo que, enquanto não estiver matando as pessoas, tem o direito de viver sem ser molestado. O bruxo, por seu lado, deve seguir o costume e desfazer sua bruxaria quando assim solicitado por aqueles a quem ela está prejudicando. Se um homem agredisse um bruxo, perderia prestígio, poderia ser processado por danos no tribunal e ainda por cima estaria despertando mais rancor por parte do bruxo; o objetivo de todo o procedimento costumeiro, ao contrário, é acalmar ressentimentos e fazer com que o bruxo retire sua bruxaria por meio de um pedido cortês para que cesse de molestar sua vítima a partir daquele momento. Por outro lado, se um bruxo recusar-se a atender a uma solicitação feita nos termos tradicionais, ele perderá prestígio, estará admitindo abertamente sua culpa e correrá grave risco, pois se causar a morte de suas vítimas sofrerá inevitável retaliação.

2

Não se deve imaginar que os Azande consultem o oráculo de veneno ou mesmo oráculos mais baratos e acessíveis por qualquer dúvida ou infortúnio. A vida é curta demais para estar sempre a consultar oráculos, e além disso, para quê? Há sempre bruxaria por aí, é impossível erradicá-la da vida. Um homem sempre faz inimigos e não pode estar o tempo todo a denunciá-los por bruxaria. É preciso aprender a conviver com o risco. Por isso, quando um zande diz que determinada perda que sofreu se deve à bruxaria, ele está simplesmente manifestando seu desapontamento por meio das manifestações usuais que tais situações evocam; não se deve supor que ele esteja emocionalmente abalado, ou que vai correr para descobrir quem são os bruxos responsáveis por seu infortúnio. Em noventa por cento dos casos, nada faz. Ele é um filósofo e sabe que, na vida, o mal deve ser aceito junto com o bem.

O zande só consulta oráculos e adivinhos sobre a bruxaria quando sua saúde é afetada e em seus empreendimentos sociais e econômicos mais sérios. Em geral ele os consulta a respeito de possíveis infortúnios vindouros, pois está preocupado sobretudo em saber se determinadas empresas podem ser iniciadas com segurança, ou se já existe alguma bruxaria ameaçando-as mesmo antes de começadas. Por exemplo: um homem deseja enviar seu filho para ser educado como pajem na corte do rei, ou deseja fazer uma viagem até os Bongo, ao norte do reino de Gbudwe, para conseguir carne ou óleo da árvore-manteiga; os projetos podem terminar em desastre se a bruxaria os ameaça. Caso o oráculo diga que tais projetos não são auspiciosos, ele os abandona. Ninguém o censurará por tal desistência, uma vez que seria suicídio prosseguir quando o oráculo de veneno pronunciou um veredicto adverso. Nos exemplos citados, ele tanto pode desistir de seus projetos quanto esperar um ou dois meses, e então consultar novamente os oráculos; aí talvez eles forneçam um veredicto diferente, pois a bruxaria pode não mais estar ameaçando seus planos. Um homem pode ainda, digamos, desejar mudar sua residência, semear sua principal roça de eleusina, ou cavar um fojo para caça, e consulta os oráculos sobre os locais mais indicados. Ele pergunta: devo construir minha casa neste lugar? Devo preparar este pedaço de terra para minha plantação de eleusina? Devo cavar um fojo neste ponto? Se o oráculo de veneno se pronuncia contra um local, ele pode perguntar sobre outros, até surgir o veredicto de que um deles é auspicioso e não haverá perigo para a saúde de sua família ou para o sucesso da empresa. De nada adianta esfalfar-se em construir uma nova residência, derrubar mato para abrir as roças, ou cavar um fojo largo e fundo para elefantes se a pessoa sabe que a empresa está condenada antes mesmo de começar. Se a bruxaria assegura de antemão o fracasso, por que não escolher outro sítio, no qual o esforço colherá seu justo prêmio? Um homem quer casar com uma jovem e consulta o oráculo de veneno para saber se o casamento será um sucesso, ou se a esposa morrerá em sua casa logo nos primeiros anos de convivência. Neste caso, o veredicto adverso dos oráculos envolve um processo mais complexo, pois uma jovem não é uma roça de eleusina ou um sítio de moradia; e não se pode interrogar os oráculos sobre uma série de mulheres como é possível fazer a respeito de lugares no mato. O zande deve aqui descobrir quais bruxos, em particular, estão ameaçando seu futuro casamento, para então persuadi-los a cessarem sua animosidade contra ele. Depois de ter conversado com os bruxos, deixa as coisas esfriarem um pouco, e então volta a consultar os oráculos para saber se ainda há perigo à vista, ou se o caminho está limpo para o casamento. Pois é inútil casar-se com uma jovem que, sabe-se de antemão, vai morrer se desposá-lo.

Cabe observar que, quando um zande afirma que um empreendimento está embruxado, ele pode estar mentindo. Como não se espera que alguém cumpra uma obrigação se isso acarretar desastre, o jeito mais fácil de fugir dela é dizer que os oráculos informaram que você morrerá se insistir na empresa. Ninguém pode esperar que você corra o risco. Em vista disso, às vezes abusa-se da boa-fé alheia. Se você não quer mandar seu filho para ser pajem na corte real, acompanhar um amigo até os Bongo, dar sua filha em casamento ao homem a quem você a prometeu, ou deixar sua esposa visitar os parentes, basta-lhe alegar que os oráculos pressagiam a morte como resultado desses empreendimentos. Esses circunlóquios, porém, permitem-lhe adiar, mas não fugir definitivamente de suas obrigações; as pessoas com quem você está comprometido — o rei, o amigo, o futuro genro, os sogros —, todas elas, irão consultar os próprios oráculos para verificar as alegadas declarações do seu oráculo. E mesmo que as declarações dos oráculos delas concordem com o que você mentirosamente afirmou serem as declarações do seu oráculo, isso o liberará de suas obrigações apenas por algum tempo. As pessoas envolvidas logo tomarão providências para descobrir o bruxo que ameaça seu futuro, e quando tiverem convencido esse bruxo a retirar a influência, você vai ter que inventar outra desculpa. Assim, vemos que os oráculos são meios de impor comportamentos, mas sua autoridade pode ser impropriamente usada para se fugir ao dever. Não obstante, nenhum zande afirmaria que um oráculo disse algo diferente do que realmente disse. Se um indivíduo quer mentir, pretende ter obtido uma declaração oracular sem ter de fato consultado oráculo algum.

3

Em geral o zande consulta os oráculos a respeito de sua própria saúde e entra em contato com os bruxos segundo certas etapas costumeiras. Os parentes ou a família de um doente descobrirão quem o está embruxando e solicitarão do bruxo que cesse seu procedimento. Mas muitos Azande que estão em perfeita saúde costumam consultar um dos oráculos no início de cada mês para saber como estará sua saúde naquele período; pude notar que, em cada consulta ao oráculo de atrito,* um homem quase invariavelmente pergunta se morrerá em futuro próximo. Se o oráculo disser que alguém está ameaçando sua saúde e que ele morrerá em breve, o homem voltará para casa abatido, pois os Azande não dissimulam sua ansiedade em tais circunstâncias. O mais alegre de meus amigos zande ficaria deprimido até que tivesse anulado o veredicto do oráculo, fazendo com que o bruxo que o ameaçava se aquietasse. Duvido, contudo, que jamais algum zande tenha morrido ou ficado séria e demoradamente perturbado pelo conhecimento de que estava embruxado; nunca deparei com um caso de morte por sugestão desse tipo.

Um zande que está doente ou foi informado pelos oráculos de que está prestes a cair doente sempre dispõe de meios para enfrentar a situação. Consideremos a atitude de um homem que está perfeitamente bem de saúde, mas que sabe de antemão que irá adoecer, a menos que reaja à bruxaria. Ele não convoca um curandeiro nem toma remédios, mas todo o resto de seu comportamento ritual é o mesmo que seguiria caso estivesse realmente doente. Ele procura um parente ou amigo que possua algum oráculo de veneno e pede-lhe que o consulte em seu nome. Após conseguir algumas galinhas, ele e seu amigo esgueiram-se para um lugar sossegado no mato, onde realizam uma sessão oracular. O homem cuja saúde está ameaçada trouxe consigo uma asa da ave que morreu como prognóstico nefasto para o mês entrante. Coloca a asa no chão, diante do oráculo de veneno, para mostrar concretamente a este a natureza das questões que lhe serão colocadas. Os dois amigos dizem então ao oráculo de veneno que desejam um prognóstico mais detalhado do que o já disponível, que vieram apresentar certos nomes diante dele e querem saber qual dessas pessoas pretende prejudicar a saúde do consulente. Tomam de uma galinha, em nome de uma pessoa, despejam o veneno em sua goela e perguntam ao oráculo de veneno se é esse homem o bruxo ou não. Se o oráculo diz que aquela pessoa em particular nada tem a ver com a saúde do consulente, então tomam de uma segunda galinha, em nome de uma segunda pessoa, e repetem o teste. Quando o oráculo mata uma ave ligada ao nome de um homem, ou seja, declara que é este o homem que vai causar a doença do consulente no mês que começa, eles então perguntam se este é o único bruxo a ameaçar seu bem-estar, ou se há outros no horizonte. Se o oráculo diz que

* *Rubbing-board oracle*; ver adiante. (N.T.)

há outros, eles devem então descobri-los, até que o oráculo diga não haver mais necessidade de perguntas, pois eles estão de posse dos nomes de todos os bruxos que causarão a doença do consulente. Evidentemente isso envolve uma série de consultas em vários dias consecutivos, consumindo horas em preparativos e na execução. Mas um zande não considera este um tempo perdido, pois está procurando evitar males e desventuras, talvez até a morte, que seriam inevitáveis em quaisquer outras circunstâncias.

Um homem que está realmente doente, e não apenas apreensivo com o futuro, muitas vezes se recolhe a uma cabana de palha no mato onde pode se esconder da bruxaria. É a partir desse abrigo secreto que organiza sua defesa. Pede a um parente próximo, a um genro, ou a alguma outra pessoa em quem confie que consulte o oráculo de veneno em seu nome. Essa pessoa fará ao oráculo as mesmas perguntas que indiquei acima, salvo que, agora, o que se pergunta é quem está realmente prejudicando o doente, e não quem irá fazê-lo no futuro.

Eu disse que os Azande consultam o oráculo de veneno, mas o provável é que as pesquisas se iniciem com uma consulta ao oráculo de atrito, o qual apontará, dentre um grande número de nomes, vários bruxos que podem ser responsáveis pela doença. Se o homem é pobre, ele vai então colocar os nomes selecionados pelo oráculo de atrito diante dos oráculos das térmitas, mas, se conseguir obter veneno oracular e galinhas, utilizará o oráculo de veneno.

Não quero entrar aqui nos complicados detalhes técnicos dos oráculos, mas suponhamos que o oráculo do atrito tenha escolhido o nome do bruxo responsável, que o oráculo de veneno tenha confirmado esse veredicto e que ambos tenham declarado que apenas aquele homem está causando a doença sobre a qual se busca informação. Existem então duas linhas de ação abertas ao doente e seus parentes. Descreverei primeiro a menos usual. Devemos lembrar que os Azande precisam evitar uma briga aberta com o bruxo, pois isso só o irritaria mais, e talvez fizesse com que ele levasse o doente à morte; de qualquer forma, isso envolveria os agressores em sérias dificuldades sociais e até legais.

Sendo assim, eles podem *de kuba*, proferir uma oração pública, em que declaram saber o nome do bruxo que está prejudicando o parente deles, mas que não querem desmascará-lo e, com isso, envergonhá-lo; portanto, como o estão respeitando, esperam que ele retribua a gentileza deixando seu parente em paz. Esse procedimento é especialmente adequado quando o bruxo é uma pessoa de posição social, que eles não desejam afrontar, ou alguém que goze da consideração e estima de seus companheiros e eles não desejam humilhar. O bruxo compreenderá pela oração que se trata dele, enquanto os demais continuarão ignorando sua identidade. O discurso é pronunciado em estilo dramático, logo depois do pôr-do-sol ou ao alvorecer. O orador sobe num ninho de térmitas e lança um grito agudo: "Hai! Hai! Hai!", para atrair a atenção dos vizinhos. Todos acorrem imediatamente, pois esse grito é o mesmo que se dá quando algum animal é avistado, ou quando um homem armado é descoberto de emboscada no matagal. O orador repete seu grito várias vezes e então diz a seus ouvintes que não é por causa de um animal que os está chamando, mas sim porque lhes quer falar de bruxaria. O texto a seguir é um exemplo do que se passa:

> Hai! Hai! Hai! Não é um animal, Oh! Não é um animal, Oh! Eu hoje consultei o oráculo de atrito, e ele me disse que aqueles homens que estão matando meu parente não estão longe, eles andam por perto, e que são esses meus vizinhos que estão matando meu parente. Agora eu quero honrá-los, dizendo a todos vocês que não revelarei seu nome [o nome do bruxo]. Não o denunciarei. Se ele tem ouvidos, ouvirá o que estou dizendo. Se meu parente morrer, eu farei magia, e então alguém morrerá, e meu nome ficará manchado porque guardei silêncio. É por isso que estou lhes dizendo que, se meu parente continuar doente até morrer, certamente revelarei o nome desse homem, para que todos o saibam. Desde que sou vizinho de vocês, nunca senti cobiça pelo que têm em suas casas; nunca mostrei má vontade contra homem nenhum; não cometi adultério com a esposa de ninguém; não matei o filho de ninguém; não roubei os bens de outros homens; não fiz nenhuma dessas coisas que despertariam o rancor de um homem contra mim. Oh, súditos de Gbudwe, vocês são mesmo homens de má vontade! Por que estão matando meu parente? Se ele fez algo de mal, deviam ter vindo a mim, dizendo: 'Seu parente provocou vingança contra si mesmo'. Não assassinem meu parente. Foi assim que falei. Falei até demais. Para o homem que tem ouvidos, basta que se digam umas poucas palavras, e ele as escuta. Depois do que falei para vocês, não vou mais sobrecarregar minha boca, mas daqui por diante apontarei quem é esse homem e exporei seu rosto. Todos vocês ouviram bem minhas palavras. Está terminado.

Se o bruxo não ficar convencido por uma oração dessas de que deve cessar suas atividades, os parentes do doente recorrem a um processo que é geralmente empregado logo depois que o oráculo de veneno o identificou, sem ser precedido por uma oração pública. Pois uma oração só é feita se parecer mais conveniente e tiver sido previamente autorizada pelo oráculo de atrito. O procedimento normal é colocar os nomes de todos os suspeitos diante do oráculo de atrito e deixar que ele selecione os culpados de terem causado a doença. Se um homem está gravemente enfermo, os parentes imediatamente dão a conhecer o veredicto do oráculo de atrito; caso contrário, colocam os nomes selecionados por esse oráculo diante do oráculo de veneno, pois este é considerado o mais digno de confiança, e em geral a denúncia de bruxos só é feita a partir de suas declarações. O oráculo de veneno pode apontar um ou vários bruxos como responsáveis pela doença, mas o procedimento é o mesmo, seja qual for o número de acusados. Corta-se a asa da ave que morreu quando se enunciou o nome de um bruxo e espeta-se ela num graveto pontudo, arrumando as penas em forma de um leque, que os consulentes levam para casa após a sessão. Um dos parentes do doente leva a asa então ao delegado de um príncipe — nem sempre um príncipe está acessível; aliás, ele não gostaria de ser importunado com qualquer pequeno caso desse tipo. Um delegado não se importa de ser de vez em quando assediado com tais pedidos. Embora não receba honorários por esse trabalho, as solicitações são um tributo à sua importância, e assim ele tem prazer em atendê-las.

O mensageiro deposita a asa aos pés do delegado e agacha-se para informá-lo do significado dela. No estilo zande, ele começa bem do princípio, contando ao delegado como o parente ficou doente, quais foram as declarações do oráculo de atrito e finalmente qual o veredicto do oráculo de veneno. Pede então ao delegado que envie alguém com a asa para notificar o bruxo de que o oráculo de veneno o denunciou e pedir-lhe para desistir de perseguir o parente em questão. É possível que os interessados entrem diretamente em contato com o bruxo, sem o intermédio do delegado do príncipe; mas se assim fizerem, pedirão antes ao oráculo de atrito que escolha um mensageiro adequado para tratar com o bruxo. É mais avisado que eles atuem com a intermediação do delegado do príncipe, cuja posição oficial dá peso à ação deles. O delegado, por sua vez, manda um homem entregar a asa de galinha ao bruxo; o mensageiro deve em seguida relatar o comportamento do bruxo ao recebê-la. Mas antes de enviar a asa ao acusado, o delegado provavelmente consulta o oráculo de atrito para saber quem é a pessoa mais indicada para a missão. É bom não tomar decisão alguma nesses assuntos sem antes obter uma declaração oracular sobre seu sucesso. Quando o delegado se assegurou, pelo oráculo de atrito, de que determinado homem é um mensageiro auspicioso, ele o despacha com a asa de galinha para a residência do bruxo. Ao chegar, o mensageiro deposita a asa no chão, diante do bruxo, e diz simplesmente que o delegado o enviou por causa da doença de fulano de tal. Ele trata o bruxo com respeito, pois este é o costume, e afinal nada daquilo é da sua conta. Quase invariavelmente o bruxo replica cortesmente que não tem consciência de ter prejudicado ninguém, e que, se é verdade que fez mal ao homem em questão, ele sente muito; e que se for somente ele que está perturbando esse homem, com toda certeza este vai recuperar-se, porque do fundo de seu coração ele deseja toda saúde e felicidade para o doente; e como sinal de sua boa-vontade soprará água. Pede à esposa uma cabaça de água, toma um gole, enxágua a boca com ela e depois sopra-a em chuveiro fino sobre a asa de galinha a seus pés. Em seguida declara em voz alta, para que o mensageiro ouça e comunique suas palavras, que se ele é um bruxo, ignorava tal condição, e que não está fazendo mal ao doente por querer. Diz que está interpelando a bruxaria em seu próprio ventre, suplicando-lhe que se torne fria (inativa), num apelo que parte de seu coração, e não apenas de seus lábios.

O mensageiro então retorna ao delegado, conta-lhe o que foi feito e o que testemunhou, e o delegado informa aos parentes do doente que a tarefa de que o incumbiram foi desempenhada. O mensageiro não recebe pagamento; seu serviço é considerado um ato de cortesia com o delegado e os parentes do doente. A vítima e seus amigos esperam ansiosamente alguns dias até saberem o efeito da entrega da asa de galinha ao bruxo. Se o doente mostra sinais de recuperação, eles enaltecem o oráculo de veneno por sua presteza em revelar o nome do bruxo e, assim, ter permitido o restabelecimento do doente. Mas se a doença persiste, eles iniciam uma nova rodada de consultas ao oráculo. Agora desejam saber se o bruxo estava apenas simulando arrependimento e continua tão hostil como antes, ou se, nesse meio tempo, outro bruxo entrou em cena para incomodar seu parente e agravar-lhe a doença. Em ambos os casos, a apresentação formal de asas de galinha continua sendo feita com a mediação do delegado de um príncipe.

Embora no passado os príncipes por vezes tenham tomado medidas mais drásticas para garantir sua própria segurança, os procedimentos acima descritos são de uso rotineiro em cada seção da sociedade zande em situações de doença. As chances de uma ação violenta por parte dos parentes do enfermo são minimizadas pela rotina característica do processo, pois, sendo esses modos de agir estabelecidos e de valor normativo, as pessoas não pensam, salvo muito raramente, em atuar de outro modo.

4

Além do comportamento cortês de ambas as partes ser costumeira, tendo portanto a natureza compulsória de toda ação habitual, existem outros fatores que contribuem para eliminar o conflito: a grande autoridade do oráculo de veneno — é inútil protestar contra suas declarações; o emprego de intermediários entre as partes, o que as dispensa de se encontrarem no decorrer de toda a questão; a posição social do delegado de um príncipe, visto que um insulto a seu mensageiro é um insulto ao próprio príncipe; e as noções zande de bruxaria, que tornam o procedimento vantajoso para ambas as partes.

Mas, se o veredicto do oráculo de veneno é suficiente para eliminar de antemão qualquer negativa ou oposição, é preciso ser capaz de produzir uma declaração oracular válida. Se um homem acusasse outro de bruxaria sem basear sua denúncia num veredicto do oráculo de veneno, ou pelo menos no oráculo das térmitas, todos zombariam da tentativa, e talvez ele até saísse machucado da história. Por isso, os parentes de um enfermo em geral convidam alguém que não seja da família para estar presente quando consultam o oráculo de veneno. Essa pessoa poderá, assim, atestar que o oráculo foi realmente consultado da maneira correta.

Além disso, interessa a ambas as partes não criar animosidade recíproca por causa do incidente. Terão que continuar vivendo juntas, como vizinhas, cooperando na vida da comunidade. Também é de interesse mútuo que evitem demonstrar raiva ou ressentimento por uma razão mais imediata e direta. O objetivo de todo o processo é colocar o bruxo em boa disposição de ânimo por meio de um tratamento cortês. O bruxo, por sua vez, deve sentir-se agradecido em relação às pessoas que o preveniram tão educadamente do perigo que está correndo. Devemos lembrar que, como a bruxaria não tem existência real, um homem não sabe que embruxou outrem, mesmo quando tem consciência de que lhe quer mal. Ao mesmo tempo, acredita firmemente na existência da bruxaria e na precisão do oráculo de veneno, de forma que, quando o oráculo diz que ele está matando um homem por bruxaria, ficará provavelmente agradecido por ter sido avisado a tempo. Se o deixassem matar o homem, ignorando o que fazia, ele inevitavelmente seria vítima de uma vingança fatal. Pela polida indicação de um veredicto oracular, feito pelos parentes do enfermo ao bruxo que o fez ficar doente, salva-se a vida tanto do enfermo quanto do bruxo. Daí o aforismo zande: "Aquele que sopra água não morre."

Essa máxima refere-se à ação de um bruxo quando sopra um jorro d'água de sua boca sobre a asa de galinha colocada a seus pés pelo mensageiro de um delegado. Quando o bruxo sopra água, ele "esfria" sua bruxaria. Em razão desse rito simples, garante que o enfermo se recobrará e que ele mesmo escapará da vingança. Porém os Azande sustentam firmemente que a mera ação de soprar água não tem valor em si, caso o bruxo não deseje sinceramente que o doente se recupere. Com isso asseveram o caráter moral e volitivo da bruxaria. Dizem: "Um homem deve soprar água com o coração, não apenas com os lábios", e que "soprar água da boca não encerra o assunto; mas se a água vem da barriga, ela esfria o coração, e este é o verdadeiro soprar água."

Tal processo de contra-ataque à bruxaria que descrevi é normalmente utilizado em situações de doença, ou quando o oráculo prediz doença para um homem que no momento pode estar em perfeita saúde. Ele também é usado para o insucesso na caça ou em outra atividade econômica, esteja esta em curso ou seja planejada quando os oráculos predizem seu fracasso antecipadamente. Sem dúvida a grande maioria de asas de galinha apresentadas aos bruxos são por motivo de casos de doença. Enquanto o doente continua vivo, seus parentes fazem todos os esforços polidos para persuadir os bruxos responsáveis a desistirem de suas predações noturnas. Até aí nenhuma infração legalmente reconhecida foi cometida. Morrendo o doente, porém, a situação muda completamente, pois então seus parentes se vêem compelidos a se vingar. Interrompem-se todas as negociações com os bruxos e tomam-se providências imediatas para a execução da vingança.

5

Minha compreensão dos sentimentos dos Azande quando embruxados foi ajudada por uma participação, ao menos relativa, em experiências semelhantes. Tentei adaptar-me à sua cultura, levando a vida de meus anfitriões tanto quanto fosse conveniente, partilhando suas esperanças e alegrias, desânimos e sofrimentos. Sob muitos aspectos, minha vida era igual à deles: contraí suas doenças, usei de suas fontes de alimento e adotei ao máximo possível seus próprios padrões de comportamento, com as resultantes amizades e inimizades. Mas foi na esfera da bruxaria que tive mais sucesso em "pensar como negro", ou melhor dizendo, "sentir como negro".* Eu também me acostumei a reagir aos infortúnios no idioma da bruxaria e freqüentemente precisei me esforçar para controlar meu próprio apelo à desrazão.

Vimos anteriormente como a bruxaria participa de todos os infortúnios. Infortúnio e bruxaria são basicamente a mesma coisa para um zande, pois é apenas em situações de infortúnio ou em antecipação a ele que a noção de bruxaria é evocada. Em certo sentido, pode-se dizer que bruxaria é infortúnio, que o método de consultas oraculares e apresentação de asas de aves é o canal socialmente prescrito da resposta ao infortúnio e que a noção de uma atividade-bruxaria é o substrato ideológico necessário para dar coerência lógica a tal resposta.

* No original, *thinking black* e *feeling black*. (N.T.)

Um bruxo ataca um homem quando motivado por ódio, inveja, ciúme e cobiça. Em geral, se ele não sente inimizade por uma pessoa, não a atacará. Portanto, um zande que sofre um infortúnio imediatamente especula sobre quem tem probabilidades de odiá-lo. Ele sabe muito bem que outros sentem satisfação com seus problemas e sofrimentos, invejando sua boa sorte. Ele sabe que, se ficar rico, os pobres irão odiá-lo; que se subir de posição social, seus inferiores terão inveja de sua autoridade; se é bonito, que os menos favorecidos terão ciúme de sua aparência; se é um caçador, músico, lutador ou orador talentoso, que será objeto da má vontade dos menos dotados; e se tem as boas graças de seu príncipe e de seus vizinhos, que será detestado por seu prestígio e popularidade.

Nas tarefas rotineiras da vida há muita oportunidade para atritos. Dentro do grupo doméstico, são freqüentes as possibilidades de mal-estar entre marido e mulher e entre co-esposas, em função da divisão do trabalho e dos ciúmes sexuais. Dentre seus vizinhos, um homem pode estar certo de ter inimigos tanto secretos quanto declarados; talvez tenha havido disputas sobre áreas de roça ou de caça; talvez tenham surgido suspeitas sobre as intenções de uma esposa, talvez alguma rivalidade nas danças, talvez se tenham pronunciado palavras irrefletidas que depois foram repetidas a outros. Um homem pode pensar que certa canção se referia a ele. Ou talvez tenha sido insultado ou espancado na corte. Ou pode ter um rival disputando os favores de um príncipe. Qualquer palavra maldosa, ato perverso ou insinuação são guardados na memória para posterior retaliação. Basta que um príncipe demonstre favoritismo por um de seus cortesãos, um marido por uma das esposas, para que os desprezados detestem o escolhido. Inúmeras vezes constatei que bastava eu ser generoso ou apenas muito amigável com um de meus vizinhos para que ele ficasse imediatamente apreensivo quanto à bruxaria; e qualquer imprevisto que o atingisse era atribuído ao ciúme que minha amizade despertara no coração de seus vizinhos.

Em geral, no entanto, um homem que acredita que os outros sentem ciúmes dele não faz nada. Continua a ser polido com todos e procura manter-se amistoso. Basta, porém, que sofra um infortúnio para acreditar que um daqueles homens o embruxou, e apresentará seus nomes diante do oráculo de veneno para saber qual é o responsável. As consultas oraculares, assim, exprimem histórias de relacionamentos pessoais, pois em geral um indivíduo só coloca diante do oráculo os nomes daqueles que o poderiam ter prejudicado em razão de algum acontecimento determinado que, em sua opinião, motivou a inimizade de tais pessoas. Freqüentemente é possível, por meio das perguntas corretas, fazer remontar a apresentação de um nome diante do oráculo a algum incidente passado.

6

Uma vez que as acusações de bruxaria são suscitadas por inimizades pessoais, é evidente a razão pela qual certas pessoas nem chegam a ser consideradas, quando um doente passa em revista os nomes daqueles que lhe poderiam estar fazendo mal de forma a apresentá-los ao oráculo. Não se acusam os nobres de bruxaria, e raramente se acusam plebeus influentes; não apenas porque não seria aconselhável insultá-los, como também porque o contato social das pessoas comuns com gente dessas categorias limita-se a situações em que o comportamento recíproco está determinado por noções de status. Um homem briga com seus iguais e deles sente inveja. Um nobre está socialmente tão separado dos plebeus que, se um destes fosse brigar com ele, o caso seria antes de traição. Plebeus detestam plebeus, príncipes odeiam príncipes. Da mesma forma, um plebeu rico funciona como patrão de um plebeu pobre; dificilmente surgirão o incentivo e as oportunidades para haver suspeita entre eles. Um plebeu rico invejará outro plebeu rico, um pobre terá ciúmes de outro pobre. É muito mais fácil alguém sentir-se ofendido por palavras ou atos de um igual que de um superior ou inferior. Do mesmo modo, as mulheres entram em contato com outras mulheres, e não com homens, salvo seus maridos e parentes, de forma que é a respeito de outras mulheres que elas pedem que se consultem os oráculos; desde que não há intercurso social entre homens e mulheres não-aparentadas, é difícil surgir inimizade entre eles. Igualmente, como já vimos, crianças não embruxam adultos. Isso significa que uma criança não costuma ter relações com outros adultos, além de seus pais e parentes, capazes de despertar rancor em seu coração. Quando um adulto embruxa uma criança, é geralmente por ódio ao pai dela. A maior oportunidade de surgirem conflitos dá-se entre líderes de grupos domésticos que mantêm contato cotidiano, e são essas pessoas as que mais freqüentemente apresentam os nomes umas das outras diante dos oráculos, quando um deles ou um membro da família está doente.

Contudo, as noções de bruxaria são evocadas fundamentalmente por causa de infortúnios, e não dependem inteiramente de inimizades. Quando um homem sofre um infortúnio, ele sabe que foi embruxado, e é só aí que usa a memória para descobrir quais bruxos lhe desejam mal e poderiam tê-lo embruxado. Se ele não consegue lembrar-se de nenhum incidente que tivesse levado alguém a odiá-lo, e se não tem nenhum inimigo em especial, ainda assim deve consultar o oráculo para encontrar um bruxo. Por isso, até um príncipe irá por vezes acusar plebeus de bruxaria, pois seus infortúnios devem ser explicados e evitados, mesmo quando aqueles que ele acusa de bruxaria não são seus inimigos.

Já foi observado que os bruxos só fazem mal a pessoas das redondezas, e que, quanto mais perto estão de suas vítimas, mais sérios são seus ataques. Podemos sugerir que a razão dessa crença se deve ao fato de que pessoas que vivem longe umas das outras não têm contatos sociais suficientes para despertar ódio mútuo, ao passo que há amplas possibilidades de atrito entre pessoas que têm suas casas e roças em contigüidade. Os Azande tendem a entrar em disputa com aqueles que estão mais próximos quando essa proximidade não é atenuada por sentimentos de parentesco ou tornada irrelevante por distinções de idade, sexo ou classe.

Num estudo da bruxaria zande, o que se deve ter em mente é, em primeiro lugar, que essa noção é função de situações de infortúnio; e em segundo lugar que ela é função de relações pessoais.

7

A noção de bruxaria não é apenas uma função do infortúnio ou das relações pessoais; envolve também juízos morais. Com efeito, a moralidade zande está tão intimamente relacionada às noções de bruxaria que podemos dizer que ela as determina. A frase zande "isso é bruxaria" pode quase sempre ser traduzida simplesmente por "isso é mau". Pois, como vimos, a bruxaria não age aleatoriamente ou sem propósito, mas é um ataque calculado de um homem sobre outro homem, a quem o primeiro odeia. Os Azande dizem que ódio, ciúme, inveja, traição e calúnia vão à frente, e que a bruxaria segue atrás. Um homem deve primeiro odiar seu inimigo, e depois o embruxará; e a menos que o bruxo seja sincero quando sopra água, a ação não tem efeito. Ora, como os Azande não se interessam pelos bruxos em si — quer dizer, não há interesse pela condição estática de ser um possuidor de bruxaria —, mas apenas pela atividade-bruxaria, daí decorrem duas conseqüências. Em primeiro lugar, a bruxaria tende a tornar-se sinônimo dos sentimentos que supostamente a despertam, de forma que os Azande pensam em ódio, inveja e cobiça em termos de bruxaria, e igualmente pensam em bruxaria em termos dos sentimentos que ela revela. Em segundo lugar, uma pessoa que embruxou um homem não é considerada por este como um bruxo para sempre, mas apenas no contexto do infortúnio que causou. Não existe uma postura fixa a ser adotada diante dos bruxos, assim como há para o caso dos nobres, por exemplo. Um nobre é sempre um nobre, e como tal é tratado em todas as situações; mas não há semelhante nitidez ou constância quanto à personalidade social de um bruxo, pois este só é considerado bruxo em certas situações. As noções azande de bruxaria exprimem relações dinâmicas interpessoais em situações não auspiciosas. Seu significado depende em tal medida de contextos passageiros que um homem dificilmente é encarado como bruxo quando a situação que provocou uma acusação contra ele já desapareceu.

Os Azande não aceitam a idéia de que qualquer pessoa que odeia outrem seja um bruxo, ou que bruxaria e ódio sejam sinônimos. Todos os homens são capazes de ter sentimentos hostis contra seus vizinhos, mas, a não ser que tenham realmente nascido com bruxaria na barriga, não podem causar danos aos inimigos simplesmente por detestá-los.

É verdade que um velho pode dizer, por exemplo, que um rapaz está arriscado a ficar doente de *ima abakumba*, a conseqüência da ira de um ancião. Mas os Azande não crêem que a irritação de um velho possa em si fazer muito mal. Se um homem idoso fala desse modo, os Azande dizem que está insinuando que os embruxará se o perturbarem. Pois, a menos que o velho seja bruxo ou feiticeiro, nada de mal pode acontecer a alguém que o irritou. Seu mau humor talvez pudesse causar alguma pequena perturbação, e pode ser que os oráculos ficassem indecisos entre os diagnósticos de raiva e posse de bruxaria, caso não fossem avisados para só levar em conta questões de bruxaria real.

Simplesmente sentir raiva e dizer palavras ásperas contra alguém não pode causar qualquer malefício sério, a menos que haja algum laço social definido entre as partes em disputa. As maldições de um homem não-aparentado não podem fazer mal, mas nada é mais assustador que as maldições (*motiwa*) lançadas por pai e mãe, tios e tias. Mesmo sem proferir ritualmente uma maldição, um pai pode causar desventura a seu filho apenas por raiva e ressentimento. Diz-se também que, se um príncipe está irado e triste com a ausência de um súdito, as coisas não irão bem para este. Um informante disse-me também que, se uma mulher viaja contra a vontade de seu marido, e este fica saudoso e triste, as coisas podem sair mal para ela durante a viagem.

Se você está em dúvida se um homem que não gosta de você simplesmente o está odiando ou realmente o embruxando, pode tirar essa dúvida por meio de uma consulta ao oráculo de veneno ou a algum dos oráculos menores. Você adverte o oráculo para que não preste atenção à maldade, mas que se concentre unicamente na questão da bruxaria. Você diz a ele que não quer saber se o homem lhe odeia, mas se ele está lhe embruxando. Por exemplo, você diz ao oráculo de atrito: "Observe a calúnia e deixe-a de lado, observe o ódio e deixe-o de lado, observe o ciúme e deixe-o de lado. Bruxaria de verdade — considere apenas ela. Se ela vai me matar, oráculo de atrito, pare (responda 'sim')."

Acresce que, segundo as idéias azande, um bruxo não prejudica necessariamente as pessoas só porque é um bruxo. Um homem pode ter nascido bruxo, mas sua substância-bruxaria permanecer "fria". Na concepção zande, isso significa que, embora esse indivíduo seja um bruxo, trata-se de um sujeito decente, que não guarda rancor de seus vizinhos nem tem ciúmes da felicidade alheia. É um bom cidadão, e isso para os Azande significa desempenhar alegremente suas obrigações e viver em boa paz e cooperação com os vizinhos. Um homem bom é bem-humorado e generoso, bom filho, marido e pai, é leal com seu príncipe, justo no trato com seus iguais, honesto em seus negócios, respeitador da lei e amante da paz, não comete adultério, fala bem dos vizinhos, é sereno e cortês. Não se espera que ele ame seus inimigos, nem que seja condescendente com os que prejudicarem sua família e parentes, ou cometerem adultério com suas esposas. Mas se um homem não sofreu agressão alguma, então não deve mostrar hostilidade para com os outros. Igualmente o ciúme e a inveja são males, a menos que sejam culturalmente aceitos, como no caso da rivalidade entre príncipes, adivinhos ou cantores.

Todo comportamento que se choca com as idéias azande sobre o que é direito e próprio, embora não seja por si só bruxaria, é o impulso que está por trás dela, e as pessoas que infringem as regras de conduta são as mais freqüentemente acusadas. Se examinarmos as situações que evocam noções de bruxaria e o método de identificação de bruxos, fica claro que eles implicam o caráter volitivo e moral da bruxaria. A condenação moral é predeterminada, pois quando um homem sofre um infortúnio, ele medita sobre sua mágoa e considera quem, dentre seus vizinhos, lhe demonstrou hostilidade imerecida ou ressentimento injustificado. Essas pessoas o prejudicaram e lhe querem mal, e portanto ele deduz que elas o embruxaram — pois um homem não iria embruxá-lo se não o detestasse.

As noções morais azande, em sua divisão da conduta em boa e má, não são muito diferentes das nossas, mas, como elas não se exprimem em termos teísticos, sua semelhança com os códigos das religiões mais conhecidas não é aparente de imediato. Os espíritos dos mortos não podem ser convocados como árbitros da moral e sancionadores da conduta, porque eles são membros de grupos de parentesco e só exercem autoridade dentro desses grupos, sobre as mesmas pessoas que lhes estavam submetidas quando eram vivos. O Ser Supremo é uma influência muito vaga, não sendo citado pelos Azande como guardião de uma lei moral que deva ser obedecida simplesmente porque Ele é o seu autor. É no idioma da bruxaria que os Azande exprimem as regras morais que escapam à esfera da lei civil e criminal. "A inveja é ruim por causa da bruxaria; um homem invejoso pode matar alguém", dizem eles, e assim falam também de outros sentimentos anti-sociais.

8

Dizem os Azande: "A morte tem sempre uma causa, e nenhum homem morre sem motivo", querendo dizer que a morte sempre resulta de alguma inimizade. Quem mata um homem é a bruxaria, mas é a falta de caridade que leva um bruxo a matar. Do mesmo modo, a cobiça pode ser o motivo de um assassinato, e as pessoas temem recusar pedidos de presentes feitos por parasitas que vivem à custa dos outros, dizendo: "Um homem que está sempre pedindo coisas é um bruxo."

Aqueles que costumam falar por rodeios, sem entrar direto no assunto, são suspeitos de bruxaria. Os Azande são muito melindrosos e estão sempre alertas para quaisquer alusões ofensivas no meio de conversas aparentemente inocentes. Isso é motivo freqüente de querelas, e não há meios de determinar se o interlocutor fez as alusões propositadamente ou se o ouvinte encarregou-se de infundir-lhes malícia. Por exemplo, uma pessoa senta-se junto com alguns vizinhos e diz: "Ninguém fica para sempre neste mundo." Ouvindo a observação, um dos velhos da roda emite um grunhido de desaprovação, mas ela é logo explicada como referência a um ancião que acabou de morrer; ainda assim, algumas pessoas podem achar que ele estava desejando a morte de alguém da roda.

Um homem que ameaça os outros com infortúnios será certamente suspeito de bruxaria se alguma desgraça se abater sobre tais pessoas. Por exemplo, um homem ameaça outro com raiva e diz: "Você não andará este ano", e então logo depois o outro pode ficar doente ou sofrer um acidente, e se lembrará das palavras que lhe foram dirigidas impensadamente, indo de imediato consultar os oráculos, trazendo o nome daquele que o ameaçou como o primeiro de sua lista de suspeitos.

Um temperamento rancoroso levanta suspeita de bruxaria. Pessoas mal-humoradas e sombrias, aquelas que sofrem de alguma deformidade física ou que foram mutiladas, são suspeitas, pelo ressentimento. Homens de hábitos sujos, como os que defecam nas roças alheias e urinam em público, ou que comem sem lavar as mãos, ou que ingerem comidas repugnantes como jabotis, sapos e ratos domésticos, são o tipo de gente que pode muito bem embruxar os outros. O mesmo se pensa de gente mal-educada, que entra na cabana dos outros sem primeiro pedir permissão; que não consegue esconder sua gula diante de cerveja ou comida; que faz observações ofensivas às esposas e vizinhos, insultando-os e amaldiçoando-os; e assim por diante.

Nem todos que apresentam esses traços desagradáveis são suspeitos de bruxaria, mas como são tais sentimentos e atitudes que fazem as pessoas suspeitarem de bruxaria, os Azande sabem que aqueles que demonstram essas características têm o desejo de embruxar, mesmo que não possuam poder para tanto. De vez que esses traços criam antagonismo em meio aos vizinhos contra as pessoas que os demonstram, os nomes destas são os mais freqüentemente apresentados aos oráculos quando os vizinhos caem doentes. Elas são amiúde acusadas, portanto, e adquirem a reputação de prática de bruxaria. Os bruxos tendem a ser aqueles cujo comportamento afasta-se mais das exigências sociais. Pois embora os Azande não considerem que os vizinhos que uma vez ou outra os embruxaram sejam bruxos, algumas pessoas são tão freqüentemente acusadas pelos oráculos que adquirem uma sólida reputação de bruxaria, sendo consideradas bruxas para além de situações específicas de infortúnio. Aqueles que poderíamos chamar de bons cidadãos — é claro que os membros mais ricos e poderosos da sociedade entram nesta categoria — raramente são acusados de bruxaria; já os que se tornam um incômodo para os vizinhos e fracos têm maiores possibilidades de serem acusados de bruxaria.

Com efeito, é preciso dizer que a fraqueza, tanto quanto o ódio e o ciúme, convida a acusações de bruxaria, pois não há dúvida para quem conviveu com os Azande que eles preferem não consultar os oráculos sobre pessoas influentes, tendendo a fazê-lo a respeito de homens sem trânsito na corte e sobre mulheres — isto é, sobre pessoas que não podem responder facilmente ao insulto contido numa acusação de bruxaria. Isso fica mais evidente nas denúncias oraculares feitas pelos adivinhos que nas revelações dos oráculos. Um zande não concordaria com esta afirmação. De fato, homens influentes às vezes são acusados de bruxaria, e freqüentemente homens pobres não são acusados, ou o são muito pouco. O que estou descrevendo é apenas uma impressão geral de uma tendência e que relativiza o que disse antes sobre as acusações de bruxaria serem função da igualdade de status, uma vez que apenas uma grande distância de status exclui a possibilidade de antagonismos capazes de levarem a acusações de bruxaria.

É na variedade de eventos que são considerados moralmente significantes que as noções morais azande diferem mais profundamente das nossas. Pois, para um zande, quase todo acontecimento que lhe prejudica se deve às más intenções de outrem. O que lhe faz mal é moralmente mau, isto é, procede de um homem mau. Todo infortúnio implica a noção de injúria e o desejo de retaliação. Pois toda perda é considerada pelos Azande como imputável a bruxos. Para eles, a morte, seja quando for, é assassinato e clama por vingança; para eles o fato importante é o evento ou situação da morte, e não o instrumento que a ocasionou, seja este a doença, um animal selvagem ou a lança de um inimigo.

Em nossa sociedade, acredita-se que apenas certos infortúnios se devam à maldade de outras pessoas, e é somente nessas situações que podemos empreender uma retaliação, por canais prescritos, contra os responsáveis. Doenças ou fracasso em empresas econômicas não são considerados como danos a nós infligidos por outras pessoas. Se um homem cai enfermo ou sua empresa vai à falência, ele não pode usar de retaliação contra ninguém, como poderia se seu relógio tivesse sido roubado ou se ele fosse agredido. Mas no país zande todos os infortúnios se devem à bruxaria, permitindo que a pessoa que sofreu o dano empreenda retaliação por canais costumeiros, porque o dano é atribuído a uma pessoa. Em situações como roubo, adultério, ou homicídio com violência já existe uma pessoa envolvida, que convida à retaliação; se sua identidade é conhecida, o culpado é levado aos tribunais; caso contrário, ele é perseguido por magia punitiva. Quando essa pessoa está ausente, porém, as noções de bruxaria oferecem um alvo alternativo. Todo infortúnio supõe bruxaria, e toda inimizade sugere um autor.

Considerando a questão por este lado, fica mais fácil entender como os Azande deixam de observar e explicitar o fato de que não só qualquer pessoa pode ser um bruxo — o que eles admitem facilmente —, mas que a maioria dos plebeus é constituída de bruxos. Se você disser que a maior parte das pessoas é formada por bruxos, os Azande negam imediatamente tal afirmação. Porém, na minha experiência, todos, exceto os nobres e os plebeus influentes da corte, foram uma vez ou outra acusados pelos oráculos de terem embruxado seus vizinhos — e portanto são bruxos. Isso tem necessariamente de ser assim, já que todos os homens sofrem infortúnios, e que todo mundo é sempre inimigo de alguém. Mas, em geral, apenas aqueles que se fazem detestados pela maioria dos vizinhos são acusados com freqüência de bruxaria, adquirindo reputação de bruxos.

Se ficarmos atentos ao significado dinâmico da bruxaria, reconhecendo portanto sua universalidade, entenderemos melhor por que os bruxos não são perseguidos nem sofrem ostracismo: pois o que é uma função de estados passageiros e é comum a muitos não pode ser tratado com severidade. A posição de um bruxo nada tem de análogo à do criminoso em nossa sociedade; ele certamente não é um pária atingido pela desgraça e evitado pelos vizinhos. Pelo contrário, bruxos reconhecidos, famosos como tal por regiões inteiras, vivem como cidadãos comuns. Podem ser pais e maridos respeitados, visitantes bem-vindos às residências, convidados às festas e às vezes membros influentes do conselho informal da corte de um príncipe. Alguns de meus conhecidos eram bruxos notórios.

Um bruxo pode gozar de certo prestígio em razão de seus poderes, pois todos cuidam de não ofendê-lo — ninguém procura deliberadamente o desastre. É por isso que o líder de um grupo doméstico que caça um animal manda um pouco da carne como presente para os velhos que vivem nos sítios vizinhos. Se um velho bruxo não receber carne, impedirá que o caçador mate outros animais; se ele tiver sua porção, porém, desejará que novos animais sejam mortos, e assim se absterá de interferir. Do mesmo modo um homem toma cuidado de não irritar gratuitamente suas esposas, pois se uma delas for bruxa, ele pode estar chamando desgraça para si num acesso de mau humor. Um homem deve distribuir a carne eqüitativamente entre as esposas, ou uma delas, ofendida por ter recebido porção menor, poderá fazer com que ele não consiga mais caçar.

A crença na bruxaria é um valioso corretivo contra impulsos não caridosos, porque uma demonstração de mau humor, mesquinharia ou hostilidade pode acarretar sérias conseqüências. Como os Azande não sabem quem é ou não bruxo, partem do princípio de que todos os seus vizinhos podem sê-lo, e assim cuidam de não os ofender à toa. A noção funciona em duas direções. Um homem invejoso, por exemplo, será suspeito de bruxaria aos olhos daqueles a quem inveja e procurará evitar suspeitas controlando sua inveja. Por outro lado, aqueles de quem ele tem inveja podem ser bruxos e tentar feri-lo em retaliação à sua inimizade, de forma que o homem vai controlar sua inveja para não ser embruxado.

Os Azande falam que nunca pode haver certeza sobre se alguém é inocente de bruxaria. Assim, dizem: "Quando se consultam os oráculos, não se deixa ninguém de fora", querendo dizer que é melhor perguntar aos oráculos sobre todo mundo, sem exceção. Daí o aforismo: "Não se pode ver dentro de um homem como dentro de um cesto de malha larga" — é impossível enxergar a bruxaria dentro de um homem. O melhor, portanto, é não conquistar a inimizade de ninguém, pois o ódio é o motivo por trás de todo ato de bruxaria.

CAPÍTULO IV

Os bruxos têm consciência de seus atos?

I

Uma das características mais notáveis da bruxaria européia era a facilidade com que os bruxos às vezes confessavam sua culpa sem uso de tortura e forneciam longas descrições de seus crimes e de sua organização. Tudo indica que, em algum grau pelo menos, as pessoas que vivem numa comunidade onde o fato da bruxaria nunca é posto em dúvida são capazes de se convencer de que possuem o poder que os outros lhe atribuem. Seja como for, seria interessante sabermos se os Azande jamais confessam que são bruxos.

Para os Azande, a questão da culpa não se coloca da mesma forma que para nós. Como já expliquei, seu interesse pela bruxaria só é despertado em casos específicos de infortúnio e apenas perdura enquanto perdurar o infortúnio. O único bruxo em que prestam atenção é aquele que lhes está no momento causando infortúnio. Quando o dissabor termina, eles deixam de encarar o responsável como bruxo, pois, como vimos, qualquer pessoa pode ser bruxa, mas um zande só está interessado no bruxo cuja bruxaria lhe diz respeito. Assim, a bruxaria é algo a que reagem quando atingidos por ela — e este é o significado principal que tem para eles. Ela é uma resposta a certas situações, não um intricado conceito intelectual. Por isso, quando um zande é acusado de bruxaria, fica perplexo. Ele nunca tinha considerado a bruxaria deste ponto de vista. Para um zande, ela tinha sido sempre uma reação contra os outros, quando o infortúnio o atingia, de forma que lhe é penoso apreender essa noção quando é ele próprio o alvo visado, a causa do infortúnio alheio.

O problema é extremamente complexo. Alguns povos africanos parecem resolver a dificuldade suscitada por atos comprovados de bruxaria, acompanhados de uma confessada ignorância desses atos por parte do bruxo, implicado, postulando que as ações de um bruxo podem ser independentes de sua vontade. Mas as noções azande não facultam esta tese. Se perguntarmos diretamente a qualquer zande se um homem sabe que é bruxo e se usa sua bruxaria com plena consciência, a resposta é que é impossível a um bruxo ignorar sua condição e suas agressões contra os outros. Em resposta a essa pergunta — nem nas muitas ocasiões em que assisti a consultas oraculares e às apresentações de asas de galinha aos acusados pelo oráculo de veneno —, nunca ouvi a sugestão de que um homem pudesse ignorar que fosse um bruxo, ou que tivesse usado seus poderes inconscientemente. Isso porque os Azande acham que os bruxos têm uma vida secreta em comum, trocando confidências entre si, rindo juntos de suas malfeitorias e vangloriando-se de seus ataques contra quem odeiam.

Mas neste assunto os Azande não são muito consistentes. Embora afirmem a culpa moral dos outros, protestam inocência quando são eles os acusados, se não do ato — pois não podem fazê-lo em público —, pelo menos da intenção. Para um estrangeiro, parece haver conflito entre a negação da volição no próprio caso e a insistência numa volição no caso dos outros. Mas é a situação em que um zande se acha que vai determinar quais crenças entram em jogo, e o fato de determinada crença contradizer suas idéias usuais não o perturbam. Ele pressupõe que os bruxos são responsáveis por seus atos, exatamente como pressupomos que um criminoso é responsável por seus crimes. Quando é ele próprio o acusado de bruxaria, aí trata-se de um caso peculiar e muito especial.

Devemos ter em mente que um zande só tem como guia sua experiência individual, pois não se discute esse tipo de assunto com os amigos. A opinião pública admite que um bruxo é um agente consciente; mas numa ocasião particular, quando o oráculo de veneno denuncia um certo indivíduo como responsável por um ato de bruxaria, esse homem se dá conta de sua própria não-intencionalidade. Tanto quanto ele possa saber, nunca visitou a casa do doente a quem supostamente fez mal; assim, é obrigado a concluir que houve um engano, ou que agiu inconscientemente. Mas ele pensa que seu caso é excepcional e que os outros são responsáveis por seus próprios atos. Todo mundo sempre acreditou que os bruxos planejam seus ataques, e o fato de que ele próprio tenha agido sem intenção não é motivo para supor que os outros não ajam conscientemente. Realmente, um homem nessas circunstâncias deve sentir que, se é verdade que ele é um bruxo, não é um bruxo comum, pois os bruxos se reconhecem mutuamente e cooperam em suas empresas, ao passo que ninguém o tem em confidência, nem procurou seu auxílio.

Pude observar com freqüência que a atitude de meus amigos azande — manifestada mais por seu comportamento que por suas afirmações — variava quando se tratava de alguém sendo acusado de prejudicá-los por bruxaria, ou de uma acusação contra eles de prejudicar outrem. Neste último caso, a resposta que me davam à questão de um bruxo conhecer a própria condição e fazer mal aos outros por sua livre e espontânea vontade (isto é, eu evocava uma opinião aceita) era diferente da informação que me transmitiam quando a pergunta não era feita explicitamente. A situação especial em que se achavam modificava suas afirmações e coloria suas opiniões.

No decorrer de discussões sobre outros assuntos, constatei que às vezes os informantes admitiam que alguns bruxos, em certas circunstâncias, podiam ignorar sua condição. Essa ignorância era geralmente aceita nos casos de crianças-bruxas e de adultos acusados apenas uma ou duas vezes na vida. Quando a bruxaria de um homem é "fria", como dizem os Azande, isto é, quando ela não é operativa, ele pode muito bem ignorar sua condição.

Penso que, na verdade, não seria demais descrever as idéias zande sobre essa questão da seguinte forma: um homem não pode evitar ser um bruxo; não é por sua culpa que nasceu com bruxaria na barriga. Ele pode ser perfeitamente ignorante de que é bruxo e inocente de atos de bruxaria. Nesse estado de inocência, pode fazer mal a alguém sem querer; mas quando já foi várias vezes exposto pelo oráculo de veneno, então está consciente de seus poderes e começa a usá-los com malícia.

Quando um homem fica doente, ou alguém de sua família ou parentela, ele fica profundamente irritado. Para que entendamos seus sentimentos a respeito da responsabilidade moral do homem indicado pelo oráculo como gerador da doença, é preciso lembrarmos que o consulente apresentou ao oráculo o nome das pessoas que mais detesta, de forma que o bruxo será provavelmente alguém com quem já tinha péssimas relações. A velha animosidade é reforçada por um novo ressentimento. É portanto inútil sugerir ao interessado que o bruxo não tem consciência da bruxaria, pois ele não está inclinado a considerar tal possibilidade, uma vez que sabe há muito tempo do ódio do acusado e de seu desejo de fazer-lhe mal. Numa situação como esta, a responsabilidade moral dos bruxos é pressuposta incondicionalmente; está contida nos processos de seleção e acusação, não precisa ser explicitada.

Mas as mesmas pessoas que, quando prejudicadas, afirmaram veementemente a malícia deliberada dos outros, falam de outra forma quando são elas a receber as asas de galinha. Pude muitas vezes observar as mesmas pessoas em ambas as situações. Tendo descrito as opiniões usuais dos Azande sobre a responsabilidade dos bruxos, e como sua reação ao infortúnio lança mão da noção de responsabilidade em sua forma mais intransigente, devemos agora observar como o bruxo responde a uma acusação.

Se ele for uma pessoa com pouco autocontrole, pode fazer uma cena quando a asa de galinha é colocada a seus pés. Pode dizer ao mensageiro que a leve embora, amaldiçoando aqueles que a enviaram, declarando que querem apenas humilhá-lo por maldade. Tais cenas são raras, mas assisti ou soube de várias, e sabe-se de gente que atacou o mensageiro. Um homem que se comporta desse modo está indo contra o costume, ao insultar o delegado do chefe que ordenou a apresentação da asa. Ele será objeto de zombaria, visto como um provinciano ignorante das maneiras da sociedade educada, e pode adquirir a reputação de bruxo empedernido que admite sua bruxaria justamente pela raiva que demonstra ao ser denunciado. O que ele deveria fazer era soprar água e dizer: "Se possuo bruxaria em meu ventre, disso não tenho consciência; que ela esfrie. Por isso, sopro água."

É difícil perceber os sentimentos reais de um homem a partir de sua reação pública quando recebe a asa, pois mesmo que ele esteja certo de sua inocência, realizará a cerimônia, já que isso é o que um cavalheiro deve fazer. O costume não apenas prescreve que se sopre água, mas as frases com que o acusado deve exprimir sua contrição são mais ou menos estereotipadas; e o tom mesmo, desculposo e sincero, em que ele as profere é determinado pela tradição.

Quanto eu tinha oportunidade, falava com um acusado o mais rapidamente possível depois da apresentação da asa, para ter suas impressões. Muitas vezes era um de meus criados, informantes ou amigos pessoais, de forma que podia conversar com ele privada e livremente. Constatei que ou declaravam ser a acusação tola, talvez até maldosa, ou então a aceitavam resignadamente. Os que a rejeitavam diziam que os acusadores não tinham absolutamente consultado os oráculos, mas somente morto galinhas e enfiado as asas num pau; ou que, se consultaram o oráculo de veneno, este devia ter-se enganado, por uma bruxaria que influenciara o veredicto, ou a algum tabu que fora quebrado. Semelhantes sugestões não seriam feitas em público. Um homem pode acrescentar entre amigos que nunca foi acusado de bruxaria antes, e que portanto não faz sentido que começasse a embruxar pessoas agora. Aquele que puder demonstrar que vários de seus parentes próximos foram autopsiados e não revelaram substância-bruxaria no ventre, recorrerá a tais exemplos para concluir que é absolutamente impossível que ele seja um bruxo. Mesmo assim, porém, soprará sobre a asa para encerrar o assunto e evitar mal-estar. Ele me diria, depois: "Se sou um bruxo, não sei. Por que eu desejaria ferir alguém? Mas já que eles me deram a asa, sopro sobre ela para mostrar que não quero mal a ninguém."

A partir dessas conversas privadas com os Azande que receberam asas de galinha, eu diria que o que decide a reação emocional a uma acusação de bruxaria é sobretudo a diferença de temperamento. Em público, todo mundo reage de maneira igual, pois, por mais que um homem tenha sido insultado, deve comportar-se com a humildade esperada.

Certa vez ouvi um homem dar um sábio conselho a seu filho sobre essa questão. O rapaz vinha recebendo com alguma freqüência asas de galinha enviadas por um vizinho, e protestava vigorosamente contra o que considerava ser insulto puro e simples. Seu pai lhe disse, então, que as acusações eram obviamente absurdas; vários de seus parentes haviam sido autopsiados e não se achara nenhuma substância-bruxaria. Apesar disso, porém, não fazia mal algum soprar água; não apenas era educado fazer isso quando solicitado, mas sobretudo demonstrava a ausência de rancor que distingue todo bom cidadão. É melhor para um inocente aceitar de bom grado a acusação.

Mas, embora muitos declarem em segredo que não são bruxos, e que deve ter havido um engano, minha experiência com os Azande que receberam asas de galinha convenceu-me de que alguns pensam — por algum tempo ao menos — que afinal são mesmo bruxos. A tradição sobre a bruxaria, que é tão definida sobre o que não pode normalmente ser verificado — por exemplo, a natureza da substância-bruxaria —, é vaga e indeterminada a respeito daquilo que poderia ser confirmado ou infirmado, a saber, a operação da bruxaria. A maneira pela qual os bruxos realizam seus feitos é um mistério para os Azande, e como eles não podem derivar das atividades normais da vigília nenhum material sobre o qual basear uma teoria da ação da bruxaria, terminam apoiando-se na noção transcendental de alma. Os sonhos são sobretudo percepções de bruxarias; em sonhos, um homem pode ver e falar com bruxos. Mas para um zande a vida onírica é um mundo de nebulosas interrogações. Por isso se pode entender por que um homem acusado de embruxar alguém hesita em negar a acusação, chegando até a se convencer por algum tempo dessa evidente inverdade. Ele sabe que muitas vezes os bruxos estão dormindo quando a alma de sua substância-bruxaria parte em sua empresa macabra; talvez quando ele estava dormindo, inconsciente, algo desse tipo tenha acontecido, e sua bruxaria funcionara independentemente de sua consciência. Em tais circunstâncias, um homem pode perfeitamente ser um bruxo e não saber disso. Contudo, nunca soube de um zande que admitisse sua bruxaria.

Um homem tem muita sorte, porém, se sempre conseguiu escapar de acusações eventuais. E se o oráculo de veneno declarou por várias vezes que ele embruxou outras pessoas, pode chegar a duvidar da própria inocência. "O oráculo de veneno não erra" — este é o credo de todo zande. Sua autoridade está apoiada no poder político dos príncipes e na tradição. E no final das contas, o fato de um homem ter de encenar publicamente uma confissão de culpa, soprando água sobre uma asa de galinha, deve ao menos deixá-lo especulando sobre a existência de bruxaria na própria barriga.

2

Às vezes costumava perguntar a um homem, quando o conhecia bem: "Você é um bruxo?" Esperando uma negativa rápida e ofendida, recebia a humilde réplica: "Ah, doutor, se há bruxaria em minha barriga, eu não sei. Não sou bruxo, porque as pessoas não viram bruxaria na barriga de meus parentes." Menos as respostas que eu recebia, porém, e muito mais o tom e o modo de formulá-las é que me davam a impressão de dúvida. Tivesse eu perguntado se eram ladrões, o tom da resposta seria decidido e irado.

Num dos textos que colhi, um velho faz sua oração a Mbori, o Ser Supremo, de madrugada, antes das abluções matinais; ele diz que não roubou a propriedade de ninguém, não cometeu adultério com a mulher de ninguém, que não deseja o mal a homem algum e que deseja viver em paz com seus vizinhos. E acrescenta: "Mesmo que eu possua bruxaria em minha barriga, possa eu não fazer mal às roças de ninguém. Que a boca de minha bruxaria esfrie; despeje ela antes seu rancor sobre os animais do mato que dançam diariamente sobre os túmulos de meus parentes."

É costumeiro — e considerado polido e amigável — que, quando uma pessoa vá visitar um amigo enfermo, pare à porta da cabana deste e peça à sua esposa que traga água numa cabaça. O visitante toma um gole, bochecha e sopra a água em jorro sobre o solo, dizendo: "Ó, Mbori, este homem que está doente, se sou eu que o está matando com minha bruxaria, que ele se recupere." Deve-se observar, contudo, que tal discurso é mera formalidade, e embora ele sugira o reconhecimento cultural da possibilidade de um homem prejudicar outrem inconscientemente, seria errado deduzir que o homem que disse aquelas palavras tenha alguma dúvida sobre sua própria inocência no caso. Segundo as noções azande, é quase certo que um bruxo não iria visitar um homem que ele próprio embruxou.

Ao consultar o oráculo de atrito a respeito de um parente ou esposa doente, um homem pode perguntar sobre seus vizinhos, para saber quem está embruxando o enfermo. Às vezes, antes de apresentar os nomes dessas pessoas diante do oráculo, pode-se ouvi-lo dizer: "Sou eu o culpado?" Novamente a questão sugere um reconhecimento da possibilidade de bruxaria inconsciente, mas não há razão para se supor que o homem que a levantou chegue a pensar ser ele próprio responsável. Sua pergunta é pura formalidade; é de bom-tom mostrar-se descomprometido, e ele pode fazê-lo sem medo do oráculo de atrito acusá-lo, pois ele ou um amigo estão operando o oráculo. Note-se que ninguém colocaria tal questão diante do oráculo de veneno.

Diz-se que, quando um homem vai à guerra, suas esposas sopram água aos pés do santuário dos espíritos que se ergue no pátio de sua residência, falando: "Que nada aconteça a ele. Que minha bruxaria com ele esfrie. Ó! Amigas co-esposas, que nada aconteça com nosso marido. Sejam frias com ele."

Deve-se lembrar também que, antes de fazer a autópsia de um parente morto, os operadores primeiro dirigem-se ao oráculo de veneno em busca da certeza de que o ventre do morto não contém substância-bruxaria.

3

Seria lícito supor que, se a bruxaria é hereditária, então um homem certamente tem uma boa idéia sobre se é ou não um bruxo lembrando-se dos antecedentes de seu pai, tios e avô paterno. Ele deve saber se alguma vez eles pagaram indenização por assassinato, receberam asas de galinha e se foram submetidos, com ou sem resultado positivo, a um exame *post-mortem*. Mas, embora um homem recorde casos em que os cadáveres de seus parentes foram examinados e se verificou nada conterem, o fato de que seus ancestrais eram bruxos não será realçado. Talvez nem seja conhecido, pois não tem importância para os descendentes nem para outras pessoas, já que ninguém está interessado em saber se um homem é um bruxo ou não em termos abstratos. Para um zande, essa é uma questão totalmente teórica, e ele não é capaz de responder a ela. O que ele quer saber é se determinado homem lhe está fazendo mal numa situação particular, numa ocasião específica. Assim, a doutrina da bruxaria hereditária provavelmente não influi muito num autodiagnóstico de bruxaria.

Essa falta de precisão na identificação da bruxaria fica ainda mais evidente com a presença da lei britânica, que não permite vingança direta contra um bruxo, e tampouco aceita a legalidade de se pagar indenização por um crime imaginário. Nos velhos tempos, quando a bruxaria se convertia em acusação criminal — isto é, quando um assassinato havia sido cometido —, não havia dúvidas sobre quem eram os bruxos. Se um homem fosse executado ou pagasse indenização, era um bruxo; ele se sentiria certo da própria culpa, e seus parentes aceitariam o estigma criado — pelo menos por algum tempo — por esse processo judicial. Mas hoje em dia um bruxo nunca é acusado de crime. No máximo pode ser informado de que sua bruxaria está prejudicando alguém, mas não lhe dirão que matou alguém; e não há motivos para supor que o homem acusado pelo oráculo de veneno de ter causado a doença de outro homem seja o mesmo que realmente o matou — ainda que a morte tenha sido provocada por aquela doença. Assim, um bruxo e seus parentes permanecerão em completa ignorância quanto ao assassinato cometido. Os parentes de um homem morto poderão eventualmente matar alguém por vingança mágica, mas o público em geral e os parentes do bruxo assassino não saberão a causa de sua morte. Os parentes desse bruxo imaginarão que ele também morreu de bruxaria e tentarão por sua vez vingar-se de outro bruxo. Hoje em dia nenhum homem ou mulher tem de enfrentar uma acusação de assassinato por bruxaria, ou seja, uma acusação feita pelo oráculo de um príncipe, de modo que esse fator na criação de uma autoconsciência da bruxaria não mais existe.

Atualmente não há meios de revelar um bruxo por meio de um ato público de vingança. Tudo é névoa e confusão. Cada pequeno grupo de parentes age de modo privado, matando magicamente os bruxos, sem o conhecimento do resto do mundo. Somente o príncipe sabe o que está ocorrendo, e ele nada diz. A mesma morte é considerada pelos vizinhos como uma morte e só isso; pelos parentes do morto, como um ato de bruxaria; e pelos parentes de outros homens mortos, como o resultado de sua vingança mágica. Em casos que não sejam de morte, é possível para um grupo de pessoas dizer que seu oráculo denunciou um homem por embruxar seus parentes, enquanto os amigos e parentes do acusado podem facilmente negar a imputação e dizer que ele soprou água por simples formalidade, porque não há certeza de que o oráculo tenha falado a verdade, ou mesmo que tenha sido consultado — pois não é o oráculo de um príncipe. Talvez por isso não seja extraordinário que eu jamais tenha ouvido uma confissão de bruxaria.

CAPÍTULO V

Os adivinhos

I

Talvez tenha ocorrido ao leitor que há uma analogia entre o conceito zande de bruxaria e nosso conceito de azar. Quando, apesar do seu conhecimento, previdência e eficiência técnica, um homem sofre um revés, dizemos que isso se deve à má sorte, enquanto os Azande dizem que ele foi embruxado. As situações que evocam essas duas categorias são similares. Quando o infortúnio já aconteceu, está encerrado, e os Azande contentam-se em atribuí-lo à bruxaria, exatamente como nós nos contentamos com a idéia de que nosso fracasso se deve à pouca sorte. Nessas situações, não há grande diferença entre as nossas reações e as deles. Mas quando um infortúnio está em processo — como na doença — ou é considerado antecipadamente, nossa resposta é diferente da deles. Fazemos todo esforço possível para nos livrar ou escapar do infortúnio por meio de nosso conhecimento das condições objetivas que o causam. O zande age de modo semelhante, mas, como em seu modo de ver a causa principal de todo infortúnio é a bruxaria, ele concentra sua atenção nesse fator de suprema importância. Como nós, ele usa meios racionais de controle das condições que produzem o infortúnio, mas nós concebemos tais condições de outra forma.

Como crêem que os bruxos podem a qualquer momento trazer-lhes doença e morte, os Azande necessitam manter contato com esses poderes malignos para, contra-atacando-os, controlar seu próprio destino. Embora a bruxaria possa feri-los inesperadamente, eles não desesperam. Longe de serem melancólicos, os Azande, como todos os observadores os descreveram, são um povo alegre, sorridente e brincalhão. Não precisam viver no temor constante da bruxaria, já que podem entrar em contato com ela e controlá-la por meio dos oráculos e da magia. Com os oráculos podem prever as futuras situações de bruxaria e mudá-las antes que se desenvolvam. Com a magia, podem proteger-se da bruxaria e destruí-la.

O adivinho zande é também um mágico. Na condição de adivinho, indica os bruxos; como mágico, impede-os de fazer mal. Mas ele é basicamente um adivinho. Nesta condição, é conhecido como *ira avure*, possuidor de *avure*; a palavra *avure* surge também na expressão *do avure*, "dançar *avure*", que descreve a dança dos adivinhos e, num sentido mais amplo, a totalidade da sessão em que a dança tem lugar. Quando o adivinho age como curador, é conhecido como *binza*, mas este termo e *ira avure* são intercambiáveis na designação de suas funções divinatórias, enquanto apenas *binza* é usado ao se referir à sua função de curador. Em ambos os papéis, sua função é a mesma — combater a bruxaria. Como adivinho, ele descobre onde está a bruxaria; como curador, repara os danos causados por ela.

Os Azande concebem os adivinhos como um de seus muitos oráculos, embora não se refiram a eles desta forma. Consideram que suas profecias e revelações são de valor igual às respostas do oráculo de atrito, mas menos dignas de confiança que o oráculo de veneno ou o oráculo das térmitas. Já descrevi como um enfermo (ou parentes agindo em seu nome) consulta sucessivamente vários oráculos, culminando no oráculo de veneno, para determinar quem dentre seus inimigos o está embruxando. Mas, em vez de se iniciarem as operações terapêuticas pelo oráculo de atrito, um ou vários adivinhos podem ser convocados para consultas sobre o enfermo, ou sobre algum fracasso econômico. Embora se preste muita atenção às revelações dos adivinhos, seus pronunciamentos não têm valor legal, e não é aconselhável abordar um bruxo da forma costumeira baseado nas afirmações de um adivinho que não tenham sido corroboradas por um veredicto do oráculo de veneno.

2

A corporação zande de adivinhos congrega profissionais especializados, com o monopólio do conhecimento de drogas mágicas, de forma que muitas de suas atividades não são facilmente observáveis. Assim, minha descrição dos adivinhos deve ser prefaciada por uma análise da forma pela qual colhi as informações.

Ao estudar a corporação de adivinhos, foi necessário dividir o campo de investigação em duas partes e empregar métodos diferentes em cada uma delas. Uma parte compreendia as atividades dessa corporação em relação ao resto da sociedade zande, seu papel na vida comunitária, seu lugar na tradição nacional, seus contatos com os príncipes e as crenças e histórias correntes ligadas a ela entre a opinião pública. Foi fácil obter informação sobre essa parte de sua vida, pois não havia problema em assistir às demonstrações públicas, abertas a todos. Também foi fácil obter comentários sobre o que era obscuro no ritual, fornecidos por informantes regulares ou por assistentes casuais. Nesta seção, de fato, era possível empregar os métodos usuais de trabalho de campo — observação direta e repetida do comportamento; entrevistas com os nativos, tanto na situação do ritual, quando sua atenção estava dirigida para o desempenho dos adivinhos, quanto em conversas mais tranqüilas em minha tenda ou em suas cabanas; coleta de textos; e até certa participação do etnógrafo nas atividades dos nativos.

Mas a corporação possui também uma vida esotérica que exclui os não-iniciados; isso forma a segunda parte de meu estudo. Os estranhos à corporação não apenas são excluídos do conhecimento das drogas e dos truques do ofício, mas também ignoram muito de certas crenças e da vida social interna da confraria. Os métodos usuais de pesquisa são aqui ineficazes, assim como o sistema comum de controle e teste da informação obtida. A única forma de realizar observações diretas era tornando-me eu mesmo um adivinho; embora entre os Azande isso não fosse impossível, tenho minhas dúvidas sobre se seria vantajoso. Experiências prévias de participação em atividades desse tipo levaram-me à conclusão de que um antropólogo pouco lucra em intrometer-se como ator em certas cerimônias, pois um europeu jamais é considerado seriamente membro de um grupo esotérico, tendo assim poucas oportunidades de verificar até que ponto um desempenho foi modificado em seu benefício, deliberadamente ou como reação psicológica dos participantes dos ritos, que se sentem afetados por sua presença. Além disso, é difícil usar os métodos ordinários de investigação crítica quando estamos realmente envolvidos no cerimonial e nos tornamos um membro ativo de uma instituição. As inúmeras dificuldades práticas que se colocariam para um europeu que quisesse envolver-se ativamente no ofício de adivinho também pesaram na decisão de evitar este modo de pesquisa, especialmente porque os membros da nobreza (Avongara) não se tornam adivinhos.

A alternativa que se colocava imediatamente era tentar ganhar a confiança de um ou dois praticantes e persuadi-los a divulgar seus segredos confidencialmente. Tentei isso e tive um pequeno progresso em minhas investigações, até que ficou evidente que eu não chegaria muito longe. Meus informantes estavam dispostos a dar as informações que sabiam poderem ser obtidas sem grandes dificuldades de outras fontes, mas eram reticentes quanto aos principais segredos, a ponto de se recusarem a discuti-los. Creio que teria sido possível, por meio de vários artifícios, desencavar todos os segredos, mas isso implicaria uma pressão injustificável sobre as pessoas para fazê-las divulgar aquilo que desejavam ocultar, de forma que abandonei as investigações sobre essa parte da vida zande por vários meses. Em conseqüência, adotei a única tática alternativa: usar um substituto no aprendizado da técnica dos adivinhos. Meu criado pessoal, Kamanga, foi iniciado na corporação e tornou-se um adivinho praticante. Ele forneceu-me relatórios completos de todos os passos de sua carreira, desde o início.

Este pode não ser um dos melhores métodos de pesquisa, e eu duvidava de sua eficácia quando comecei a empregá-lo, mas ele acabou por se revelar frutífero. À medida que Kamanga ia sendo lentamente iniciado por um adivinho, eu utilizava suas informações para fazer falar adivinhos rivais, espicaçando sua inveja e vaidade. Podia confiar em que Kamanga contaria tudo que ia aprendendo em seu curso, mas tinha certeza de que, embora ele tivesse acesso a muito mais do que eu mesmo poderia obter, parte de seu treinamento foi omitida pelo professor, pois nós dissemos sinceramente a este que seu aluno iria transmitir as informações para mim. Era difícil ao professor mentir para Kamanga, pois estava ciente de que seus ensinamentos seriam testados junto a adivinhos rivais das vizinhanças e de outros distritos; mas ele podia facilmente sonegar informações, e foi o que fez. No final das contas, porém, o etnógrafo tende a triunfar. Dispondo de conhecimentos preliminares, nada pode impedi-lo de enfiar sua cunha cada vez mais fundo, se é interessado e persistente.

Esse tipo de pesquisa exige uma abordagem paciente, uma longa espera até que surjam condições favoráveis. Nunca me intrometi nas conversas privadas entre Kamanga e seu professor Badobo, por mais dilatório que fosse seu comportamento. Teria ficado mais surpreso com a astúcia do professor se não estivesse bem familiarizado com a extrema credulidade de seu pupilo, cuja profunda fé nos mágicos nunca deixou de me maravilhar, embora eu a testemunhasse diariamente. As sutis técnicas de procrastinação do primeiro quase me fizeram abandonar a pesquisa sobre o saber dos mágicos em favor de outros tópicos antropológicos, não tivesse ocorrido a chegada de um famoso adivinho no distrito, em viagem profissional. Esse homem, chamado Bögwözu, era arrogante com os práticos locais, a quem tratava com um misto de desprezo e condescendência. Badobo suportou essa presunção com menor facilidade que os outros adivinhos, pois estava acostumado à deferência que era agora prestada a seu rival.

Aí estava uma oportunidade a ser agarrada de pronto, pois poderia não se repetir. Estimulei o orgulho de Bögwözu, sugerindo que ele se encarregasse da educação de Kamanga, e lhe acenei com um pagamento substancial se ensinasse a seu aluno tudo o que sabia. Disse-lhe que estava cansado das manhas e extorsões de Badobo e que esperava que minha generosidade fosse recompensada pelo aparelhamento de Kamanga com algo mais do que um conhecimento exotérico da técnica dos adivinhos. Diante de Badobo, desculpei-me dizendo que o novo especialista era uma eminência de sua profissão, tendo-se distinguido tanto entre os Azande quanto entre os Baka vizinhos, famosos por sua magia, e que assim ele poderia ensinar a Kamanga as drogas mágicas de ambas as culturas. Propus ao mesmo tempo que Badobo continuasse a funcionar como professor e a ser pago por seus serviços.

Quando os informantes se desentendem, o antropólogo sai ganhando. A rivalidade entre esses dois práticos transformou-se numa amarga e mal disfarçada hostilidade. Bögwözu deu-me informações sobre drogas mágicas e ritos, de modo a provar que seu rival ignorava as primeiras e era incompetente no desempenho dos segundos. Com isso Badobo acordou, mostrando-se não menos ansioso em demonstrar seu conhecimento de magia para Kamanga e para mim. Os dois adivinhos disputavam, além disso, para ganhar ascendência sobre os práticos locais. Eu e Kamanga aproveitamos ao máximo a briga toda, não só dos próprios protagonistas, mas também de outros adivinhos da vizinhança e até de leigos interessados.

Contudo, apesar de sua rivalidade e de minha persistência, os dois adivinhos mencionados não transmitiram a Kamanga o método de extração de objetos do corpo dos pacientes, uma operação cirúrgica realizada por curandeiros em toda a África; pois sabiam muito bem que Kamanga era uma esponja de onde eu espremia todo o suco das informações que eles ali despejassem. Menciono esse fato porque, embora eu os tenha colocado em situações incômodas para forçá-los a revelar o truque exato, parece que meus informantes não transmitiram seu conhecimento integral para mim, mesmo indiretamente, o que sugere a possibilidade de haver outros departamentos de seu saber que não me franquearam. Seria inevitável que cedo ou tarde eu descobrisse como são removidos os objetos do corpo de enfermos, pois sabia de antemão o que sucede entre outros povos africanos, mas é possível que, em outros assuntos — sobre os quais eu não dispunha de uma base prévia —, se os adivinhos quisessem mantê-los ocultos, eles o fariam com maior sucesso. Só devo acrescentar que o interesse e a aplicação de Kamanga permitiram-me recolher a essência de suas experiências num bom número de textos nativos, colhidos semanalmente por muitos meses, e que minha constante associação com ele tornou possível uma discussão informal e tranqüila de tais matérias. Um único informante que conhecemos intimamente costuma ser uma fonte de informação mais segura que a simples acumulação de afirmações feitas por muitos informantes que conhecemos menos.

3

Um europeu na terra zande em geral depara pela primeira vez com os adivinhos numa sessão em que estes dançam e adivinham, porque as sessões são públicas, anunciadas e acompanhadas por tambores. Tais desempenhos públicos são acontecimentos de certa importância local, e aqueles que vivem nos arredores consideram-nos espetáculos interessantes, que bem valem uma curta caminhada. Podemos mesmo supor, de fato, que a familiaridade com essas sessões tem importante influência formativa no desenvolvimento de crenças sobre bruxaria na mente das crianças; pois estas fazem questão de assisti-las e nelas tomar parte, como espectadoras e como membros do coro. Essa é a primeira ocasião em que demonstram sua crença, mais dramática e publicamente afirmada em tais sessões que em qualquer outra situação.

As sessões se realizam numa variedade de ocasiões, mas em geral são feitas a pedido de um líder de grupo doméstico que esteja sofrendo de um infortúnio, ou tema sofrê-lo. Talvez ele ou sua mulher estejam doentes, ou temam que um de seus filhos adoeça. Talvez suas caçadas estejam fracassando sistematicamente, ou talvez ele queira saber em que lugar do mato se escondem os bichos. Talvez a peste tenha começado a assolar sua plantação de amendoins, ou talvez esteja apenas incerto quanto ao sítio em que deve semear sua eleusina. Talvez sua mulher não lhe tenha dado um filho, ou talvez ele ache que alguém vai difamá-lo perante o sogro.

É possível deparar com os adivinhos quando eles estão se dirigindo, sozinhos ou em duplas, para uma residência atingida pelo infortúnio. Portando seus chapéus emplumados, carregam grandes sacos de couro contendo peles, chifres, apitos mágicos, cintos, jarreteiras e braceletes feitos de frutos e sementes silvestres. Nos velhos tempos, antes da administração européia, somente dois ou três adivinhos iam a uma mesma reunião, mas hoje a maioria dos aldeamentos do governo chega a congregar meia dúzia, às vezes até uma dúzia, especialmente nas sessões mais populares — por exemplo, quando um novo mágico está sendo iniciado na corporação.

Quando os adivinhos se encontram no local da sessão, trocam cumprimentos e discutem em voz baixa os assuntos da reunião enquanto preparam o terreiro para a dança. Nessas conversas e preparativos, a liderança é assumida por um mágico experimentado, geralmente algum que seja adivinho há mais tempo que os outros e que talvez tenha iniciado no ofício a vários dos demais participantes. Sua autoridade, contudo, não é grande.

Os membros da classe governante, que eu saiba, jamais se tornam adivinhos. Um nobre perderia imediatamente prestígio caso se associasse a plebeus na ingestão coletiva de drogas e nas danças públicas. Cheguei mesmo a ouvir comentários depreciativos sobre um chefe plebeu que tomava parte em tais cerimônias. Rebaixar-se desse modo, para um homem que obteve uma posição política por favor de seu príncipe, era considerado um ultraje à dignidade. Teria sido mais apropriado que ele se ativesse à vida política e fosse apenas um espectador de tais atividades, pois a participação nelas diminuía a distância social que o separava daqueles que lhe deviam lealdade como representante do príncipe. Por conseguinte, a estrutura política da vida social zande não marcou a instituição dos adivinhos, pois se os príncipes fizessem parte da corporação seriam necessariamente líderes.

É muito raro que mulheres se tornem adivinhas. Algumas são autorizadas a atuar como curadoras, e ocasionalmente uma mulher adquire considerável reputação entre seus pacientes — geralmente pessoas do mesmo sexo —, sendo então designada para praticar no harém de um príncipe. Alguns homens também procuram curadoras para tratar-se. É muito raro, contudo, que uma mulher tome parte na dança dos adivinhos; elas não participam das refeições comunais, nem são iniciadas no ofício por meio do sepultamento ritual. Mulheres que atuam como adivinhas e curadoras em geral são velhas, em sua maioria viúvas.

4

Os preparativos para uma dança consistem na demarcação de uma área de operação e, em seguida, na paramentação cerimonial. Começando nos tambores, um grande círculo é desenhado no chão, sendo ressaltado por cinza branca espalhada em cima. Nenhum leigo pode entrar no círculo reservado para a dança dos adivinhos, sob o risco de ter o corpo penetrado por um besouro ou pedaço de osso atirado por um mágico enfurecido. Cada adivinho, tirando do ombro seu saco de couro, dele extrai uma variedade de chifres de várias espécies de antílopes e de outros animais, fincando-os no chão ao longo da linha circular de cinzas. Sobre um desses chifres costuma ficar um pote com água, para dentro do qual olham os adivinhos que desejam ver a bruxaria. Entre os chifres no chão erguem-se pedaços retorcidos de madeira mágica, dos quais, como dos chifres, pendem os apitos mágicos. Cada adivinho considera o espaço diante dos chifres que cravou no chão como seu próprio campo de operações, que não pode ser invadido por nenhum outro participante.

Os chifres, primeiramente endireitados por aquecimento, são então recurvados ainda quentes no chão e enchidos com uma pasta feita das cinzas e sumo de várias ervas e arbustos misturados com óleo. Eles voltam a ser enchidos cada vez que se esvaziam ou quando seca o conteúdo. Tais drogas são muito importantes, pois o conhecimento sobre elas significa o conhecimento da arte da adivinhação. A iniciação na corporação de adivinhos não está focalizada em palavras mágicas ou seqüências rituais, mas em árvores e ervas. Um adivinho zande é essencialmente um homem que conhece as plantas e árvores que entram na composição das drogas que, ingeridas, lhe darão o poder de ver a bruxaria com seus próprios olhos, saber onde ela reside e afastá-la de suas vítimas. O adivinho zande exerce poderes sobrenaturais exclusivamente porque conhece as drogas certas e porque as ingeriu da maneira certa. Suas profecias derivam da mágica que traz dentro de si; sua inspiração não brota do Ser Supremo nem dos espíritos dos mortos.

Os paramentos profissionais com que os adivinhos se adornam enquanto o terreiro de dança está sendo preparado consistem em chapéus de palha encimados por grandes feixes de penas de ganso, papagaio, e outras aves do pântano e do mato. Fieiras de apitos mágicos, feitos de madeiras especiais, são passadas à bandoleira no peito e atadas nos braços. Peles de civeta, gato-do-mato, gato almiscarado e serval, além de outros carnívoros, roedores e macacos (especialmente *Colobus*), são enfiadas no cinto, formando uma saia que cobre inteiramente a tanga de entrecasca usada por todos os homens azande. Sobre essas peles atam-se cordões com os frutos da palmeira *doleib* (*Borassus flabellifer*). Um badalo de madeira inserido na cavidade desses frutos fazem-nos soar como chocalhos ao menor movimento da cintura. Nas pernas, tornozelos e às vezes nos braços amarram-se *molhosw* de sementes alaranjadas. Nas mãos trazem chocalhos, sinos de ferro com cabo de madeira, que sacodem para cima e para baixo durante a dança. Assim, quando dança, cada adivinho é uma orquestra completa que chacoalha, retine e estrepita ao ritmo dos tambores.

5

Além dos adivinhos, há muitas outras pessoas presentes a cada sessão, cumprindo as funções de espectadores, tamborileiros e, no caso dos meninos, de coro. Os homens e meninos sentam-se debaixo de uma árvore ou celeiro, próximo aos tambores. As mulheres sentam-se longe dos homens, pois os dois sexos jamais sentam juntos em público. A vizinhança geralmente acorre em massa às sessões, com pessoas que vêm fazer consultas aos adivinhos, outras que vêm ouvir os escândalos locais ou simplesmente apreciar a dança. Para as mulheres, especialmente, é uma fuga da monotonia da vida familiar e da seca rotina doméstica a que estão amarradas por suas tarefas e confinadas pelo ciúme dos maridos. O líder do grupo doméstico que patrocina a dança abre sua casa a quem quiser comparecer, pois uma grande audiência agrada aos atores e ao anfitrião.

Aqueles que desejam consultar os adivinhos trazem pequenos presentes, que colocam diante do homem de cujos poderes oraculares desejam usufruir. Esses presentes podem ser pequenas facas, anéis, piastras e meias-piastras, mas consistem mais freqüentemente em pequenas medidas de eleusina, feixes de espigas de milho e pratos de batata-doce.

O anfitrião deve fornecer o gongo e os tambores; como apenas algumas residências possuem tais instrumentos, ele quase certamente terá de perder parte da manhã pedindo-os emprestado aos vizinhos e transportando-os até sua casa. Deve também supervisionar as diversas providências exigidas pela visita dos adivinhos. Se vêm apenas um ou dois adivinhos, um anfitrião generoso oferece-lhes uma refeição, convidando talvez um ou outro espectador mais influente. Deve também arranjar alguns presentes para os adivinhos como pagamento por seus serviços após o trabalho da tarde. Ele passa a maior parte da tarde conversando com seus hóspedes.

Os tamborileiros não são especialmente convocados, mas apenas recrutados na hora dentre jovens e meninos. São escolhidos (quando o são) por sua habilidade na arte, mas em geral não há seleção de tamborileiros, e toca aquele que primeiro se apossa do tambor. Costuma haver muita competição entre os rapazes para ver quem bate o tambor, o que às vezes redunda em discussões e brigas. Um tamborileiro só é substituído quando se cansa ou se mostra inepto, a menos que, como às vezes acontece, ele estabeleça um revezamento com um amigo. Em troca dos serviços dos tamborileiros, os adivinhos lhes fazem uma ou duas revelações inspiradas, de graça.

Antes de começar a dançar e cantar, os adivinhos separam da multidão de espectadores todos os meninos pequenos e os alinham sentados, perto dos tambores, para acompanhar as canções. Toda a multidão acompanha mais ou menos as canções dos participantes, mas esses meninos devem ser considerados um coro especial, pois são colocados num lugar onde possam ser facilmente vistos pelos adivinhos e repreendidos, se não cantarem com brio suficiente. Quando um mágico se zanga com eles, atira um osso ou besouro num dos meninos e depois o extrai, para demonstrar do que é capaz se ficar realmente zangado com sua negligência.

6

Uma sessão consiste de um adivinho ou adivinhos a dançar e cantar, acompanhados por tambores e gongo, enquanto responde a perguntas feitas pelos espectadores. Leva algum tempo até que os participantes se animem. Começam aos poucos, dando pulinhos discretos, e vão ganhando ímpeto, começando a saltar e rodopiar com uma força e agilidade notáveis. Sufocados por um excesso de vestes e expostos diretamente ao calor do sol, começam a transpirar abundantemente. Depois de uma curta dança, um deles corre até os tambores e sacode as campainhas que traz à mão para que parem. Quando estes cessam, ele admoesta os tamborileiros, dizendo que devem tocar melhor do que vinham fazendo. Recomeçam. Tambores e gongos ressoam, as campainhas fazem "*waia waia*", repicam os sinos de madeira pendentes da cintura dos dançarinos, retinem as tornozeleiras, numa confusão de sons que no entanto obedece a um padrão rítmico, pois os dançarinos movem suas mãos, pernas e torsos segundo a batida de gongo e tambores. Um dos adivinhos vai até os tamborileiros e ordena-lhes que parem. Vira-se para a multidão e faz uma arenga, dirigida especialmente para o coro de meninos: "Por que vocês não estão acompanhando minhas canções direito? Todos devem cantar em coro; se eu vir alguém relaxando, vou atacá-lo com minha magia: vou agarrá-lo como a um bruxo. Então, todo mundo está ouvindo o que estou dizendo?" Essas manifestações preliminares sempre ocorrem antes que os adivinhos comecem a revelar as coisas ocultas.

Recomeça o canto e a dança. Enquanto um mágico de cada vez dança na frente dos tambores, pulando e girando com todo vigor, os demais ficam em fila atrás dele, dançando com menos ímpeto e acompanhando as canções do solista. Por vezes dois ou três avançam juntos até os tambores, dançando em grupo. Quando um membro da audiência deseja fazer uma pergunta, ele ou ela se dirige a um adivinho em particular, que responde dançando sozinho diante dos tambores, num solo garboso. Quando está sem fôlego a ponto de não conseguir mais dançar, sacode sua campainha para que os tamborileiros parem as batidas, curva-se para recuperar o fôlego, ou tropeça e cambaleia como se estivesse intoxicado. Esse é o momento para dar a resposta oracular à questão colocada. O adivinho geralmente começa a fazê-lo com uma voz longínqua e incerta; como se as palavras lhe viessem de fora, como se tivesse dificuldade em ouvi-las e retransmiti-las. À medida que prossegue em suas revelações, o adivinho vai perdendo seu ar de semiconsciência e passa a pronunciar-se com vivacidade, e eventualmente com truculência. Quando terminou o que tinha a dizer, dança novamente para obter conhecimento adicional sobre o assunto a respeito do qual está sendo consultado, pois é possível que uma informação completa não tenha sido obtida durante a primeira dança. Ou então, se considera que tratou satisfatoriamente da pergunta, pode passar a dançar para a questão seguinte.

Por vezes, nessas reuniões, os participantes dançam até atingirem um estado de fúria, lacerando a língua e o peito com facas. Testemunhei cenas que recordavam os sacerdotes de Baal, "que clamavam e se cortavam à sua maneira com facas e lancetas, até que o sangue os cobrisse aos borbotões". Vi homens num estado de excitação selvagem, embriagados com a intoxicante música orquestral dos gongos e dos tambores, sinos e chocalhos, jogando suas cabeças para trás e golpeando o peito com facas, até que o sangue jorrava em torrentes sobre seus corpos. Outros cortavam a língua, e o sangue misturado à saliva espumava no canto de suas bocas, escorrendo pelo queixo até fundir-se com o suor. Os que laceram a língua dançam com ela pendurada para fora, para mostrar sua arte. Adotam ares ferozes, mostram o branco dos olhos e fazem esgares com a boca, como se as contorções causadas pela grande tensão física e a exaustão já não fossem repulsivas o bastante.

Qual o significado de toda essa fúria e expressão grotescas? Só uma dissecação e análise cuidadosa de todas as suas partes nos permitirá descobrir.

7

As sessões são realizadas quando uma pessoa sofre um infortúnio. É o caso de perguntarmos por que, nessas circunstâncias, ela não consulta um dos oráculos de forma privada, em vez de se dar ao trabalho de convocar vários atores (os adivinhos) para uma representação pública mais cara. Especialmente porque, como veremos, os outros oráculos são em geral considerados mais dignos de confiança como fontes de revelação do que os adivinhos; e, de qualquer forma, eles terão de ser consultados para confirmar as declarações dos adivinhos antes que qualquer ação possa ser iniciada com esse fundamento. Talvez o motivo seja porque as sessões públicas aumentam o prestígio daquele que as patrocina; e porque as revelações dos adivinhos possuem um valor social peculiar; embora consideradas mais expostas ao erro que os demais oráculos, têm a vantagem especial de que, em assuntos delicados e pessoais, uma investigação aberta é capaz de fornecer. Sobretudo, o adivinho funciona nessas sessões não apenas como um agente oracular, mas também como um guerreiro contra a bruxaria. Ele não apenas indica à pessoa em que direção buscá-la e que medidas tomar para anulá-la, como também, por meio da dança, declara guerra imediata aos bruxos, podendo ter sucesso em afastá-los do paciente; ao mostrar aos bruxos que está ciente de sua identidade, o adivinho fará com que eles abandonem definitivamente a residência do enfermo. Mas creio que o primeiro motivo — o desejo de aumentar a própria reputação pelo patrocínio de um espetáculo público — é o mais importante. Para os espectadores, uma sessão é algo divertido de ver, às vezes excitante, e sempre fornece assunto para comentário e fofocas por muito tempo. Para o dono da casa, é um meio de descobrir quem está perturbando seu bem-estar; um modo de advertir o bruxo (provavelmente um dos espectadores) de que se está na pista dele e um meio de obter o apoio e reconhecimento públicos para as dificuldades que enfrenta, além da estima e da publicidade granjeadas, por abrir sua residência aos vizinhos e pelo emprego de atores.

A descrição de uma sessão a seguir, escrita quando eu voltava para casa uma noite, após tê-la assistido, permitirá uma ilustração adicional do que precede, contando o que aconteceu de um ponto de vista europeu.

Um dos adivinhos dá um passo à frente depois de uma dança rápida, pedindo silêncio. Grita o nome de um dos presentes — "Zingbondo, Zingbondo, essa morte de seu sogro, ouça, essa morte de seu sogro, Mugadi, Mugadi está morto, é verdade que Mugadi está morto, você está ouvindo?" Ele fala como se estivesse em transe, isto é, com dificuldade e de forma incoerente. "Mugadi está morto, a filha dele (sua mulher) está em sua casa, a mãe dela veio viver com vocês. Ouça, elas não devem ir chorar junto ao túmulo de Mugadi. Se continuarem a fazer isso, um de vocês morrerá, estão ouvindo?" Zingbondo replica, humildemente: "Sim, mestre, eu ouço, e é como você falou, você falou a verdade." (Zingbondo fica muito satisfeito com essa revelação, pois não gostava que sua mulher tivesse uma desculpa inquestionável para ausentar-se freqüentemente de casa.)

Outro adivinho se adianta, sorrindo de modo confiante — trata-se de um profissional traquejado — e, voltando-se para o chefe local, Benvuru, dirige-lhe a palavra: "Chefe, seus companheiros estão-lhe caluniando, estão falando mal de você e querem feri-lo; trate de consultar o oráculo de atrito a respeito deles com freqüência." O chefe não replica, mas alguém, que deseja agradá-lo e mostrar que não é daqueles que o traem, grita: "Diga-nos o nome desses homens." (Isso é mais difícil, porque o adivinho prefere evitar fazer inimigos, acusando alguém pessoalmente.) O adivinho recua, dizendo que irá dançar a questão. Faz um sinal para que os tamborileiros recomecem a tocar; ao som dos tambores, dança e salta freneticamente; seus sinos fazem "*waia waia waia*", os frutos da palmeira *doleib* entrechocam-se em sua cintura; seu corpo poreja de suor, ele e seus companheiros dão gritos selvagens. Arqueja exausto, tropeça em direção aos tambores, que um toque de seu sino silencia. Em súbito silêncio, estaca diante do chefe. Nada fala. De repente cai por terra como se tivesse desmaiado, ali ficando por vários minutos, a contorcer-se como se sofresse grandes dores, com a cara no chão. Recupera-se então dramaticamente, dando um salto, e profere uma revelação: "Os homens que o estão ferindo com bruxaria, que o estão caluniando, são fulano (menciona o nome do chefe que antecedeu o atual ocupante do cargo) e sicrano (dá o nome de um homem a quem o chefe recentemente recusara a filha, para dá-la em casamento a um outro)". O adivinho hesita; articula: "e...", e pára, olhando fixamente para o chão, como se buscasse alguém mais, enquanto todos esperam por uma nova acusação. Outro adivinho adianta-se e diz, com segurança: "E beltrano, ele também o está prejudicando, há três deles." Menciona as duas pessoas já acusadas e esta que acrescentou à lista. Outro adivinho o interrompe. "Não", diz, "eles são quatro, fulano também o está embruxando" (menciona o nome de um de seus inimigos pessoais, que quer depreciar junto ao chefe em benefício próprio. Os outros adivinhos compreendem sua intenção, mas os adivinhos jamais se contradizem em uma sessão pública, apresentando uma fachada única diante dos não-iniciados.)

O chefe, por seu lado, escuta o que lhe foi dito, mas não fala uma só palavra. Mais tarde ele irá apresentar esses quatro nomes diante do oráculo de veneno e descobrir a verdade. Ele pensa — disse-me um zande — que os adivinhos devem, afinal, estar com a razão, pois são bruxos também e conhecem os de sua laia.

Após terem sido feitos os pronunciamentos oraculares em benefício da principal pessoa presente, a dança é retomada, continuando por horas a fio. Um velho chama um dos adivinhos e lhe dá algumas espigas de milho. Ele quer saber se sua safra de eleusina vai ser boa este ano. O adivinho corre até o pote com drogas, para olhar. Observa por um instante a água mágica e então pula adiante, dançando. Dança porque é na dança que as drogas dos adivinhos funcionam, fazendo-os ver as coisas ocultas. A dança mistura e ativa as drogas que eles trazem dentro de si, de forma que, quando ouvem uma pergunta, sempre dançam, em vez de refletir em busca da resposta. O adivinho conclui sua dança, silencia os tambores e se dirige para onde seu interlocutor está sentado. "Você me pergunta sobre sua eleusina, se ela vai dar certo este ano; onde você a plantou?" "Doutor", replica o outro, "plantei-a acolá do riacho Bagomoro." O adivinho fala como que para si: "Você a plantou além do riacho Bagomoro, hum! hum! Quantas esposas você tem?" "Três." "Vejo bruxaria, bruxaria, bruxaria à frente: tome cuidado, porque suas mulheres vão embruxar sua safra de eleusina. A esposa principal, não é ela, eh, eh! Não, não é ela. Você está me ouvindo? Não é sua esposa principal. Posso ver isso em minha barriga, porque minhas drogas são fortes. Não é a esposa principal, a esposa principal, a esposa principal. Está me ouvindo? Não é a esposa principal." O adivinho está agora entrando numa espécie de transe, com dificuldade de falar mais do que palavras isoladas e frases entrecortadas. "A esposa principal, não é ela. Maldade. Maldade. Maldade. As outras duas esposas têm ciúmes dela. Maldade. Maldade — você me ouve? Você deve guardar-se contra elas. Elas devem soprar água sobre sua eleusina. Você ouviu? Que elas soprem água, para esfriar a bruxaria. Você me ouviu? O ciúme é uma coisa ruim. O ciúme é coisa ruim, é fome. Sua eleusina vai fracassar. Você será assaltado pela fome; você está ouvindo o que digo — fome?"

Embora tenha reconstruído essa sessão a partir de notas que tomei após assistir a uma delas, não procurei transcrever todas as perguntas feitas e respondidas durante uma tarde. Elas são numerosas, e não é possível tomar nota de todas as declarações dos adivinhos nessas reuniões, pois é comum que dois ou mais estejam dando consultas a um só tempo. E, mesmo quando se trata de apenas um, é difícil entender de que fala quando não se sabe exatamente que pergunta foi feita; suas respostas não são concisas e diretas, mas discursos tortuosos, longos e entrecortados. Os adivinhos também costumam fazer revelações sobre membros da audiência sem terem sido explicitamente solicitados a isso; costumam ainda fornecer informações gratuitas sobre infortúnios pendentes.

Uma representação na corte é um pouco diferente de uma sessão na residência de um plebeu. O príncipe em geral senta-se sozinho, talvez com alguns filhos pequenos e pajens no chão a seu lado, enquanto os homens de boa posição social que se encontram na corte sentam-se no lado oposto, a uma boa distância. As mulheres não podem estar presentes. Não há um coro especial de meninos, e embora os espectadores — com exceção do príncipe — possam acompanhar as canções em voz baixa, geralmente o adivinho canta em solo. Nunca vi mais de um adivinho de cada vez apresentando-se numa corte. Um príncipe tem um ou dois profissionais entre seus súditos, e os requisita quando precisa de seus serviços. A sessão é uma representação de gala, e o comportamento de todos os presentes se caracteriza pela quietude e compostura exigidas na corte. O adivinho dança apenas a respeito do assunto do príncipe, e quando descobre o nome do bruxo ou traidor, caminha até o príncipe e sussurra este nome em seu ouvido. As fanfarronadas e demonstrações que descrevi nas sessões transcorridas em casas de plebeus não têm lugar aqui, e o adivinho jamais usa o tom arrogante com que se dirige aos plebeus. Tanto quanto pude observar, os cortesãos não fazem consultas ao adivinho sobre seus próprios negócios, embora possam encorajá-lo, exigindo em voz alta, para mostrar lealdade ao príncipe, que exponha os nomes das pessoas que ameaçam o bem-estar do príncipe. Ser solicitado a adivinhar na corte é uma grande honra, e os adivinhos que já o fizeram são considerados por toda a província pessoas em cujas revelações se pode confiar.

Contudo, as descrições feitas neste capítulo são de sessões realizadas em casas de plebeus, e a análise que se segue refere-se ao comportamento dos adivinhos e de sua audiência longe das cortes.

8

Gostaria de focalizar a atenção sobre a forma e o conteúdo das revelações de um adivinho. Deve-se tomar nota especialmente do modo pelo qual faz as suas declarações, pois vou referir-me a isso quando analisar todo o complexo de crenças relacionadas com suas atividades. Os adivinhos utilizam duas formas de enunciação, ambas diferentes das formas cotidianas. A primeira é a enunciação truculenta. Eles subjugam suas audiências, tomando liberdades que em contexto ordinário provocariam reação. Afirmam-se de um modo presunçoso e exagerado, intimidando os tamborileiros, o coro de meninos e os espectadores, ordenando-lhes que parem de falar, que se sentem, que prestem atenção e assim por diante. Ninguém se ofende com tais atos, que em outras ocasiões seriam considerados de uma rudeza imperdoável. A mesma autoconfiança espalhafatosa envolve os pronunciamentos oraculares, que são acompanhados de todos os tipos de gestos dramáticos e poses extravagantes, marcados pelo abandono da fala ordinária em favor de um tom fanfarrão de alguém imbuído de poderes mágicos e de cujas palavras não se deve duvidar. Eles impõem suas revelações sobre os ouvintes com muita veemência e redundância.

Quando abandonam o tom arrogante, adotam atitudes ainda mais anormais. Depois de uma dança inspirada, revelam segredos e profecias na voz de um médium que enxerga e ouve algo que vem do Além. Transmitem tais mensagens psíquicas por meio de sentenças desconexas — em geral, seqüências de palavras não-articuladas gramaticalmente — pronunciadas com uma voz sonhadora e longínqua. Falam com dificuldade, como homens em transe ou adormecidos. Tudo isso, como veremos, é apenas em parte uma representação, pois se deve também à exaustão física e à fé que depositam em suas drogas.

De que forma essa maneira de comunicação afeta o conteúdo das mensagens? Suas revelações e profecias baseiam-se num conhecimento dos escândalos locais. Devemos lembrar que, na crença zande, a posse de bruxaria dá a um homem o poder de ferir seus semelhantes, mas não é o motivo do crime. Já vimos como o impulso por trás de todos os atos de bruxaria deve ser buscado nas emoções e sentimentos comuns aos homens — maldade, inveja, ciúme, calúnia, traição, rancor etc. Ora, o escândalo, nessa sociedade, é como uma propriedade comunal, e os adivinhos, recrutados nas vizinhanças, sempre estão bem informados sobre as inimizades e rixas locais. Um adivinho em visita a uma província distante se aconselhará sobre esses assuntos com os profissionais locais, antes e durante a sessão. Assim, quando um homem o consultar sobre alguma doença ou infortúnio que o atingiu, fornecerá o nome de alguém que deseja mal ao consulente, real ou imaginariamente. Um adivinho tem sucesso porque diz o que seu ouvinte quer ouvir e porque age com tato.

Isso é fácil para o adivinho, pois há inúmeras inimizades padronizadas na cultura zande: entre vizinhos, porque mantêm muito contato e portanto têm mais oportunidades de brigar que as pessoas apartadas entre si; entre esposas, porque, nos Azande, o atrito entre membros de famílias poligínicas é fato corriqueiro; e entre cortesãos, cujas ambições políticas tendem a entrar em conflito. Um adivinho pergunta ao consulente o nome de seus vizinhos, esposas ou companheiros de corte, conforme o caso. Ao dançar, tem em mente os nomes dessas pessoas e revela um deles — se possível por implicação e não diretamente — como sendo o do bruxo. Assim, é errado supor que um adivinho procure ao acaso o nome do bruxo; isso seria absurdo do ponto de vista zande, visto que algum tipo de rancor é sempre o motivo essencial de um ato de bruxaria. Assim, o adivinho toma os nomes daqueles que desejam mal a seu consulente, ou têm motivos para fazê-lo, e decide magicamente qual deles tem o poder de prejudicá-lo, e o está fazendo — isto é, qual deles possui substância-bruxaria na barriga. Os adivinhos não estão simplesmente sendo espertos ao descobrir quem está em más relações com seus clientes e revelar esses nomes como sendo dos bruxos, de modo a agradar aos clientes que não se dariam conta do que se passa. Ao contrário, todo mundo está perfeitamente ciente da maneira pela qual eles descobrem os bruxos, e seu procedimento é uma decorrência necessária das idéias sobre bruxaria prevalecentes nessa cultura.

É importante observar como um adivinho produz suas revelações. Em primeiro lugar, ele sabatina seu cliente, procurando saber, por exemplo, os nomes de seus vizinhos, esposas, ou companheiros de alguma atividade. Note-se que estes nomes são apresentados pelo cliente, não pelo adivinho, e que portanto existe uma seleção por parte do primeiro.

O adivinho, além disso, por um recurso abundante no dogmatismo profissional, dispõe o cliente favoravelmente às suas revelações. Tendo obtido do consulente os nomes, diz que vai dançar sobre eles. Depois das duas ou três primeiras danças, repete a questão colocada, assegurando ao cliente que irá descobrir tudo em breve. Pavoneia-se diante da audiência, dizendo que ela ouvirá a verdade hoje, porque ele possui uma mágica poderosa, que não pode falhar, e lembrará as profecias anteriores que se cumpriram. Depois de outra dança, fornece uma resposta parcial, de forma negativa. Assim, quando se trata de uma consulta sobre doença de uma criança, ele diz ao pai que duas de suas esposas não são responsáveis, e que dançará agora sobre as outras. Quando se trata da safra ruim de alguma cultura, garantirá ao dono da plantação que os adivinhos que vivem em certa direção não são responsáveis, mas que ele agora vai dançar sobre outra direção. Cheguei dessa forma a ver adivinhos dançarem durante metade de um dia sobre uma consulta a respeito de caça infrutífera. Depois de dançarem por um longo tempo, informaram ao proprietário da área de caça (eu mesmo) que tinham descoberto que não eram nem as mulheres nem os jovens os culpados, mas que iriam descobri-los antes do pôr-do-sol. Dançaram novamente, e por fim disseram que os responsáveis eram certos homens casados; mais tarde, afirmaram que a mesma bruxaria que estragara a caça no ano passado ainda rondava o terreno, de forma que os homens casados que vieram para o distrito depois disso poderiam ser excluídos. Depois de mais danças, pararam os tambores e anunciaram que tinham descoberto três homens — não deram os nomes — responsáveis pelas más caçadas. Dançaram de novo e anunciaram à audiência a descoberta de um quarto culpado, tendo certeza de que não havia outros além desses quatro. Já de noite divulgaram a afirmação de que o motivo que fez com que esses quatro homens usassem bruxaria para estragar as caçadas era que, no ano anterior, eles não haviam sido convidados a tomar parte nessa atividade. Fora isso que lhes causara inveja. Embora a pergunta tivesse sido feita pela manhã, só depois do pôr-do-sol os nomes dos responsáveis foram sussurrados ao cliente (o processo normal na corte).

Muitas vezes os adivinhos evitam até mesmo sussurrar os nomes, e transmitem as informações por insinuação — por *sanza*, como dizem os Azande. Para mim, era muito difícil seguir essa comunicação do significado por meio de pistas e alusões, já que eu era até certo ponto um estranho à vida íntima da comunidade. Meu conhecimento dos usos lingüísticos ordinários só me permitia entender parcialmente esse tipo de discurso. Mesmo os ouvintes nativos às vezes não captam o significado integral das palavras de um adivinho, que só é realmente acessível ao homem que o consultou sobre os próprios problemas. Palavras que para o etnólogo não têm sentido, e para os demais assistentes o têm apenas em parte, são facilmente interpretadas pelo consulente, o único que possui visão completa da situação. Assim, por exemplo, um homem pergunta ao adivinho quem está causando a praga de seus amendoins, e é informado de que não é ninguém estranho ao seu grupo doméstico, nem é a esposa principal, mas uma das outras esposas, que quer mal à esposa principal. O adivinho pode não dar sua opinião sobre qual dessas outras esposas é a responsável, mas o marido naturalmente terá suas próprias idéias sobre o assunto, conhecendo bem os sentimentos de cada membro de seu grupo doméstico, a história completa das relações ali estabelecidas e os eventos recentes que perturbam a calma de sua vida doméstica. Quando é informado de que não é um estranho que lhe está prejudicando, mas sim uma de suas mulheres, logo desconfia de quem se trata, podendo então verificar suas suspeitas por meio de uma consulta ao oráculo de veneno. Já as pessoas estranhas ao caso, sem o mesmo conhecimento dessas condições, ficam no escuro. Esta ilustração é simples, mas suficiente. Mais freqüentemente a relação entre as insinuações do adivinho e as interpretações do cliente é muito mais intricada.

Assim, vemos como o consulente colabora com o adivinho. No começo da consulta, ele até certo ponto seleciona os nomes das pessoas sobre quem o adivinho vai dançar; no final, contribui parcialmente com uma interpretação dos pronunciamentos do segundo, a partir de suas próprias circunstâncias sociais e conhecimento. Desconfio também que, como um adivinho faz suas revelações aos bocados, quase como sugestões (ou mesmo perguntas), ele observa cuidadosamente o interlocutor para saber se sua resposta se ajusta às suspeitas do consulente. Quando adquire tal certeza, torna-se mais veemente.

Um adivinho raramente acusará um aristocrata de bruxaria, pelas mesmas razões que fazem com que um plebeu não consulte oráculos sobre os aristocratas. Ele pode dar informações a um príncipe importante a respeito de certas tentativas de usar feitiçaria contra ele, por parte de membros de sua própria família ou clã, mas sem jamais sugerir que sejam bruxos. Os príncipes, por mais invejosos que sejam uns em relação aos outros, possuem uma solidariedade de classe que não permite a qualquer plebeu afrontar um de seus parentes. Não creio que no passado um adivinho tenha jamais trazido à baila o nome de um nobre como bruxo; hoje em dia, observei em raras ocasiões nobres acusados de bruxaria, mas estes não eram aparentados de muito perto com os príncipes governantes.

A discrição também se faz recomendável ao se revelarem os nomes de plebeus, pois os Azande nem sempre aceitam calmamente uma acusação. Vi um homem saltar de seu lugar na audiência e ameaçar esfaquear um adivinho que fora temerário o bastante para acusá-lo de bruxaria; seu protesto foi tão convincente que o adivinho dançou de novo e admitiu seu erro. Mais tarde, este confidenciou que não tinha realmente se enganado, mas apenas recuado para evitar uma cena. O homem era mesmo um bruxo e demonstrou sua culpa pelo comportamento violento.

É comum que os adivinhos transmitam confidencialmente o nome dos bruxos a seus clientes depois que a sessão terminou e os espectadores foram para casa. Em público, eles procuram evitar afirmações diretas, e sobretudo nomes. Somente ao denunciar pessoas fracas, ou mulheres, é que se mostram menos escrupulosos. Deve-se ter em mente que, ademais da possibilidade de uma reação imediata, um adivinho é um cidadão comum que vive em contato íntimo e cotidiano com seus vizinhos, e não tem o menor desejo de antagonizá-los, insultando-os publicamente. Também não se pode esquecer que os adivinhos acreditam em bruxos tanto quanto os leigos. Embora, ao dançar numa sessão, sintam-se seguros, protegidos como estão pelas drogas e alertas contra qualquer ataque, quando baixam sua guarda no cotidiano correm alto risco de serem vítimas de um bruxo vingativo. Por outro lado, se sussurraram o nome do bruxo no ouvido do cliente, a coisa é mais segura, pois os consulentes não o divulgam imediatamente, submetendo-o antes ao oráculo de veneno para corroboração, de forma que é por meio do veredicto do oráculo, e não do adivinho, que o nome se torna público. Mesmo quando o nome de alguém é mencionado em público por um adivinho, dificilmente este afirma tratar-se de um bruxo. Ele diz apenas que o homem deseja mal a outrem, ou fala mal de alguém. Todos sabem que ele está acusando o homem de bruxaria, mas ele próprio não afirma isso.

Não é difícil ver que as revelações de um adivinho se baseiam amplamente nos escândalos locais; e que ele calcula as respostas a dar às consultas enquanto dança e se exibe. Os Azande estão perfeitamente cientes do fato. Contudo, sou da opinião de que se deve atribuir ao adivinho zande uma boa dose de intuição, sem reduzir seus pronunciamentos apenas a um cálculo racional. O adivinho e seu cliente selecionam conscientemente as pessoas que provavelmente causaram a doença ou os prejuízos; o primeiro começa então a dançar com o nome dessas pessoas na mente, até decidir qual delas está prejudicando o consulente; creio que este segundo processo de seleção é muito pouco influenciado pela lógica. Quando se pergunta a um zande, leigo ou profissional, sobre isso, ele diz que o adivinho começa a dançar com o nome de três ou quatro pessoas na cabeça, e dança até que as drogas ingeridas antes da sessão revelem qual delas está associada à bruxaria. É realmente quase impossível ser mais explícito, mas estou convencido de que a seleção dos nomes se faz por uma atividade mental basicamente inconsciente. Em primeiro lugar, os adivinhos dançam até atingirem uma condição próxima à dissociação; intoxicam-se com a música criada por outros e por eles mesmos, e atingem um estado de grande prostração física. Tanto quanto posso saber, a partir do que os adivinhos me contaram, eles guardam os nomes na memória e ficam a repeti-los enquanto dançam; mas fora isso procuram deixar a mente inteiramente livre. Subitamente, uma das pessoas sobre quem ele está dançando impõe-se à consciência do adivinho, às vezes como uma imagem visual, mas em geral pela associação de seu nome a algum distúrbio fisiológico, principalmente por uma repentina aceleração do ritmo cardíaco.

9

Um adivinho não adivinha apenas com a boca, mas com o corpo inteiro. Ele *dança* as questões que lhe são colocadas. Essa dança contrasta radicalmente com a dança cerimonial comum dos Azande. A primeira é animada, violenta, extática; a segunda é lenta, calma, contida. Aquela é um desempenho individual, organizado apenas pelos movimentos tradicionais e pelo ritmo; esta é uma performance coletiva. É verdade que vários adivinhos podem dançar ao mesmo tempo, e que quando o fazem adotam um movimento geral comum, mantendo-se em fila e ajustando o passo ao ritmo do gongo e dos tambores. Mas nesse caso eles se organizam num coro profissional que acompanha e apóia um solista. Normalmente apenas um, no máximo dois, estarão "dançando perguntas" ao mesmo tempo. Quase sempre uma sessão tem apenas um profissional.

Essas danças são uma explicação adicional para o fato de que nenhum aristocrata se torna adivinho. O que é expressão ritual adequada no caso dos plebeus, num aristocrata seria exibição indigna. Do mesmo modo, nas raras ocasiões em que um adivinho do sexo feminino participa de uma sessão, ela fica em segundo plano e executa uma dança lenta que lhe é própria, sem procurar imitar a dança violenta dos homens, o que seria visto como um comportamento totalmente inadequado.

É importante observar que os adivinhos não apenas dançam, mas também fazem sua própria música com campainhas e chocalhos, de forma que o efeito disso, somado ao do gongo e dos tambores, é intoxicante — não só para os participantes, mas para a própria audiência; e essa intoxicação é uma condição apropriada para a adivinhação. Música, movimentos rítmicos, contorções faciais, roupas grotescas — tudo concorre na criação de uma atmosfera própria à manifestação de poderes esotéricos. A audiência acompanha entusiasticamente a representação, movendo a cabeça e repetindo as canções em voz baixa, mais como forma de auto-entretenimento que para auxiliar o coro. Seria um erro supor que haja uma atmosfera de respeito e contrição durante a cerimônia; pelo contrário, todos se divertem e brincam, conversando animadamente. Mesmo assim, não resta dúvida de que o sucesso da profissão de adivinho deve-se ao fato de que eles não confiam demasiado na fé cega da audiência, seduzindo-a e estimulando sua crença por meio de estímulos sensoriais.

Devemos lembrar, além disso, que a audiência não está simplesmente assistindo a uma performance musical, mas a uma manifestação ritual de magia. Trata-se de algo mais que uma dança — trata-se de uma luta, em parte direta, em parte simbólica, contra os poderes do Mal. O significado de uma sessão como demonstração antibruxaria só pode ser compreendido quando a dança é levada em conta. Um observador que transcrevesse apenas as perguntas feitas aos adivinhos e suas réplicas estaria negligenciando todo o mecanismo de produção das respostas — e até mesmo as próprias respostas. Como eu disse, o adivinho "dança as perguntas".

Antes do início de uma sessão, os participantes ingerem algumas das drogas que lhes dão o poder de ver o invisível, permitindo que resistam ao cansaço. Alguns adivinhos disseram-me que não seriam capazes de agüentar tanto esforço se não tivessem antes ingerido as drogas, que lhes conferem o poder de resistir à bruxaria. Este poder vai para o estômago junto com as drogas; é agitado pela dança, que o transmite ao corpo todo, ativando assim o dom da profecia. Nesse estado ativo, as drogas revelam quem são os bruxos e chegam até a fazê-los ver as emanações espirituais da bruxaria flutuando no ar, como luzinhas. Contra tais poderes malignos, os adivinhos empreendem uma luta terrível. Correm de um lado para outro, estacando bruscamente à espreita de algum som, de alguma luz; de repente um deles vê bruxaria numa roça próxima — embora ela seja invisível ao não-iniciado — e corre até lá com gestos ao mesmo tempo de resolução e repugnância. Retorna rapidamente para pegar alguma droga guardada em seu chifre, aplicando-a sobre a planta ou árvore em que viu pousar a bruxaria. Essas corridas ao mato são muito freqüentes quando os adivinhos buscam ansiosamente a bruxaria ao longo de picadas no capinzal ou no alto de uma termiteira.

Cada movimento da dança tem tanto significado quanto a fala. Todos esses saltos e piruetas envolvem um mundo de insinuações. Se um adivinho dança em frente a um espectador, ou olha fixamente para um outro, logo as pessoas pensam que ele achou um bruxo, ou o indivíduo focalizado sente-se mal. Os espectadores nunca podem estar certos do significado do comportamento do adivinho, mas podem interpretá-lo a partir de suas ações e deduzir o que ele sente e vê. Cada movimento, gesto, ou esgar exprime a luta que está sendo travada contra a bruxaria, e é preciso que o significado de uma dança seja explicado pelos adivinhos e pelos leigos para que se possa apreciá-la em todo o seu rico simbolismo.

CAPÍTULO VI

O treinamento de um noviço na arte da adivinhação

I

Pelo que pude observar, é comum que um jovem manifeste o desejo de se tornar adivinho para um membro mais velho da corporação em seu distrito, e solicite que este seja seu patrono. Assim, ao falar do modo pelo qual os noviços são instruídos, tenho em mente a transmissão normal de magia de um adivinho para seu jovem aprendiz. Cheguei a ver, contudo, rapazes de menos de 16 anos, e até mesmo crianças de quatro ou cinco anos, receberem drogas para ingerir. Em tais casos, trata-se em geral de um pai ou tio materno que deseja ver seu filho ou sobrinho seguir a profissão, e que começa a treiná-lo desde a infância, além de buscar fortalecer seu espírito com as drogas. Vi garotos pequenos dançarem a dança dos adivinhos e ingerirem suas drogas, copiando os movimentos dos mais velhos nas sessões e nas refeições mágicas coletivas. Os adivinhos encorajavam-nos de modo jovial, e os garotos tratavam aquilo tudo como se fosse uma brincadeira. Esses garotos vão-se acostumando gradativamente a representar, e quando chegam aos 15 anos seus pais os levam quando vão visitar alguma casa para dançar, permitindo que participem da cerimônia, embora não possam usar os paramentos do ofício. Desta forma, o conhecimento das drogas e do ritual é transmitido pouco a pouco, ao longo dos anos, de pai para filho.

Quando um rapaz se inscreve como aprendiz de um adivinho, a transmissão é muito mais curta, ficando ainda ao sabor dos pagamentos feitos e da formação de atitudes pessoais que devem ser construídas fora da família e do grupo doméstico. O jovem é interrogado por seu futuro professor, que procura saber se ele está certo de que deseja ser iniciado, exortando-o a considerar os perigos que ameaçam sua vida e família se tentar adquirir a magia levianamente. Será também advertido de que a magia é algo raro e caro, e que seu professor exigirá presentes constantes e substanciais. Se o rapaz insiste em seu desejo de tornar-se um profissional, o homem mais velho consente em lhe ensinar a arte. Seus parentes não farão objeção — se o oráculo de veneno não previr conseqüências nefastas para o jovem ou para eles.

Um noviço começa a ingerir as drogas junto com outros adivinhos para fortalecer a alma e ganhar o poder de profetizar. Inicia-se na corporação por um sepultamento público; recebe muco de bruxaria para engolir; e é levado à nascente de um rio e instruído nas várias ervas e arbustos de que são feitas as drogas. Mas não há uma seqüência fixa para esses ritos.

2

Muitas vezes assisti à reunião de três ou quatro adivinhos, mais raramente sete ou oito, em casa de um colega experiente — conhecedor das ervas e plantas medicinais com que se faz a sopa mágica — para partilhar de uma refeição comunal. O adivinho mais velho, geralmente o dono da casa em que tem lugar a cerimônia, desenterrou para tal fim certas raízes no mato, raspou-as e lavou-as para cozinhá-las. Elas são colocadas num porte com água, e os convidados reúnem-se à volta do fogo para vê-las cozer, enquanto conversam e brincam sobre assuntos profanos, embora por vezes sejam discutidos os negócios da profissão; não se demonstra explicitamente nenhum respeito ou reverência. Depois que a água ferveu por algum tempo, tingindo-se do suco das plantas, o adivinho que as colheu e as está cozendo — que doravante designarei como seu proprietário — tira o pote do fogo e despeja o líquido em outra vasilha, colocada no fogo para um segundo cozimento. As raízes cujo suco foi extraído são levadas para uma cabana próxima, onde são guardadas para outra ocasião.

A partir desse momento, os adivinhos começam a se concentrar sobre o assunto em pauta, interrompendo as conversas profanas e desenvolvendo um notável grau de atenção aos sucos medicinais que fervem no fogo. Este é o primeiro sinal de que estão tratando com forças mágicas. As várias fases do cozimento são agora acompanhadas por encantações até o fim da cerimônia. Enquanto o proprietário despeja seus sucos medicinais na segunda vasilha, dirige-se aos mesmos em poucas palavras, pedindo pelo bem-estar dos adivinhos como um todo e pelo bom êxito de seus interesses profissionais. Então divide uma bola de pasta mágica, feita de sementes oleaginosas misturadas com uma raiz mágica, em pequenas bolotas, uma para cada adivinho presente. O proprietário coloca-as em volta do pote e, primeiro ele, depois cada adivinho, em ordem de antigüidade, atira sua bolota dentro do pote. O primeiro toma então de uma colher de pau e mistura o óleo com os sucos, dirigindo-se às drogas, em seu nome e em nome do jovem que está sendo iniciado:

> Que nenhum mal caia sobre mim; que eu fique em paz. Possa eu não morrer; que eu enriqueça graças à minha habilidade profissional. Que nenhum parente

meu morra do azar de minhas drogas; que minha mulher não morra; meus parentes são animais, meu parente é a eleusina; que minha eleusina frutifique.

[Sobre seu pupilo] Quando você dançar a dança dos adivinhos, possa você não morrer. Que sua casa prospere, e que a bruxaria não fira seus amigos. Que nenhum de seus parentes morra. Seus parentes são animais, seu pai é um elefante, o irmão mais velho de seu pai é um porco vermelho, suas esposas são ratos do brejo, sua mãe é um antílope, seus tios maternos são *duikers*,* seu avô é um rinoceronte.

[Sobre si mesmo] Se a bruxaria vier à minha casa, que volte por onde veio. Se um homem fizer feitiçaria contra mim, que ele morra. Se um homem deseja mal à minha casa, que fique à distância, e que todos aqueles que vierem despejar seu rancor sobre minha casa recebam uma surpresa desagradável. Que minha casa prospere.

[Sobre seu pupilo] Que o mal passe para lá, para lá; que as drogas façam as coisas prosperarem para você. Se alguém recusar-se a pagar por seus serviços, que não se recupere da doença. Quando você for dançar com os adivinhos, e eles olharem seu rosto, que não se zanguem com você, mas fiquem alegres para que as outras pessoas lhe dêem presentes. Quando você for a uma sessão, não erre na localização da bruxaria. Quando você soprar seu apito contra os gatos selvagens,[1] que você não morra. Quando você soprar seu apito *zinga*, que a alma de um homem retorne a ele para que ele não morra.

O adivinho mais velho passa agora a colher para seu aluno, que profere algumas palavras sobre a beberagem, enquanto a mexe:

Droga que cozinho, cuide sempre de me falar a verdade. Não permita que ninguém me fira com bruxaria, mas deixe-me reconhecer todos os bruxos. Não perturbe meus parentes, porque não os tenho. Meus parentes vivem no mato e são elefantes e antílopes; meus avós são búfalos e todos os pássaros. Quando eu dançar com os adivinhos mais velhos, não os deixe ferir-me com seus dardos. Que eu seja experto no ofício de adivinho, para que as pessoas me dêem muitas lanças por causa de minha magia.

Outro adivinho toma a colher de suas mãos e começa a mexer e exortar as drogas:

Que não caiam infortúnios sobre mim. Que nenhum de meus parentes morra; meus parentes são todos animais — javali, antílope, elefante e alcéfalo** —, mi-

* Pequeno antílope africano (gênero *Cephalophus*). (N.T.)

[1] Ver Apêndice III.

** *Alcephalus caama*, espécie de antílope (N.T.)

> nhas aves domésticas são perdizes. Se alguém vier ferir-me com bruxaria, que morra. Se alguém vier com inveja e malícia à minha casa, possam a inveja e a malícia voltar a seu dono. Que eu viva muito com as drogas dos adivinhos, para dançar cinco anos, dez anos, vinte anos, por anos, anos e anos. Que eu possa envelhecer dançando a dança da adivinhação. Que os outros adivinhos não me odeiem nem me firam com suas drogas. Deixem que todos os homens venham ouvir minhas profecias. Quando eu dançar com a droga dentro de mim, possam eles chegar com lança e facas, anéis e piastras, com eleusina, milho e amendoins para eu comer, e cerveja para eu beber. Que eu possa dançar no leste, no reino de Mange, e no oeste, no reino de Tembura. Que meu nome seja ouvido no reino de Renzi ao sul, e no distante norte, entre os estrangeiros em Wau. [Deixa a colher bater no lado do pote voltado para a direção mencionada — leste, oeste, sul e norte.]

Cada adivinho que deseja mexer e exortar as drogas no fogo pode fazê-lo enquanto o proprietário põe sal na mistura. Depois de algum tempo, o óleo ferve e sobe até a borda do pote, que é então removido do fogo. O óleo é decantado dentro de uma cabaça, e o pote é reposto no fogo, pois ainda contém uma pasta espessa e oleosa. A mistura é mexida e exortada pelos adivinhos que o quiserem fazer. Quando só estão presentes dois ou três adivinhos qualificados, e nenhum noviço, cada um mexe e exorta as drogas, sem ter necessariamente que fazer um pagamento prévio ao proprietário para poder comê-las; mas quando há um número maior de adivinhos e muitos noviços presentes, é costume que o dono das drogas exija uma taxa de cada um que quiser proferir as encantações e partilhar da refeição comunal. Ele avisa que não vai tirar o pote do fogo até que todos tenham pago alguma coisa. Aí cada adivinho apresenta meia piastra, uma faquinha ou um anel, que deposita no chão diante do pote ou dentro dele. Tais pagamentos devem ser feitos à vista das drogas, cuja potência depende de terem sido compradas; a compra é parte do ritual que fabrica o poder da magia. Cheguei até a ver um adivinho que, tratando gratuitamente de um cliente, colocou uma piastra de sua propriedade no chão; quando perguntei o que fazia, disse-me que seria ruim se a droga não testemunhasse o pagamento de uma taxa, pois poderia perder sua potência. Se alguém falha em contribuir com um presente, o dono pode ameaçar deixar as drogas queimarem, ou pode removê-las do fogo e não deixar nenhum de seus colegas comer até que todos tenham pago o suficiente. As drogas são dele: colheu-as no mato, preparou-as e cozinhou-as com seus utensílios; é seu proprietário, elas devem ser compradas dele. Cabe recordar que, como a magia não obtida dessa forma tem potência duvidosa, é do interesse daquele que vai comê-la pagar uma pequena taxa, assim como é do interesse do dono receber tal pagamento, pois estes formam parte integral do ritual mágico; e sobretudo, na terra zande, considera-se essencial que, quando poderes mágicos são transmitidos de uma pessoa para outra, o vendedor fique satisfeito com o negócio; caso contrário, as drogas perdem seu poder na transferência. A boa-vontade do proprietário é uma condição relevante para a venda de magia, e essa boa-vontade pode ser conseguida por meio de um pequeno pagamento.

Assim que os presentes lhe forem oferecidos, o dono remove o pote do fogo e decanta o óleo que exsudou da pasta durante a segunda fervura, colocando o pote de lado para esfriar o resíduo. Se há um noviço presente, em cujo benefício especial estão sendo cozinhadas as drogas, o pote é apresentado a ele, que deve aproximar a face do vapor, cuidando de manter os olhos abertos para que as drogas penetrem. Outros adivinhos fazem o mesmo, e alguns deles pronunciam determinadas palavras para a magia enquanto mantêm seus rostos na boca do pote.

Quando a pasta esfriou, seu dono a serve, em primeiro lugar ao noviço, depois aos demais. A forma de servir é uma característica recorrente das refeições mágicas entre os Azande. O que serve raspa um pouco da droga do fundo do pote com um graveto e o aproxima da boca de um homem; mas quando este está para comer, o bocado é-lhe bruscamente retirado e colocado na boca de outro homem. O que serve alimenta os participantes dessa maneira, e quando todos foram servidos, reúnem-se à volta do pote e comem as sobras da pasta mágica com as mãos, como se faz com qualquer comida.

Quando se acabou de comer, o dono traz o óleo que tinha decantado e acrescenta-lhe um pouco de cinza de *ngbimi zawa* queimada (um parasita de *Lophira alata*), produzindo um fluido negro. O óleo que sobrou é dado de beber aos adivinhos. O dono toma então de uma faca e faz incisões no peito, omoplatas, pulso e face dos adivinhos, esfregando um pouco do fluido negro nos cortes. Enquanto esfrega o pulso de um homem com isso, diz:

> Que este homem trate de seus pacientes com sucesso, e não se deixe enganar por objetos de bruxaria.

Enquanto esfrega o peito de um homem, diz:

> Se este homem vir um bruxo, que seu coração salte em reconhecimento da bruxaria.

Enquanto esfrega o fluido nas costas, acima das omoplatas, diz:

> Não deixe que ninguém atire dardos mágicos pelas costas deste homem; e se alguém feri-lo pelas costas, que o assaltante morra.
>
> Aquele que derramar o sangue deste homem morra imediatamente. Se um bruxo vier feri-lo à noite, mesmo que se aproxime pelas costas, possa este homem vê-lo; não permita que o bruxo oculte a face.

Todos bebem também desse fluido negro, e se sobra ainda algum, despejam-no nos chifres, onde guardam um estoque permanente de drogas.

Depois que um adivinho mais velho tratou de seus colegas dessa maneira, faz ver a estes a necessidade de lhe fazerem pagamentos freqüentes, advertindo-os para não brincarem com a magia que trazem dentro de si, ou ela não ficará firme dentro do corpo, perdendo seu poder.

3

Um noviço começa a tomar parte nessas refeições comunais — geralmente realizadas na manhã de uma sessão — desde o início de seu aprendizado, visto que o objetivo básico de sua carreira é embeber-se de drogas que o capacitem a identificar a bruxaria. É bom lembrar novamente que se trata de um simples processo mágico. A pessoa ingere certas drogas e se torna fisicamente forte, de forma a poder resistir ao cansaço de uma sessão, e espiritualmente forte, para resistir às arremetidas dos bruxos. As drogas em si produzem resultados mesmo que o consumidor não tenha sido completamente iniciado, e mesmo que ele ignore sua composição. Quando um meninote as come, por exemplo, acredita-se que elas o fazem saracotear como um adivinho; e um adulto que tem tais drogas no corpo às vezes treme, salta e arrota violentamente. Já vi adivinhos se contorcerem espasmodicamente e arrotarem desse jeito, mas não duvido de que o façam para impressionar os leigos, embora possa haver uma perturbação psicofísica genuína, induzida por sugestão e pela ação das drogas. Estas drogas são exatamente as mesmas que se usam para tratar dos doentes.

No entanto, um homem que tenha ingerido drogas apenas algumas vezes não está qualificado para assumir um papel importante nas atividades de uma sessão ou para profetizar. Ocasionalmente os adivinhos ensaiam a dança na casa de um deles, a fim de treinar um noviço em sua arte.

Logo depois que ingeriu as drogas pela primeira vez, o rapaz começa a dançar, de modo que várias vezes vi um ou dois noviços dançando numa sessão, embora não tivessem tentado adivinhar. Não possuíam experiência suficiente, pois haviam ingerido apenas uma pequena porção de droga, não havendo ainda sido iniciados nem aprendido sobre as raízes de onde as drogas são extraídas. Todo noviço espera que cedo ou tarde chegue a assumir uma posição na corporação, quando poderá iniciar seus próprios noviços; e só pode adquirir esse status depois de ter aprendido sobre as ervas e plantas apropriadas.

Não é possível reconhecer essas plantas pela simples observação de suas raízes durante a refeição comunal, e por isso não se faz objeção a que leigos estejam presentes em tais ocasiões. Era comum ver amigos dos mágicos sentados a seu lado enquanto estes comiam a pasta; mas nunca vi os primeiros compartilhando a refeição.

Diz-se que os adivinhos devem ser muito cuidadosos para que ninguém descubra as plantas que colhem para uso mágico. Removem os caules e folhas e escondem-nos no mato, longe de onde os arrancaram, para que ninguém siga sua pista ou conheça suas drogas. Uma planta é identificada pelo caule e folhas, não pelas raízes.

4

A magia deve ser comprada como qualquer outro bem, e a parte realmente significativa na iniciação é a lenta transmissão de conhecimento sobre as plantas do professor ao aluno, em troca de uma longa série de pagamentos. O professor pode mostrá-las casualmente, quando passeia pelo mato junto com o aluno — por exemplo, numa caçada —, ou pode sair com ele especialmente para isso. A menos que as drogas sejam devidamente pagas, há o perigo de perderem seu poder no processo de transmissão, pois o proprietário fica de má vontade com o comprador. Igualmente é sempre possível para um professor, se acha que não recebeu pagamento suficiente por suas drogas, fazer uma mágica que as inutiliza dentro do corpo do comprador. O adivinho pode fazer isso, seja pelo cozimento de drogas e uso de encantações que privam o noviço do poder das drogas que consumiu, seja por um rito especial. Ele toma de uma trepadeira da floresta chamada *ngbanza*, amarra uma de suas extremidades na ponta de uma vara flexível cravada no chão e prende a outra extremidade no solo, formando algo como a corda de um arco. Traz então um pouco de magia do trovão e pinga-a na extremidade inferior da trepadeira, para que a tempestade desabe e divida a trepadeira em dois, a parte de cima projetando-se para o céu, a parte de baixo ficando presa à terra. Assim como a parte superior voa, voará a droga para fora do homem que a comeu.

No caso de Kamanga, o pagamento das aulas não foi muito normal, pois eu mesmo presenteei seu professor com lanças, embora Kamanga tenha suplementado isso com bens de sua propriedade. O professor deve receber usualmente vinte *baso*. *Baso* é a palavra zande para lança, mas costuma ser usada, nesse contexto, para qualquer tipo de bem. Na prática, um aluno, geralmente um rapaz que tem pouca coisa de seu, paga a prestação no correr dos anos, enquanto ele e o professor vão registrando na memória o que já foi pago. Pode chegar a levantar uma ou duas lanças, mas a maioria de seus *baso* consiste em anéis, facas, piastras, potes de cerveja, cestos de comida, carne e outros objetos de pequeno valor. Algumas dessas coisas chegaram às suas mãos por troca ritual ou presente em ocasiões cerimoniais, outras foram pedidas aos parentes, outras, ainda, adquiridas ao trabalhar para o governo, em serviços como o de carregador. A maior parte desses bens é entregue ao professor quando da iniciação do noviço.

Se um noviço é hábil e sagaz, pode rapidamente começar a praticar por conta própria, mas espera-se que ele dê os primeiros pagamentos recebidos a seu professor, e deve continuar a dar-lhe presentes ocasionais.

Um homem não aprende de seu mestre sobre todas as drogas que é possível conhecer, pois ninguém conhece todas elas. Pessoas diferentes sabem de drogas diferentes, e quando um homem encontra alguém que conhece uma planta que ele ignorava, pode tentar comprar esse conhecimento. Se o conhecedor da planta for um amigo, e a planta não for muito importante, ele pode mostrá-la de graça, mas em outras circunstâncias espera um pequeno pagamento. À medida que os anos passam, e um adivinho vai ampliando seus contatos sociais com outros membros da profissão, vai aumentando seu estoque de drogas. Isso tudo permite-nos entender até que ponto os dois adivinhos rivais, Badobo e Bögwözu, estavam ansiosos para conhecer as drogas um do outro, e por que cada um pedia a Kamanga para mostrar as plantas que o outro lhe ensinara. As plantas mencionadas nas páginas que se seguem são as mais conhecidas, e a maioria delas é mostrada ao noviço pouco antes ou depois de sua iniciação.

Badobo e Kamanga costumavam mostrar-me as plantas usadas pelos adivinhos quando eu caçava com eles na floresta, mas não as coletei para identificação. Apenas uma vez estive com Badobo quando este mostrava a Kamanga algumas dessas plantas, e nessa ocasião ele deu, em poucas palavras, seus nomes e finalidades. Terei, portanto, que me basear quase inteiramente na descrição de Kamanga de uma expedição feita à nascente de um riacho para aprender sobre as drogas dos adivinhos.

5

O país zande é coberto por uma rede de cursos d'água que correm para ambos os lados do divisor Nilo-Congo. Essas águas nascem em fontes que abrem no solo grandes depressões escuras, sombreadas por altas árvores e cobertas por denso matagal. Algumas vezes a erosão cava pequenos túneis na terra que saem da caverna principal, de paredes escoradas por raízes gigantescas e teto coberto da folhagem de arbustos e trepadeiras. Os Azande temem essas cavernas, que abrigam serpentes e são a residência de espíritos e do Ser Supremo.

Antes de partir, Kamanga disse-me que iria com Badobo e Alenvo. Ele e Badobo iriam arrastar-se de quatro pelo chão, e os espíritos viriam mostrar-lhes as plantas que buscam. Disse que teriam que entrar em muitos daqueles túneis escuros para achá-las, mas que os espíritos os guiariam. Ambos deveriam então arrancar as plantas do solo e retirar-se andando de costas com elas. Badobo iria mostrá-las a Kamanga, para que este, por sua vez, pudesse um dia mostrá-las a seus próprios alunos. Alenvo ficaria do lado de fora da caverna, tocando suas sinetas para orientar os dois no escuro; sem o som desses sinos eles se perderiam.

Dou aqui a descrição de Kamanga sobre o que ocorreu:

> Andamos um bocado até a nascente de um regato, por um atalho estreito. Fomos até aquela árvore lá, então eles[2] pararam e disseram que iam entrar na terra comigo, no lugar onde vivem os espíritos das drogas e o Ser Supremo, e perguntaram que tal se eu desse a eles um presente. Eles não iam entrar lá comigo de mãos vazias. Parei e pensei um pouco, então dei-lhes uma piastra. Badobo então disse que eles iam continuar e me mostrar as drogas. Andamos mais um pouco, até chegar à boca de uma caverna, uma caverna enorme, e então eles disseram: "Vamos entrar."
>
> Badobo disse-me para montar em suas costas enquanto ele ia de quatro, então montei e agarrei-me nele com as mãos. Ele me disse que ia me levar e que eu não precisava ter medo. Entramos nessa caverna. Então ele pôs a cabeça no chão, apoiada nas mãos. Esse tempo todo eu estava nas suas costas. Fomos mais longe, e Badobo apoiou de novo sua cabeça nas mãos. Todo o chão da caverna vibrava: "*li, li, li, li, li*". Continuamos e chegamos a uma outra entrada da caverna, onde ele se agachou de novo. Então me disse: "Quando eu der um pulo de repente e pegar uma planta, faça o mesmo." Aquiesci.
>
> Ele se abaixou assim, de repente deu um salto, correu e agarrou uma planta no meio da caverna, e eu a agarrei também. Ele me disse: "Esta é a planta que eu ia lhe mostrar." Disse-me que se fosse para outra pessoa, ele certamente pediria um pagamento, ainda mais porque os espíritos não nos tinham feito mal algum no chão da caverna, e não ouvimos nenhum choro enquanto ele estava me mostrando a droga, e assim tudo indicava que minha iniciação ia ter sucesso; pois se

[2]Ou seja, seu professor Badobo e o outro adivinho, Alenvo.

ela não fosse dar certo, então os espíritos teriam ficado zangados, e eu os teria ouvido lamentar-se: "*Bazogare oooo*."[3] E sem dúvida eu também teria visto uma cobra na caverna. Mas como ele me tinha acompanhado, me tinha levado com ele ao lugar do Ser Supremo, eu não tinha ouvido nenhum lamento, não tinha ouvido a fala dos espíritos. Nenhuma grande cobra nos tinha atacado. Então ele me disse: "Esta planta que eu estou lhe mostrando é uma droga muito poderosa dos adivinhos." Ele então mandou-me curvar a cabeça e olhar para o chão, para um poço fundo que lá havia.

Perguntei a ele: "Qual o nome dessa droga que você arrancou?" Ele respondeu: "Ela se chama *bagu* porque não dorme quieta, suas folhas murmuram a noite inteira: '*guuuuuu*'." Disse-me que há outra droga poderosa chamada *nderoko* na beira dos regatos, que eu iria ver suas raízes tentaculares se espalhando na entrada da caverna, e ele pediu a Alenvo que cortasse uma dessas raízes com sua faca. Alenvo cortou e gritou: "Lanças, lanças, lanças!" Sempre que colhemos uma planta nesse regato eles diziam, enquanto a arrancavam: "Lanças, lanças, lanças!"[4] Desse jeito, eles falaram de todas as drogas dos adivinhos.

[Badobo mostra a Kamanga outras drogas.]

Então fomos e ficamos no meio do riacho, onde Badobo me disse: "Quero que você me mostre, enquanto estamos aqui juntos, quais as plantas, destas que estão aqui, que Bögwözu lhe ensinou, que os adivinhos baka usam." Eu contei a ele os nomes das plantas que Bögwözu me ensinou, e aí Badobo me disse: "Sim. Ele lhe ensinou muito. Todas as nossas drogas são as mesmas. Essas drogas que ele lhe ensinou também são minhas drogas, mas existem ainda três outras drogas de que ele não lhe falou." Badobo então começou a me ensinar mais drogas: a *ziga* dos adivinhos, que é a *zerengbondo*.[5] Ele me disse que estava me mostrando a *ziga* dos adivinhos para que, quando eu começasse a cozinhar drogas e me tornasse um adivinho importante, reconhecesse essa folha dentre as outras plantas. Disse-me para não raspar sua casca voltada para leste, só para oeste. Quando eu a cozinhasse, deveria dizer a seguinte encantação: "Que ninguém me mate por causa de minhas atividades profissionais. Que minhas mulheres não abandonem minha casa. Que minha mulher não morra por causa de meu ofício." Ele me disse que eu deveria rezar desse jeito, e que quando cozinhasse as

[3] Lamentação fúnebre das mulheres.

[4] Referência aos pagamentos feitos pelo aluno ao professor.

[5] Muitas drogas zande têm uma *ziga*, ou antídoto. Nesse caso, o antídoto é ingerido para evitar que algum infortúnio se abata sobre a família do noviço, pois, como já expliquei, acredita-se que a aquisição de uma magia poderosa possa causar a morte de um parente. Espera-se que o alvo do azar, se houver, seja um parente distante.

drogas eu deveria recolher o resíduo (a madeira que foi fervida para extrair o suco) e enterrá-lo na entrada de minha cabana e no lugar em que está meu fogo doméstico. Disse então que eu deveria comer a pasta medicinal e untar minhas mulheres e filhos com ela. Disse que, quando eu fosse dançar a dança da adivinhação, nenhum mal deveria ocorrer, a mim e à minha mulher, por causa de minha atividade profissional, é que é para isso que se cozinha a *ziga*, ou o azar das drogas se abate sobre a esposa do adivinho. Ele terminou sua aula sobre as drogas com o que disse sobre a *ziga*.

Não transcrevi os eventos da iniciação de Kamanga na ordem em que se deram, pois ele foi sepultado ritualmente antes de engolir o muco da bruxaria, e o engoliu antes de fazer sua visita às nascentes do regato; mas a ordem em que apresentei os fatos é mais adequada à textura de minha narrativa, e a cronologia exata não é importante. Cada rito é um processo autocontido de investimento de poderes mágicos, os quais compõem o equipamento completo de um adivinho.

6

A formação de Kamanga avançou gradualmente. Ele aprendia sobre uma droga hoje, sobre outra daqui a um mês ou dois; e como Badobo em geral conseguia extrair um pequeno pagamento a cada porção de saber transmitido, o ensino caminhava o mais lentamente possível. Podem se passar anos até que o professor tenha esgotado toda a sua informação sobre ervas e árvores, e parte dela só é transmitida muito depois da iniciação pública; no caso de Kamanga, porém, fiz pressão para que seu curso durasse apenas cerca de dois anos, caso contrário eu não poderia vê-lo terminar. Além de ensinar sobre as drogas, um adivinho deve dar a seu aluno algumas peles e chocalhos para começar seu equipamento profissional.

Acredito que os ensinamentos de Badobo e Bögwözu sobre drogas eram perfeitamente genuínos, e em geral me foi possível conferir junto a outras fontes a informação dada a Kamanga. Ademais, o próprio Kamanga estava ansioso para verificar as informações com outros adivinhos, pois suspeitava que seus professores lhe estavam sonegando ensinamentos. Ele teve oportunidade de trocar impressões com outros profissionais independentes, que passou a conhecer após ter começado a participar das refeições e sessões mágicas.

Nossa pesquisa, contudo, deteve-se num ponto. Nem Badobo nem Bögwözu estavam dispostos a lhe ensinar como remover objetos de bruxaria do corpo dos pacientes. Falavam-lhe das drogas que permitiriam realizar tais operações, dando a impressão de que a ingestão dessas drogas capacitava o aluno a fazer uma incisão no corpo do paciente, colocar um cataplasma sobre ela e massageá-la — e então o objeto da bruxaria apareceria.

Está fora de dúvida que os adivinhos iriam completar o treinamento de Kamanga depois que eu deixasse o país, pois é óbvio que, se algo não fosse feito, ele iria sofrer uma série de fracassos retumbantes ao tentar retirar objetos dos corpos de seus pacientes. Mas eu já estava cansado das chicanices de Badobo e dos blefes de Bögwözu. Já tinha parado de dar presentes ao primeiro, mas tinha uma dívida à parte com Bögwözu, a quem prometera o principesco dom de dez lanças se ele treinasse Kamanga integralmente. Bögwözu queria voltar para sua casa, a um dia e meio de viagem, e cobrou seu presente. Quando argumentei que Kamanga não estava adequadamente treinado, informou-me que seu aluno sabia tudo que havia para saber.

Como um menino de minha casa estivesse um pouco adoentado naquele momento, sugeri que Kamanga o operasse, dizendo a Bögwözu que, se seu aluno fosse capaz de realizar com sucesso a operação, eu de bom grado lhe daria as dez lanças e deixaria que voltasse para casa na manhã seguinte. Bögwözu preparou um cataplasma com a casca de *kpoyo*, e, enquanto Kamanga fazia uma incisão no abdômen do menino, inseriu no cataplasma um pedacinho de carvão. Eu estava sentado entre Kamanga e Bögwözu. Quando o professor passou o cataplasma para seu aluno, peguei-o para passá-lo a Kamanga, e ao fazê-lo procurei o objeto que continha e o removi, fingindo examinar o tipo de material de que era feito o cataplasma. Não tenho certeza se Bögwözu viu o que eu tinha feito, mas acho que suspeitou de minhas intenções ao pegar o cataplasma, pois ele certamente pareceu desconfiado. Kamanga teve uma desagradável surpresa quando, depois de massagear o abdômen de seu paciente por cima do cataplasma, do modo usual, não encontrou ali nenhum objeto de bruxaria. Enquanto Kamanga procurava identificar qualquer pedacinho de matéria vegetal no cataplasma como um objeto de bruxaria, vi com o canto do olho Bögwözu movendo a palma da mão no solo, procurando outro pedaço de carvão para sanar a deficiência. Achei que era chegado o momento de parar com a operação, e pedi a Kamanga e a seu professor que viessem à minha cabana, onde lhes disse que tinha removido o carvão do cataplasma e pedi a Bögwözu que explicasse como ele tinha ido parar ali. Por alguns instantes fingiu incredulidade e pediu para ver o objeto, dizendo que tal coisa era impossível; mas era esperto demais para continuar fingindo e, como estivéssemos a sós, acabou admitindo sua impostura. Recebeu duas lanças pelo seu trabalho, voltando para casa no dia seguinte sem as outras oito, que perdeu por não ter cumprido sua parte no contrato.

O efeito dessas revelações sobre Kamanga foi devastador. Quando voltou a si do espanto, passou a duvidar seriamente da conveniência de continuar sua iniciação. No começo não podia acreditar no que vira e ouvira, mas num dia ou dois recobrou sua serenidade e desenvolveu uma autoconfiança que, salvo engano, não mostrava antes do incidente. No futuro, ele, como seus colegas, desculparia sua prestidigitação dizendo que o que curava seus pacientes não era a fingida extração de ossos, pedaços de carvão, aranhas, besouros e outros objetos de bruxaria, mas sim a droga *mbiro* que era administrada por via interna e externa. Se sua cirurgia é falsa, sua clínica é honesta.

7

Depois desse episódio Bögwözu nos deixou e voltamos a recorrer a Badobo. Como não fosse mais necessário esconder seus truques, acedeu facilmente em ensiná-los a Kamanga. Transcrevo seus ensinamentos nas palavras deste último:

> Badobo disse-me que, antes de começar a tratar de um paciente, devo cortar um pedaço de *togoro ranga* e entalhá-lo com a faca até que pareça um objeto de bruxaria. Devo escondê-lo entre os dedos ou debaixo da unha. Ele disse que devo ficar sentado quieto e não fazer nada, deixando que um leigo prepare o cataplasma. Quando ele passá-lo para mim, devo pegá-lo rapidamente e espremê-lo entre os dedos para enfiar nele o pequeno objeto que tenho debaixo da unha. Devo cuidar para que esteja bem enfiado no cataplasma, e então aplico este na parte afetada do paciente.
>
> Primeiro devo esfregar um pouco de *mbiro* na boca do paciente, depois encho a boca com água, gargarejo e cuspo. Devo então massagear o paciente, remover o cataplasma e, segurando-o na mão, inspecioná-lo até descobrir o objeto de bruxaria. Quando achar um objeto, devo mostrá-lo aos assistentes, para que vejam e digam: "Oh! Quem diria! Então é disso que ele estava morrendo!"
>
> Deve-se utilizar o mesmo objeto para cada três operações. Quando ele for removido do cataplasma, deve ser levado ao oco de uma árvore próxima, e avisa-se a todos que não o toquem, porque está ligado à bruxaria. Então devo usá-lo de novo, escondendo-o mais uma vez na unha, realizando uma segunda operação cirúrgica com ele. Uma pessoa que é boa no truque pode usar o mesmo objeto até três vezes.
>
> Então eles me disseram: "Os adivinhos tratam de um doente e o enganam, dizendo que tiraram um objeto de bruxaria de seu corpo, quando não fizeram nada disso; mas, por outro lado, aplicaram remédio na boca do doente, cortaram sua pele onde lhe dói e esfregaram remédio no corte." Quando o homem

> fica bom, as pessoas dizem que os adivinhos são hábeis curadores, mas na verdade é a droga que realmente cura, e é por causa dela que as pessoas tratadas pelos adivinhos ficam boas. As pessoas pensam que a cura se faz pela extração de objetos, e só os adivinhos sabem que é a droga que cura as pessoas. Elas não sabem da verdade porque apenas os adivinhos a detêm, e guardam segredo. Não ficam espalhando seu conhecimento, mas contam-no apenas para aqueles que antes comeram das drogas, porque seu tratamento é fingido.

Senti um pouco de pena de Kamanga nessa ocasião. Ele sempre mostrara uma fé sublime nos adivinhos; não havia argumentos que o impressionassem, pois sempre retorquia que a sugestão de fraude era velha e cobria apenas uma parte dos fenômenos. Além disso, ele nunca se convenceu de que os adivinhos trapaceassem, até que se tornou ele mesmo um adivinho. Então soube que todos aqueles que conhecia enganavam os pacientes, mas ainda assim pensava existirem adivinhos que possuíam uma mágica suficientemente forte para descobrir e extrair objetos de bruxaria.

Deve-se considerar, porém, que há grandes diferenças de mentalidade entre diversos leigos; e na verdade diferenças de atitude da mesma pessoa em diversas situações. Como ilustração, cito a fala de outro informante, Kisanga:

> Quando um homem fica doente, busca-se um adivinho. Antes de ver o doente, o adivinho raspa e martela um osso de animal até ficar pequeno, e então o mistura às drogas de seu chifre. Depois chega na casa do doente, toma um bocado d'água, lava sua boca e a escancara para que todos vejam que não há nada nela. Abre as mãos também para que todos vejam, e fala: "Olhem bem para mim, não sou um trapaceiro, porque não quero tirar nada de ninguém por meio de fraude."
>
> Ele se levanta e pega suas drogas no chifre, colocando-o a seu lado; enfia nele um graveto, lambe e põe o ossinho na boca. Coloca a boca na parte afetada do doente, suga por um bom tempo e então cospe o ossinho na palma da mão e mostra isso para todos, dizendo: "É isto que está causando a doença nele." Vai fazendo assim até que acabem todos os ossinhos que pôs na boca.
>
> Mas aqueles adivinhos que também são bruxos sabem quem está fazendo mal ao doente. Antes de ir ver o doente, o adivinho vai até o bruxo e conversa com ele, dizendo: "Faça-me o favor de deixar este homem em paz, para que ele fique bom da doença e para que todo mundo fale bem de mim e diga que sou realmente um verdadeiro adivinho."
>
> O bruxo fala para ele: "Está bem, serei generoso. Se fosse qualquer outro adivinho, eu recusaria o pedido. Mas quando você voltar de sua visita ao doente, lembre-se de trazer todos os presentes para que possamos dividi-los." O adivi-

nho replica: "Trarei todos os presentes para você, e vamos dividi-los. Só quero aumentar minha reputação entre o povo, e é por isso que vim até aqui pedir que você me faça este favor, e que depois que eu tratar do doente ele fique completamente curado."

O bruxo concorda com a proposta do adivinho, e este vai então com seus objetos falsos até o doente, engana-o e volta para casa. O doente fica bom imediatamente porque o bruxo o largou. O adivinho ouve dizer que o doente recuperou-se e manda um mensageiro receber os presentes devidos. Os parentes do enfermo não vão se recusar a dar-lhe um presente, porque pensam que foi ele quem salvou seu parente. Dão o que ele quiser, até mesmo duas lanças. Os adivinhos sempre se mancomunam com os bruxos para ganhar presentes do povo. Mas um adivinho que não é ele mesmo um bruxo não sabe de nada, e as pessoas sempre o chamarão de trapaceiro.

Esta explicação foi-me dada por um homem de inteligência incomum, mas representa a opinião popular. Dois pontos ficam claros. O primeiro é que as pessoas não apenas sabem que os adivinhos podem extrair fraudulentamente objetos do corpo de seus pacientes, mas estão cientes do tipo do truque empregado. O segundo ponto é que esse conhecimento não entra em contradição com uma grande fé nos adivinhos, porque se acredita que um grande número deles realiza curas notáveis por meio de um entendimento com os bruxos. A habilidade de um adivinho depende da qualidade das drogas que comeu e de sua posse de *mangu*. Se ele não é ele próprio um "bruxo", nem ingeriu drogas eficientemente poderosas, é adivinho apenas da boca para fora. Portanto, se você criticar os adivinhos, os Azande concordarão inteiramente.

É importante notar que o ceticismo quanto aos adivinhos não é socialmente reprimido. A ausência de doutrinas formais e coercitivas permite que os Azande afirmem que muitos, talvez a maioria, dos adivinhos são trapaceiros. Como não há oposição a tais afirmativas, a crença básica nos poderes terapêuticos e proféticos dos adivinhos permanece incólume. Na verdade, o ceticismo é parte componente do sistema da crença em adivinhos. Tanto a fé quanto o ceticismo são tradicionais. O ceticismo explica os fracassos dos adivinhos e, dirigido contra alguns deles individualmente, reforça a fé em outros.

Os Azande têm de exprimir suas dúvidas sobre os poderes místicos dos adivinhos em termos místicos. Um adivinho é um trapaceiro porque suas drogas são fracas. É um mentiroso porque não possui "bruxaria" alguma. Este idioma é a tal ponto de ordem mística que a crítica de uma crença só pode ser realizada em termos de outra crença, que carece igualmente de uma fundamentação factual. Assim, Kisanga explica no texto acima como os adivinhos trapaceiam; não só explica precisamente como trapaceiam, mas chega até a explicar como os doentes são levados a crer terem sido curados por um charlatão. Mas ele esteve doente, foi tratado e está bem; e acredita que o tratamento o curou. Foi curado, não pela terapêutica do adivinho, mas por uma barganha entre este e o bruxo.

8

Vimos que os Azande têm consciência dos truques praticados por seus adivinhos na função de curadores e de sua ineficiência na função de adivinhos. Como em muitos outros de seus costumes, encontramos aqui uma mescla de senso comum e pensamento místico. Podemos então perguntar por que o senso comum não vence a superstição.

Uma explicação parcial, sem dúvida, deve ser buscada no treinamento descrito por Kamanga. Esse treinamento é essencial por dois motivos. O primeiro é que o zande mostra uma ampla dose de ceticismo em sua atitude para com os curadores; estes, portanto, devem ser cuidadosos em suas prestidigitações. Em segundo lugar, para o tratamento ser eficaz é preciso que seja realizado à maneira tradicional, que se acredita eliminar qualquer possibilidade de charlatanice, crença que estimula a fé do paciente no médico. Vimos que o zande não acredita no poder terapêutico dos adivinhos simplesmente porque teria uma propensão especial a crer em coisas sobrenaturais; pelo contrário, ele sempre remete qualquer ceticismo ao teste da experiência. Se o tratamento é realizado de uma certa maneira — por exemplo, quando o capim *bingba* é usado como cataplasma —, ele ficará francamente desconfiado. Mas se o adivinho senta-se num banco e requisita uma outra pessoa para cortar casca de *kpoyo* e fazer um cataplasma, se enxágua a boca com água e espalma as mãos para inspeção, todas as suspeitas serão afastadas. O zande replica os juízos céticos de uma forma experimental e racional, fornecendo uma lista de casos que conhece em que as curas tiveram sucesso.

Se alguém acompanhar um adivinho numa de suas visitas, ficará convencido, se não da validade de suas curas, ao menos de sua habilidade. Tanto quanto se pode observar, tudo o que ele faz parece ser às claras, e nada se nota que possa permitir a descoberta de fraude. Depois que alguém viveu algum tempo no país zande, terá acumulado provas do valor terapêutico do tratamento empregado pelos adivinhos. Cada nativo é capaz de extrair de sua própria experiência vários relatos convincentes de como ele ou seus parentes e amigos foram curados pela extração de osso e minhocas do corpo. Se um adivinho não consegue curar um zande, este busca outro, exatamente como fazemos quando não estamos satisfeitos com o tratamento do primeiro médico procurado. Do mesmo modo, os Azande de quem tratei de um sem-número de doenças freqüentemente abandonavam meu tratamento e visitavam seus próprios profissionais, em cujas drogas depositavam mais fé. Em várias ocasiões tratei de pacientes com dor de estômago, sem conseguir diminuir seu desconforto; vi-os em seguida visitarem seus próprios curadores e voltarem grandemente aliviados, se não curados. Portanto, devemos ter em mente que, a despeito da charlatanice dos adivinhos, seus métodos têm um sucesso relativo.

Mas essa fé é sustentada também de outras maneiras. O ritmo, as formas de enunciação, o conteúdo das profecias, tudo isso ajuda a criar a fé nos adivinhos; mas não explica inteiramente a crença. Apenas o peso da tradição pode fazê-lo. Os adivinhos sempre fizeram parte da cultura zande. Eles figuram nas mais antigas tradições nacionais. As sessões que promovem são um dos poucos tipos de reunião social mais ampla que a vida em família, e desde pequenas as crianças tomam parte nelas, como espectadoras, coro, tamborileiras. Os Azande não concebem seu mundo sem os adivinhos, assim como nós não conseguimos conceber o nosso sem médicos. Já que existe bruxaria, naturalmente existem adivinhos. Não se incentiva o agnosticismo; todas as crenças se reforçam mutuamente, e se um zande tivesse que desacreditar dos adivinhos, teria igualmente que abandonar sua fé na bruxaria e nos oráculos. Uma sessão de adivinhação é uma afirmação pública da existência da bruxaria; é uma das formas pelas quais se inculca e exprime a crença na bruxaria. Igualmente os adivinhos são parte do sistema oracular. Junto com o oráculo de atrito, eles fornecem questões para o oráculo de veneno, que corrobora suas revelações. Nessa teia de crenças, cada fio depende dos outros, e o zande não pode sair do emaranhado porque esse é o único mundo que conhece. A teia não é uma estrutura externa em que ele esteja encerrado; é a textura mesma de seu pensamento — e ele não pode pensar que seu pensamento está errado. Contudo, suas crenças não estão dadas absolutamente, mas são variáveis e flutuam para ajustar-se a diferentes situações, permitindo a observação empírica e até mesmo a dúvida.

9

A última parte da iniciação de um adivinho que devo descrever é seu enterramento ritual. Testemunhei essa cerimônia em duas ocasiões, a segunda das quais quando Kamanga foi iniciado.

Da primeira vez que vi uma iniciação, os adivinhos, após dançarem por horas, cavaram uma cova no centro da residência em que se realizava a cerimônia. O dono do sítio aproximou-se do buraco com suas esposas e com o pai do iniciado. Ali cada um tomou um gole de cerveja e a soprou no chão para abençoar a carreira profissional do noviço. Os adivinhos então dançaram. Mais tarde verteram drogas de um pequeno filtro de folhas por sobre os dedos dos pés e das mãos do noviço. Espremeram um pouco desse líquido nas narinas do noviço, que se curvou para a frente para que escorresse. Por fim pingaram a droga em seus olhos. Ele deitou-se então de barriga para baixo, com a parte superior do corpo para dentro do buraco, coberta com uma esteira sobre a qual se amontoara um bocado de terra; a parte inferior do corpo sobressaía acima do buraco. Permaneceu nessa posição por meia hora, enquanto os adivinhos dançavam e saltavam sobre seu corpo. Um ou outro enfiava a cabeça debaixo da esteira para falar ao noviço enterrado. Por fim ele foi erguido, exausto, e levado a um assento de folhas próximo ao terreiro de dança. A iniciação de Kamanga foi conduzida de forma semelhante.

Essa cerimônia traz a marca típica das cerimônias de iniciação. O neófito fica em estado de interdição por dois ou três dias antes da realização do rito; usa uma corda feita da entrecasca da árvore *dakpa* presa à cintura; abstém-se de intercurso sexual e de vários alimentos. Passa então por uma encenação ritual da morte, enterro e ressurreição (embora um zande não descrevesse a cerimônia desta forma).

Depois de iniciado, o adivinho toma um nome que só usa profissionalmente, quando está adivinhando ou curando. Assim, Badobo, como seu rival, era chamado de Bögwözu; Kamanga, como o chefe de nosso aldeamento, tomou o nome de Böwe; Ngbaranda, outro de nossos adivinhos da vizinhança, passou a chamar-se Semene; e assim por diante.

CAPÍTULO VII

O lugar dos adivinhos na sociedade zande

I

Um adivinho arguto é uma pessoa importante na sociedade zande. Ele pode localizar e combater a bruxaria, que para o zande é uma ameaça onipresente. Pode curar os enfermos e alertar aqueles sobre quem pairam perigos iminentes. É um dos meios pelos quais a lavoura e a caça respondem com seus frutos ao trabalho humano, pois graças à sua magia elas são protegidas da bruxaria que destrói qualquer empresa. A magia dá-lhe o poder de enxergar dentro do coração dos homens e de revelar suas intenções malignas. É verdade que um adivinho pode ser igualmente um bruxo. Nesse caso, possui *mangu* e *ngua*, bruxaria e magia; pode ferir ou proteger, matar ou curar. É portanto alguém que requer respeito; e já vimos como esse respeito é exigido durante as sessões, quando o bruxo obriga as pessoas a lhe dar atenção, adquirindo status de autoridade naquele momento. Creio que nenhum zande pode estar absolutamente certo de não ser um bruxo, e assim ninguém pode estar certo de que não terá o nome revelado durante a sessão. Esta é uma condição que indubitavelmente aumenta o prestígio dos adivinhos. Depois de ter observado muitas vezes o comportamento das pessoas nas sessões, estou certo de que elas ficam até certo ponto amedrontadas e excitadas com a encenação. A bruxaria está pairando por ali mesmo, pois é vista pelos adivinhos que a atacam com suas drogas; a magia está agindo, dardos mágicos cruzam o ar; os dançarinos estão num estado de exaltação frenética, o que produz uma reação semelhante na audiência; uma batalha entre dois poderes espirituais — magia e bruxaria — desenrola-se diante dos olhos de todos. Nessa situação, o adivinho está exercendo sua maior influência. Pois, quando não está desempenhando tal função de mágico, sua posição social não é superior à de qualquer outro cidadão comum. Seu prestígio depende menos da prática do ofício em si que de sua reputação pessoal ao desempenhá-lo. Hoje há muitos profissionais, mas poucos chegam a uma situação de proeminência. Além disso, a fama não se baseia apenas no conhecimento restrito da arte da adivinhação e do curandeirismo, mas também no fato de um adivinho famoso ser também um mágico famoso sob outros aspectos. Muitos dos que funcionam como adivinhos também possuem outros tipos de magia poderosa, como a *bagbuduma* — a magia de vingança — e o *iwa* — o oráculo de atrito. É possível possuir todos os tipos de magia sem ser adivinho, mas o adivinho é essencialmente o mágico da sociedade zande, o repositório de todos os tipos de drogas.

2

Muita gente diz que, em sua grande maioria, os adivinhos não passam de mentirosos cujo objetivo é ficarem ricos. Descobri que é normal os Azande acreditarem que muitos dos profissionais são charlatães, fornecendo as informações que julgam agradar aos clientes e cuja única inspiração é o amor do ganho. Talvez seja possível que a fé zande nos adivinhos tenha declinado desde a conquista européia, graças ao grande aumento do número de membros da corporação. Nos velhos tempos, apenas dois ou três homens de uma província costumavam funcionar como adivinhos. Notei repetidas vezes que em outros departamentos da magia zande a fé declina proporcionalmente à democratização da propriedade. Atualmente um adivinho não hesita em ensinar quantos alunos puder, exigindo-lhes taxas ridiculamente pequenas em comparação com o padrão antigo. Além de tudo, a profissão não mais envolve o mesmo risco de outrora, quando um erro de julgamento podia acarretar sérias conseqüências. Dentro do desequilíbrio cultural generalizado que se seguiu à conquista e à colonização, a crença na magia e na bruxaria deixou de funcionar adequadamente, e a profissão de adivinho tende a ser cada vez mais um passatempo. No entanto, há muitos indícios de que o ceticismo não é decididamente um fenômeno novo.

Não quero dar a impressão de que haja alguém que desacredite da divinação. A maioria de meus conhecidos acreditava que ainda existissem alguns profissionais dignos de confiança, embora a maior parte não passasse de trapaceiros. Assim, diante de um adivinho em particular, eles nunca tinham certeza sobre se podiam confiar em suas revelações ou não. Sabem que alguns adivinhos mentem e que outros falam a verdade, mas não são capazes de descobrir pela simples observação em que categoria está um adivinho em particular. Adiam o julgamento e temperam a fé com ceticismo.

É sempre possível checar as afirmações de um adivinho por meio do oráculo de veneno, o qual, estando fora do controle humano, pode contradizê-las, de modo que não é surpreendente que os Azande tenham dúvidas. Cheguei mesmo a ouvir alguns adivinhos admitirem que nem todos os membros de sua corporação são honestos — só o seriam aqueles que receberem as drogas adequadas de pessoas capacitadas para iniciá-los.

A doutrina zande sustenta que um bruxo pode ver outro bruxo, observando o que este faz no mundo da bruxaria, enquanto os leigos só têm notícias dessas atividades pelos oráculos. Assim, pode-se confiar num adivinho que também é bruxo, pois dará informações corretas sobre seus companheiros. Decerto — dizem os Azande — eles devem saber o que fazem seus próprios irmãos. Naturalmente os adivinhos não admitem essa interpretação de seus poderes, que atribuem exclusivamente à magia. Concordam que alguns membros da corporação possuem *mangu* na barriga, mas trata-se de um *mangu* produzido pela magia, muito diferente do *mangu* dos bruxos, que é herdado biologicamente. O leigo nunca fica inteiramente convencido por essa distinção sutil, preferindo afirmar que é o *mangu* comum que eles têm na barriga que capacita os profissionais bem-sucedidos a ver o *mangu* na barriga dos outros.

Disseram-me muitas vezes, abertamente, que os adivinhos bem-sucedidos são bruxos. Embora uma pessoa não vá ofender deliberadamente um profissional jogando-lhe à cara sua opinião, ouvi vários azande, especialmente príncipes, brincando com adivinhos a respeito de sua bruxaria. Esta é uma das idéias tradicionais associadas à corporação, e todos sabem disso.

Outra forma pela qual se pode avaliar a crença popular nos adivinhos é colocando-os ao lado de outras agências oraculares. Ninguém iria sugerir que as revelações dos adivinhos são tão dignas de confiança quanto as do oráculo de veneno. O maior elogio que se pode fazer a um adivinho é dizer que ele está profetizando "igual ao *benge*", isto é, com completa exatidão. Tampouco se pode colocar os adivinhos no mesmo nível que o oráculo das térmitas. Os Azande preferem compará-los ao oráculo de atrito, que é manipulado pelo homem e comete muitos erros. Assim, o ceticismo sobre os adivinhos se exprime também na gradação dos oráculos; o zande demonstra sua desconfiança do elemento humano nos oráculos depositando maior confiança no oráculo de veneno e no das térmitas, que operam por meio de agências naturais, do que no oráculo de atrito e nos adivinhos — um manipulado pelo homem, o outro, uma agência humana.

Deve-se lembrar que a rivalidade entre adivinhos também desempenha seu papel; assim o ciúme profissional entre Badobo e o intruso Bögwözu perpassa toda a narrativa do treinamento e iniciação de Kamanga. Nesses treinamentos, um bom número das drogas ensinadas ao noviço é parte de um equipamento defensivo e ofensivo contra profissionais rivais. Há pouco ciúme entre adivinhos jovens; mas quando um homem adquiriu reputação profissional, é certo que vai contrariar os interesses de práticos já estabelecidos no distrito. Estes tentam garantir uma clientela entre os leigos, e como dela derivam seu ganha-pão e reputação, temem a invasão de novatos. A inveja entre adivinhos é de fato proverbial entre os Azande. Um adivinho procura derrotar seus rivais não somente pela aquisição de drogas especiais e pelo arremesso mágico de pequenos objetos contra seus colegas, mas também por calúnia e difamação. Por isso essas ciumeiras terminam por diminuir o prestígio da profissão entre os leigos.

3

De qualquer forma, a reputação dos adivinhos — bem como a de quaisquer outros mágicos azande — é completamente suplantada pelo poder político da casa real Vongara, e os nobres abstêm-se da atividade de adivinho, assunto de interesse essencialmente plebeu. Os adivinhos não têm poder político, e plebeus com poder ou ambições políticas não se tornam adivinhos. Assim, compreende-se facilmente por que a posição social de adivinho não é muito exaltada.

Mas, ao mesmo tempo, os príncipes respeitam os adivinhos e lhes dão patrocínio e proteção. Os príncipes, como todo mundo, precisam proteger seus interesses da bruxaria; e possuem na verdade um espectro bem mais amplo de interesses, uma vez que as pretensões políticas superpõem-se às de chefe de grupo doméstico, de marido e produtor. Um dos cuidados especiais de um adivinho chamado à corte é informar o senhor de qualquer problema em seu reino ou principado. Um príncipe, pelo seu grande harém, também está mais exposto que um plebeu ao ataque de bruxas, pois tem maiores contatos com mulheres e, conseqüentemente, mais oportunidade de despertar a ira feminina.

Os nobres patrocinam os adivinhos porque a magia destes é boa; não faz mal a ninguém e protege a muitos. Não é uma aliada da inveja e do despeito, mas sua inimiga. Todos os Azande concordam que o adivinho é inofensivo, e todos elogiam suas drogas. Os adivinhos podem de fato lutar entre si, mas isso é assunto deles; não prejudicam os outros, e portanto o povo não os hostiliza. Suas querelas e combates mágicos são uma fonte de grande divertimento para os Azande.

Embora o conhecimento das drogas não dê poder político nem grande influência social aos adivinhos azande, a profissão demonstra um certo grau de especialização social. Isso tem seu lado econômico, pois um adivinho de primeira categoria é constantemente solicitado a visitar a corte ou a casa de plebeus influentes, bem como a de amigos e parentes; por conseguinte, não pode dar a mesma atenção às tarefas econômicas que os leigos. Ele compensa tal perda com seus ganhos como adivinho e curador, pagos na forma de alimentos e ferramentas, ou em metal, que pode ser trocado por alimentos ou transformado em ferramentas.

Essa diferenciação social também tem seu lado ritual, pois o adivinho trabalha para um grande número de pessoas que, de outra forma, teriam de se arranjar sozinhas, por intermediação dos oráculos ou de magia protetora. Assim, nas sessões, a comunidade entrega ao adivinho a tarefa de olhar por seus interesses, vigiar os bruxos, acusá-los e atacá-los.

A divisão do trabalho social também tem seu lado psicológico, pois é evidente que a mentalidade de um adivinho difere em alguns aspectos da de um leigo. Em primeiro lugar, ele tem um interesse mais amplo em conhecimentos gerais; sua profissão o familiariza com um número maior de plantas e árvores, cujo uso integral é desconhecido pelo leigo. Possui além disso um maior espectro de formas comportamentais; como deve ter ficado claro a partir de minha descrição de uma sessão; ele age e sente de um modo que os leigos jamais experimentam. Às formas de comportamento impostas igualmente a todos os membros da sociedade zande são acrescentadas algumas novas, tanto em seu conteúdo quanto em seu modo de aquisição. Seus contatos sociais também são mais variados; ele viaja mais e vai mais longe que a maioria dos membros de sua localidade, sendo admitido no comércio de estranhos não como um visitante comum, mas como curador ou adivinho. Quando vai dançar na corte de um príncipe ou na casa de um plebeu rico, sua posição profissional concede-lhe um privilégio, tornando suas relações com os patrões menos ríspidas que as existentes entre estes e os plebeus de baixa posição social. Suas relações sociais são mais variadas, mais complicadas e delicadas. Por fim, o adivinho vê-se apartado do resto da comunidade por seu conhecimento secreto do modo de extração de objetos do corpo dos doentes, e é bem possível que o ceticismo que descrevi se deva a uma espécie de filtragem da descrença, desde os profissionais até os leigos; pois, por melhor que os adivinhos guardem seus segredos, têm de viver em contato íntimo e diário com seus companheiros não-iniciados, que não podem deixar de ser influenciados por esse contato.

Como sabemos que os adivinhos têm consciência de uma parte da realidade inacessível ao resto da sociedade, poderíamos nos perguntar se eles não possuem igualmente uma apreciação mais ampla da natureza de outras coisas no mundo que os cerca. Não cheguei a tal conclusão. Mas nunca deixei de ficar impressionado com a habilidade deles, e penso que, quando se conhece bem os Azande, é possível detectar o mágico esperto, especialmente o adivinho bem-sucedido. Não tenho provas suficientes para demonstrá-lo, mas considero provável que os homens que desejam tornar-se adivinhos possuem, em geral, um grau mais elevado de curiosidade intelectual e de ambição social que o zande comum. Sua personalidade é certamente desenvolvida pelos novos modos de comportamento social próprios da profissão, que exigem tato, coragem, clarividência, conhecimento das emoções humanas e uma agilidade mental consideráveis, requisitos fundamentais para o sucesso de sua atividade. Não tenho dúvidas, a julgar pelos adivinhos que conheci pessoalmente, que eles demonstram maior habilidade que a maioria dos leigos; isso pode ser visto não somente em seu comportamento ritual, mas também na competência genérica no relacionamento social, na compreensão rápida de situações novas, no conhecimento da tradição, no saber econômico e no poder de impressionar e dirigir os homens.

Mas o adivinho zande, apesar de seu conhecimento adicional, crê tão firmemente na magia quanto seus companheiros menos informados. Ele sabe que engana os leigos, mas não sabe o quanto é enganado pela própria ignorância. Assim como os leigos exprimem seu ceticismo num idioma místico, os adivinhos também exprimem seu conhecimento em termos místicos. Sabem que a extração de objetos do corpo dos pacientes é uma trapaça, mas acreditam que os curam pelas drogas que administram; sabem que os objetos que supostamente arremessam nas pessoas estão ocultos em suas mãos, contudo pensam que de alguma forma ferem os rivais com essa munição psíquica. Aqui, como por toda parte, estamos diante da mesma mistura de conhecimento e erro. Isso fica especialmente evidente na forma de divinação empregada por eles: parecem raciocinar com argúcia, avaliar as probabilidades de inimizade de forma sensata, mas crêem na bruxaria tão firmemente quanto seus clientes; e têm a mesma certeza de que as drogas ingeridas capacitam-nos a identificar os bruxos. Demonstram uma acuidade intelectual que poderia ser exprimida em ceticismo e desilusão, não estivessem eles encerrados na mesma teia de pensamento, a mesma trama de bruxaria, oráculo e magia que os leigos. Dentro das situações específicas de sua profissão, são capazes de pensar de modo diferente dos leigos, mas seu pensamento é limitado pelas mesmas condições culturais que vigoram fora daquelas situações especiais.

É difícil saber o que faz um rapaz escolher a profissão de adivinho. Os Azande mais cínicos declaram que é o amor ao lucro, mas é difícil levar tal opinião a sério, porque mesmo os adivinhos mais conceituados, afora a venda de seu conhecimento aos noviços, ganham muito pouco com a adivinhação e o curandeirismo, e passam-se muitos anos até que um homem recupere as despesas de sua formação. Minha impressão é que o incentivo mais importante é o desejo de obter drogas e de se exibir.

Muitos Azande demonstram um grande desejo de obter drogas e aproveitam todas as oportunidades para adquirir novas qualidades, porque elas dão segurança contra bruxos e feiticeiros, além de conferirem uma sensação de poder e prosperidade. Os adivinhos gostam de saber que possuem remédios desconhecidos do resto da comunidade.

Aqueles que não são atraídos pela vida política ou cortesã têm pouca possibilidade de se exibir em público diante de uma audiência atenta, a não ser por intermédio da profissão de adivinho. Uma sessão dá ao adivinho a oportunidade de chamar a atenção sobre si mesmo, num papel que lhe permite afirmar sua superioridade e dramatizar seu comportamento. A maioria dos Azande é tímida demais para dançar e cantar como fazem os adivinhos em uma sessão, e alguns adivinhos são calmos e tímidos nas demais ocasiões em que as pessoas dançam e cantam. A oportunidade de se exibir numa situação em que a exibição é socialmente aplaudida torna-se um forte incentivo à escolha da carreira por alguns jovens.

Muitos homens simplesmente herdaram a profissão de seus pais, às vezes de seus tios maternos. Mas um pai só ensina sobre as drogas a um de seus filhos, e notei que ele escolhe o filho que, em sua opinião, é o que demonstra maior vocação e desejo de se tornar um adivinho.

Nunca soube de um jovem que tenha fracassado na sua formação por ser muito estúpido para aprender e praticar o ofício. Talvez seja significativo observar que um adivinho não aceita sem mais nem menos um jovem como aluno, procurando antes saber se ele está seguro de que deseja aprender a arte. Assim, somente aqueles que são sagazes e persistentes chegam a ser iniciados.

CAPÍTULO VIII

O oráculo de veneno na vida diária

I

Os oráculos são meios mais satisfatórios que os adivinhos na verificação do futuro e das coisas ocultas. Os adivinhos são úteis como detetives, para desvendar os inúmeros casos e problemas que afligem uma aldeia, e seu maior valor reside em limparem de bruxaria a atmosfera. Para isso, são freqüentemente solicitados a dançar antes de uma grande caçada — por se tratar de um empreendimento coletivo, porque muitas pessoas estão envolvidas e por estarem em jogo os interesses de um distrito. Assim, torna-se conveniente um ataque público executado pelos adivinhos, que agem como batedores rituais, trazendo informações sobre as forças místicas inimigas, além de combatê-las. Quando termina a sessão, todos sentem que os bruxos foram afugentados para longe da empresa coletiva.

Mas os adivinhos são vistos apenas como fornecedores de provas preliminares; em todas as questões importantes, um indivíduo coloca a afirmação de um adivinho diante de um dos oráculos maiores, em busca de confirmação. Isso além do mais é necessário quando se deseja empreender uma ação pública. Não se pode tentar executar vingança por homicídio apenas com base em declarações de adivinhos, que jamais seriam consultados, aliás, num assunto desse calibre. Seria uma grande imprudência apresentar uma asa de galinha a um bruxo indicado apenas pelos adivinhos. O acusado poderia escarnecer do portador da asa, e teria o direito de fazê-lo. Por isso os Azande dizem que os adivinhos, como o oráculo de atrito, são úteis porque respondem rapidamente a muitas questões e detectam suspeitos preliminares antes que se aborde o oráculo de veneno, mas eles não são seguros.

2

O método de revelar o que está oculto pela administração de veneno a aves é amplamente difundido na África; mas, assim como os Azande são o povo mais a nordeste a conceber a bruxaria como uma substância material localizada no ventre, também sua cultura é o limite nordeste da distribuição desse tipo de oráculo. Eles são o único povo do Sudão anglo-egípcio a empregá-lo.

O veneno usado é um pó vermelho feito de uma trepadeira da floresta, misturado com água para formar uma pasta. O líquido é espremido da pasta nos bicos de pequenas aves domésticas, que são assim forçadas a engoli-lo. Geralmente seguem-se violentos espasmos. As doses por vezes são fatais, mas com igual freqüência as aves se recuperam. Às vezes sequer são afetadas pelo veneno. A partir do comportamento das aves sob esse ordálio, especialmente por sua morte ou sobrevivência, os Azande obtêm resposta às perguntas que fazem ao oráculo.

A classificação botânica do veneno não foi determinada, mas sua natureza química, em linhas gerais, sim. Uma porção do veneno de oráculo que eu trouxe para a Inglaterra foi examinada pelo professor R. Robinson, que me informou o seguinte:

> A quantidade de *benge* era insuficiente para permitir estabelecer com certeza a natureza do princípio ativo. Tudo que pode ser dito a seu respeito é que a substância tóxica é de caráter alcalóide e quimicamente parece aparentar-se à estricnina. É quase certamente não-homogênea, e isso explica a dificuldade de seu isolamento em condição pura. Assim, tudo o que posso dizer é que se assemelha à estricnina em muitas de suas reações e que provavelmente duas ou mais bases estão presentes.

3

O oráculo de veneno, *benge*, é seguramente o mais importante deles. Os Azande confiam plenamente em suas decisões, que têm força de lei quando obtidas sob as ordens de um príncipe. Um visitante do país zande ouve falar tanto do oráculo de veneno quanto de bruxaria. Sempre que surge uma questão de fato sobre um caso qualquer ou sobre o bem-estar de um homem, os zande procuram imediatamente saber a opinião do oráculo de veneno a respeito dela. Em muitas situações nas quais procuramos provas para basear um veredicto, ou tentamos regular nossa conduta avaliando as probabilidades, o zande sem hesitação consulta o oráculo de veneno e segue suas orientações com confiança implícita.

Não se corre nenhum risco importante sem pedir a opinião do oráculo de veneno. Em empreendimentos coletivos de monta, em todas as crises da vida, todas as disputas legais sérias, todas as questões relativas ao bem-estar individual — em suma, em todas as ocasiões tidas pelos Azande como perigosas ou socialmente importantes —, a atividade é precedida de uma consulta ao oráculo de veneno.

Não pretendo catalogar todas as situações nas quais o oráculo pode ser consultado, uma vez que isso significaria uma lista de situações sociais em todas as esferas da vida zande; quando cada esfera for descrita neste livro, o papel desempenhado pelos oráculos será mais adequadamente relatado. Convém no entanto listar algumas das ocasiões em que o oráculo deve ser consultado, de modo a dar ao leitor uma idéia clara de sua significação para os Azande. Quando digo que o oráculo de veneno ou algum outro oráculo deve ser consultado nas ocasiões listadas abaixo, quero dizer que, se um zande não o consultasse, estaria agindo contra o costume, e seu prestígio social poderia sofrer com isso. Ele poderia mesmo incorrer em penalidades legais. As seguintes situações são ocasiões típicas de consulta:

- Para descobrir por que uma mulher não concebeu.
- Durante a gravidez da mulher, quanto ao local do parto, quanto à sua segurança durante o parto, quanto à segurança da criança.
- Antes da circuncisão do filho.
- Antes do casamento da filha.
- Antes de mandar o filho para a corte como pajem.
- Por doença de qualquer membro da família. A pessoa morrerá? Quem é o bruxo responsável? Etc.
- Para descobrir o agente responsável por qualquer infortúnio.
- Nos velhos tempos, na morte de um parente. Quem o matou? Quem irá executar o bruxo? Etc.
- Antes de realizar a vingança mágica. Quem observará os tabus? Quem fará a magia? Etc.
- Em casos de feitiçaria.
- Em caso de adultério.
- Antes de coletar o veneno de oráculo.
- Antes de estabelecer a relação de irmãos de sangue.
- Antes de longas jornadas.
- No caso dos homens, antes de se casar com uma mulher.
- Antes de presentear um príncipe com cerveja.
- Antes de uma grande caçada.
- Um plebeu, ao escolher um novo local para sua residência.
- Antes de aceitar ou permitir que um dependente aceite um emprego oferecido por europeus.
- Antes de se tornar um adivinho.
- Antes de entrar numa confraria mágica.

- Um homem, antes de ele e seus filhos adultos irem para a guerra.
- Em casos de deslealdade a um príncipe.
- Um príncipe, antes de ir à guerra.
- Para determinar a disposição dos guerreiros, lugar, momento do ataque e todas as demais questões relativas à guerra.
- Um príncipe, antes de indicar governadores, delegados ou quaisquer outros funcionários.
- Um príncipe, antes de mudar sua corte.
- Um príncipe, para descobrir se uma cerimônia comunal acabará com a seca.
- Um príncipe, para prever as ações do comissário distrital britânico.
- Um príncipe, antes de aceitar presentes e tributos.

4

Os Azande não consultam seus oráculos apenas sobre o que consideraríamos as atividades sociais mais importantes, mas também sobre seus negócios corriqueiros. Se o tempo e a oportunidade permitissem, muitos Azande gostariam de consultar um ou outro oráculo a cada passo de suas vidas. Isso é obviamente impossível, mas os velhos, que sabem como usar o oráculo de atrito, geralmente carregam um consigo; se surgir qualquer dúvida, podem superá-la com uma consulta imediata.

Uma ocasião típica na qual um homem consulta seu oráculo de atrito é quando faz uma visita à casa de um amigo. Quando a visita está para terminar, ele pergunta ao oráculo se deveria ir embora abertamente durante o dia, ou partir secretamente à noite, ignorado por qualquer bruxo que possa querer despachar sua ação atrás dele ou causar-lhe algum infortúnio na jornada. Se o oráculo aconselha-o a partir à noite, ele conta a seu anfitrião e sai antes do alvorecer. Os outros membros da casa compreendem o que aconteceu e não se zangam por ele ter saído sem se despedir. O oráculo de atrito pode dizer que ele pode partir de dia, mas deve ter cuidado com bruxaria no caminho. Nesse caso, ele sai da casa de seu anfitrião como se fosse dar um passeio, jogando a esmo uma lança à sua frente, de modo a fazer pensar a quem o observe que está brincando e voltará logo após o passeio, já que as pessoas que partem para uma viagem não ficam andando ao acaso antes de partir. Quando já está bem fora da vista, aperta o passo e segue seu caminho. Por vezes nem mesmo informa ao anfitrião de sua partida, mas este compreende a razão do silêncio.

Percebi que, quando um zande agia comigo de maneira que consideraríamos rude ou desconfiada, suas ações deviam ser atribuídas à obediência aos oráculos. Achei os Azande de hábito corteses e dignos de confiança segundo os padrões ingleses; mas às vezes seu comportamento me era ininteligível, até que levasse em conta suas noções místicas. Freqüentemente os Azande são tortuosos nas relações com os outros, mas não consideram censurável um homem ser misterioso ou agir contrariamente às suas intenções declaradas. Ao contrário, louvam sua prudência por levar em conta a cada passo a bruxaria e regular sua conduta segundo a orientação dos oráculos. Assim, não é necessário para um zande explicar aos outros uma conduta caprichosa; todo mundo compreende-lhe os motivos.

Nem todos os Azande são igualmente propensos a consultar oráculos. Muitas vezes verifiquei que alguns homens mostram uma consciência mais aguda do perigo da bruxaria que outros; e confiam muito mais na magia e nos oráculos para neutralizar sua influência. Assim, enquanto alguns homens gostam de consultar oráculos, soprar apitos mágicos ou realizar qualquer outro rito antes de embarcar em qualquer pequena aventura, outros só consultam oráculos em importantes questões legais e crises reais, como casamento, doença grave e morte. Em outras palavras, só consultam oráculos quando socialmente levados a fazê-lo. Nos processos legais, todos devem utilizar o oráculo de veneno.

Para compreender o procedimento jurídico zande, deve-se saber exatamente como o oráculo do veneno é utilizado, porque nos velhos tempos ele consistia na maior parte do que entendemos por provas legais, juiz, júri e testemunhas. No passado os dois tipos principais de questões eram a bruxaria e o adultério. Casos de bruxaria eram totalmente resolvidos pelos oráculos, pois só havia possibilidade de descobrir a ação mística pelo poder igualmente místico do oráculo de veneno. Tudo que um príncipe tinha a fazer era confirmar os nomes dos bruxos descobertos pelos parentes de pessoas mortas, colocando os nomes diante de seu próprio oráculo. A indenização que um bruxo tinha que pagar por seu crime era fixada pelo costume. Toda morte para os Azande é assassinato e o ponto de partida para o processo legal mais importante na cultura zande. Assim, eles achavam difícil entender como os europeus podiam recusar-se a tomar conhecimento do que era tão manifesto e claro para eles.

Num caso de adultério pode haver provas circunstanciais, mas na verdade casos simples desse tipo eram raros. As chances de descoberta em flagrante dos amantes, em pleno encontro furtivo no mato (ou, durante uma ausência do marido, na residência deste) eram sempre muito pequenas. A única evidência segura com base na qual um marido desconfiado podia agir era aquela fornecida pelo oráculo de veneno, pois mesmo que uma mulher se arrependesse de sua infidelidade e contasse ao marido o nome do amante, este podia negar a acusação. O marido podia, é bem verdade, apresentar ao príncipe outros motivos de suspeita, mas fundamentaria sua acusação de adultério sobretudo na prova do oráculo, e nenhuma prova além desta era exigida. O acusado se defenderia menos pela alegação de uma ausência de evidência circunstancial do que dispondo-se a fazer um *ngbu*, um teste. Ordenava-se a ele que escolhesse um homem de bem dentre os servidores da corte para realizar o teste, colocando a questão do adultério diante de seu oráculo. Esse homem agia em nome do príncipe, e a declaração de seu oráculo resolvia o caso. Aos olhos dos Azande, esse era o procedimento correto em casos de adultério. Eles não aprovavam os métodos europeus, porque, em sua opinião, estes não permitem a única prova segura de culpa ou inocência. Maridos acusadores e homens acusados compartilham dessa opinião negativa; os maridos porque raramente dispõem, aos olhos do tribunal governamental, de indícios aceitáveis de adultérios, cuja única prova conclusiva consiste na declaração do oráculo de veneno; e os acusados exatamente porque são incriminados, no processo europeu, pela denúncia de uma mulher, sem que possam apelar à única autoridade realmente confiável, o oráculo de veneno.

Toma-se especial cuidado em proteger o oráculo de veneno de um príncipe da bruxaria e da poluição, porque os oráculos dos príncipes revelam questões de importância tribal, julgam casos civis e criminais e determinam se uma vingança de morte foi executada. Um príncipe dispõe de dois ou três operadores oficiais que supervisionam seu oráculo de veneno. Cumpre que sejam rigorosamente dignos de confiança, pois têm o destino de seu senhor e a pureza da lei em suas mãos. Se quebram um tabu, todo o sistema legal pode tornar-se corrupto, o inocente pode ser julgado culpado, o culpado, inocente. Cabe que o consultor oficial dos oráculos do príncipe seja também um homem de impecável honestidade, já que ele sozinho se encarrega de muitos casos legais e de testes de vingança. Ele pode destruir os súditos de seu senhor, ao falsificar pronunciamentos oraculares. Por fim, o consultor do oráculo de um príncipe deve ser capaz de manter silêncio sobre os negócios de seu senhor. Não há ofensa mais séria aos olhos de um príncipe zande que "revelar a fala do oráculo de veneno real".

Nós, que não acreditamos no oráculo de veneno, achamos que os tribunais que impusemos aos nativos são justos porque só levam em conta as provas que consideramos como tais, e nos vangloriamos dizendo que eles são tribunais nativos, porque permitimos que nativos os presidam. Mas os Azande pensam que tais tribunais não aceitam o único tipo de prova que é realmente relevante para os casos ali julgados; assim, os príncipes encarregados de administrar a justiça, fazem-no por uma aplicação mecânica das regras processuais importadas da Europa — isto é, sem convicção alguma, já que essas regras não estão em conformidade com o costume.

5

Jamais encontrei grandes dificuldades em assistir a consultas oraculares. Descobri que em tais assuntos a melhor maneira de ganhar a confiança dos Azande era agir como eles, levando os veredictos oraculares igualmente a sério. Sempre mantive um suprimento do veneno de oráculo para uso doméstico e para ajudar os vizinhos, e regulávamos nossos negócios de acordo com as decisões do oráculo. Devo observar que achei essa maneira de organizar minha casa e meus negócios tão satisfatória quanto qualquer outra que conheço. Entre os Azande, esse é um modo de vida satisfatório, porque é o único que compreendem, por fornecer os únicos argumentos capazes de lhes convencer e acalmar. Meus amigos e vizinhos de tempos em tempos pediam-me que deixasse que trouxessem aves para consultar meu oráculo sobre seus próprios problemas. Esse sinal de confiança sempre me tocava. Pude também, em algumas ocasiões, observar oráculos alheios em ação. Durante muitos meses fiz repetidas observações de consultas oraculares e tive ampla oportunidade de conhecer os detalhes técnicos e de interpretação. Uma investigação sobre o uso do oráculo de veneno — assim como sobre as crenças na bruxaria — não requer informantes especiais. Eu podia basear-me na observação direta e pedir um comentário a qualquer adulto zande quando um ponto não ficava completamente claro para mim. O mesmo vale para o oráculo de atrito e, em um grau menor, para os oráculos das térmitas.

Para informação sobre os pontos seguintes, contudo, tive que me basear principal ou totalmente na informação verbal: o processo de coleta do veneno; a administração do veneno a seres humanos; e o uso do oráculo de veneno no procedimento judicial na corte do rei. Não se ministra veneno a seres humanos atualmente. O oráculo de veneno não mais desempenha um papel básico no procedimento do tribunal, embora ainda seja empregado em alguma medida. Procurei observar a coleta do oráculo de veneno, e fiz mesmo uma expedição ao Congo Belga com este objetivo, mas fui derrotado por uma malária e uma disenteria combinadas, e acabei sendo levado de volta para casa, extremamente debilitado.

6

O local comum de uma consulta é no limite das roças, bem longe das residências. Qualquer lugar no mato escondido por capim alto ou moitas é adequado. Ou pode-se escolher o canto de uma clareira na beira do mato, aberta para posterior semeadura, já que aí não é tão úmido quanto a própria mata. O propósito de se ir tão longe é assegurar o segredo, evitar a poluição de pessoas que não observaram os tabus e escapar à bruxaria, que tem mais dificuldade em corromper um oráculo no mato do que em casa.

Não se consulta o oráculo de veneno na quentura do dia, pois a luz forte do sol é ruim tanto para o veneno como para as galinhas. Se o oráculo é consultado no final da manhã, a cesta de galinhas é colocada à sombra de um arbusto próximo, ou é coberta com capim. Quando o veneno ficou algum tempo exposto ao sol, torna-se muito potente; diz-se então que, "se um homem der uma dose a uma pequena ave, já terá dado bastante". A hora normal de consultas é entre oito e nove horas da manhã, pois a essa altura o orvalho já se evaporou e é possível sentar no mato sem muito desconforto. Muito ocasionalmente os velhos, que pedem parecer aos oráculos com freqüência e fazem longas sessões, fazem-no à noite. A consulta pode então ocorrer no pátio da casa, depois que as mulheres foram dormir. Elas podem ocorrer em qualquer dia, exceto no dia seguinte à lua nova.

O oráculo de veneno é inútil se um homem não possui aves nas quais testá-lo, pois ele fala através das aves. Em toda casa zande há um galinheiro, e as aves são mantidas sobretudo para serem submetidas a testes oraculares. Em geral só são mortas para servir de alimento (e apenas galos e galinhas velhos) quando chega um visitante de importância — o filho de um príncipe, um sogro. Os ovos não são comidos, mas deixados para as galinhas chocarem. Podem-se pôr recipientes de barro nas choças para encorajar as galinhas a se aninharem neles, mas geralmente elas põem seus ovos no mato, e com sorte um dia voltarão orgulhosas à casa com sua ninhada. Raramente um zande, a não ser que seja rico, possui mais que uma dúzia de aves adultas, e muitos não possuem nenhuma, talvez apenas uma única galinha, dada por alguém.

Pintos de apenas dois ou três dias de idade podem ser usados no oráculo de veneno, mas os Azande preferem animais um pouco mais velhos. Isso posto, vêem-se aves de todos os tamanhos nas consultas oraculares, de pequenos pintos a frangotes e galinhos semi-adultos. Quando é possível discernir o sexo da ave, os Azande usam apenas os machos, a não ser que não possuam nenhum, e uma consulta seja imediatamente necessária. As galinhas são preservadas para reprodução. Em geral um homem diz a um de seus filhos menores para pegar as aves na noite anterior à sessão. Quando não, pegam-na ao abrir a porta do galinheiro, no alvorecer, mas é melhor apanhá-las e pôr numa cesta à noite, quando estão empoleiradas. Isso porque, se as aves escapam da captura pela manhã e fogem para os jardins próximos, dá muito trabalho segurá-las. Dois ou três meninos devem trazê-las de volta, todas as mulheres ficam sabendo o que está se passando, os vizinhos escutam o barulho, um bruxo pode seguir o proprietário das aves e impedir que o oráculo dê a informação desejada. Quando são usados pintos, a dificuldade não existe, porque eles dormem numa das choças, onde estão a salvo do ataque de gatos selvagens, e podem ser facilmente apanhados na manhã da sessão.

Os velhos dizem que aves totalmente adultas não devem ser usadas nas consultas oraculares porque são demasiado suscetíveis ao veneno e costumam morrer logo, antes que o veneno tenha tido tempo para considerar a questão colocada ou de ouvir a exposição completa do problema. Por outro lado, um frangote permanece por um bom tempo sob a influência do veneno antes de se recuperar ou expirar, de modo que o oráculo tem tempo para ouvir todos os detalhes relevantes e emitir um julgamento bem pensado.

7

Qualquer homem pode participar das consultas. Contudo, o oráculo é dispendioso, e as questões apresentadas concernem a ocupações adultas. Por isso meninos só estão presentes quando são os operadores do oráculo. Normalmente são crianças que estão cumprindo os tabus de luto pela morte de um parente. Os adultos também consideram que seria muito imprudente permitir a quaisquer outros meninos aproximar-se de seu veneno, pois não se pode ter certeza de que eles observaram os tabus sobre carnes e vegetais.

Raramente um homem solteiro se encontra presente a uma sessão. Se ele tem um problema, seu pai ou tio podem agir em seu nome. Além disso, apenas um chefe de família é rico o suficiente para possuir aves e adquirir veneno, e tem experiência para conduzir uma sessão adequadamente. Homens mais velhos dizem também que os jovens em geral estão envolvidos em algum caso amoroso ilícito e poluiriam o veneno caso se aproximassem.

Consultar o oráculo de veneno é particularmente a prerrogativa de homens casados, chefes de família e de casa; nenhuma outra ocupação lhes dá mais prazer. Ao fazê-lo, um homem não está apenas sendo capaz de resolver seus problemas pessoais, ele está também lidando com questões de importância pública — bruxaria, feitiçaria e adultério — aos quais seus nomes serão associados como testemunhas das decisões do oráculo. Um zande de meia-idade fica contente quando dispõe de um pouco de veneno, de algumas aves e da companhia de um ou dois amigos de confiança de sua própria idade, e pode sentar-se para uma longa sessão que vai descobrir tudo sobre as infidelidades de suas mulheres, sua saúde, a saúde de seus filhos, seus planos de casamento, projetos de caça e de roça, a conveniência de mudar de moradia e assim por diante.

Homens pobres que não possuem veneno ou aves, mas que se vêem obrigados de um modo ou de outro a consultar o oráculo, persuadirão um parente, um irmão de sangue, um afim ou o delegado do príncipe a consultá-lo em seu nome. Esse é um dos principais deveres das relações sociais.

O controle sobre o oráculo de veneno por parte dos homens mais velhos dá-lhes grande poder sobre os homens mais jovens, e é uma das principais fontes de seu prestígio. Os mais velhos podem colocar os nomes dos jovens diante do oráculo de veneno e, a partir de suas declarações, fazer acusações de adultério contra eles. Além disso, um homem jovem que não pode arcar com o custo do veneno não é um chefe de família totalmente independente, sendo incapaz de iniciar qualquer empreendimento sozinho: ele depende da boa vontade de outros para informar-se de tudo o que concerne à sua saúde e bem-estar.

As mulheres são proibidas de operar o oráculo de veneno e de ter qualquer relação com ele. Espera-se mesmo que não falem dele, e quando um homem menciona o oráculo na presença de mulheres, recorre a alguma perífrase. Quando um homem vai consultar o oráculo de veneno, diz à mulher que vai ver suas roças ou dá uma desculpa semelhante. Ela compreende o que ele vai fazer, mas nada diz. Sabe-se de mulheres bem velhas, de boa posição social, que ocasionalmente operaram o oráculo de veneno ou ao menos consultaram-no, mas são raras exceções, e trata-se sempre de pessoas importantes.

O oráculo de veneno é uma prerrogativa masculina; trata-se de um dos principais mecanismos de controle masculino e uma expressão do antagonismo sexual. Pois os homens dizem que as mulheres são capazes de qualquer artifício para enganar um marido e agradar um amante; os homens têm ao menos a vantagem de que seu oráculo de veneno revelará as relações secretas. Não fosse pelo oráculo, de pouco adiantaria o pagamento do preço da noiva,* pois nem a mais ciumenta vigilância impedirá uma mulher de cometer adultério se ela quiser fazê-lo. E que mulher não quer? A única coisa que as mulheres temem é o oráculo de veneno, pois se podem escapar aos olhos dos homens, não escapam aos do oráculo. Assim, diz-se que as mulheres odeiam o oráculo, e que se uma delas encontra algum veneno no mato, destruirá seu

* No original, *bridewealth*, termo utilizado em antropologia para designar a transferência cerimonial de bens do grupo do marido para o da (futura) esposa, transferência que oficializa o casamento. (N.T.)

poder urinando sobre ele. Uma vez perguntei a um zande por que ele colhera tão cuidadosamente as folhas usadas para operar o oráculo e as jogara a uma certa distância, no mato; respondeu-me que era para que as mulheres não as encontrassem e poluíssem — se elas poluem as folhas, então o veneno que foi guardado de volta em seu esconderijo perderá seu poder.

Quando consideramos até que grau a vida social é regulada pelo oráculo de veneno, imediatamente percebemos a enorme vantagem que os homens têm sobre as mulheres por sua capacidade de usá-lo, e como a exclusão dos principais meios de estabelecer contato com as forças místicas que afetam tão profundamente o bem-estar humano degrada a posição da mulher na sociedade zande.

É preciso muita experiência para conduzir uma sessão de modo correto e interpretar as descobertas do oráculo. É preciso saber quantas doses de veneno devem ser administradas, se o oráculo está funcionando a contento, em que ordem fazer as perguntas, se devem ser feitas em forma positiva ou negativa, quanto tempo se deve segurar uma ave entre os dedos ou nas mãos enquanto se faz uma pergunta ao oráculo, quando ela deve ser sacudida para provocar o veneno e quando é hora de jogá-la ao chão para a inspeção final. Deve-se saber como observar não apenas se a ave está viva ou morta, mas também a maneira exata pela qual o veneno a afeta, pois enquanto está sob a influência do oráculo cada momento é significativo para o olhar experiente. Também se deve conhecer a fraseologia própria da atividade, de modo a colocar as questões claramente ao oráculo, sem erro ou ambigüidade; essa tarefa não é fácil, pois uma única pergunta pode ser formulada ao cabo de uma arenga de cinco ou dez minutos. Nem todo homem é competente nessa arte, embora a maioria dos adultos possa preparar e interrogar o oráculo, se necessário. Aqueles que, quando meninos, preparavam com freqüência o veneno para seus pais e tios, e que são membros de famílias que freqüentam a corte e consultam constantemente o oráculo, são os mais competentes. Alguns homens são muito hábeis em interrogar o oráculo, e aqueles que desejam consultá-lo gostam de ser acompanhados por um deles.

8

Qualquer homem convidado pelo proprietário do oráculo de veneno pode assistir a uma sessão, mas espera-se que não compareça se teve relações sexuais ou comeu qualquer dos alimentos proibidos nos últimos dias. É imperativo que o homem que de fato prepara o veneno tenha observado esses tabus, e por isso o proprietário do veneno (que chamarei aqui apenas de proprietário) pede geralmente a um menino ou homem que esteja de luto para operar o oráculo, já que não pode haver dúvida de que ele tenha observado os interditos, que são os mesmos para o luto e para o oráculo. Um homem em tal condição é sempre chamado quando, no caso de doença súbita, é preciso consultar o oráculo sem aviso, isto é, quando não há tempo para se preparar pela observação dos tabus. Vou me referir ao menino ou homem que prepara de fato o veneno e o administra às aves como operador. Quando falo do interrogador, refiro-me ao homem que se senta frente ao oráculo, dirige-se a ele e solicita seus julgamentos. Como ele se senta a poucos metros do oráculo, deve também ter observado todos os interditos. É possível que um homem seja o proprietário, o operador e o interrogador ao mesmo tempo, conduzindo a consulta do oráculo sozinho, mas se isso ocorre, é muito raro. Geralmente não há dificuldade em obter os serviços de um operador, pois um homem sabe quais de seus vizinhos estão observando as interdições associadas à vingança e morte. Um de seus companheiros que não comeu alimento sob tabu, ou não teve relações sexuais com mulheres um ou dois dias antes da consulta, age como interrogador. Se um homem está impuro, pode dirigir-se ao oráculo à distância. É melhor tomar essas precauções, porque o contato de uma pessoa impura com o oráculo destrói sua potência; a simples proximidade de uma pessoa impura pode acarretar esse resultado.

Os interditos que devem ser invariavelmente observados pelas pessoas que entram em contato com o oráculo de veneno incidem sobre:

- Relações sexuais com mulheres.
- Comer carne de elefante.
- Comer peixe.
- Comer o legume *mboyo* (*Hibiscus esculentus*).
- Comer o legume *morombida* (*Corchorus tridens*).
- Fumar haxixe.

Alguns homens evitam comer animais de cor clara; essa parecia ser a regra imposta àqueles que entram em contato com os oráculos de um príncipe. Carne de elefante e de peixe são proibidas por causa do forte cheiro emitido pelo homem que as tenha comido. Creio que é sua natureza pegajosa que colocou o *mboyo* e o *morombida* sob interdição ritual. Quando as partes comestíveis desses vegetais são extraídas, elas não desprendem, mas ficam ligadas ao talo por fibras glutinosas, tendo de ser arrancadas. Quando cozidos, formam uma pasta grudenta que pode ser esticada como puxa-puxa. Antes de entrar em contato com o oráculo de veneno ou mesmo de aproximar-se dele, um homem deve ter evitado relações sexuais por cinco ou seis dias, e os alimentos e vegetais proibidos por três ou quatro dias. Todavia, o tempo de observação desses interditos não é realmente fixo, e diferentes homens fazem estimativas diversas. Muitos se satisfazem com a abstinência de relações sexuais por cinco ou mesmo quatro dias. Se um homem que teve relações sexuais é convidado a operar o oráculo, dirá "comi *mboyo*", e todos compreenderão que ele está empregando um eufemismo. Ele pode desculpar-se do mesmo modo se simplesmente não deseja ocupar-se do trabalho.

O proprietário não paga ao operador e ao interrogador por seus serviços. O segundo é quase que invariavelmente o próprio proprietário ou um de seus amigos que também quer fazer perguntas ao oráculo — e que para isso trouxeram suas aves. É comum presentear-se o operador, se é um adulto, com uma ave durante a sessão, de modo que ele possa colocar seus próprios problemas ao oráculo. Como se trata geralmente de um homem que está usando uma cinta de luto e vingança, ele freqüentemente perguntará ao oráculo quando a vingança mágica atingirá sua vítima.

Para preservar-se de poluição, um homem geralmente esconde seu veneno no telhado de palha de uma cabana, na parte interna, se possível de uma cabana que as mulheres não usem; mas isso não é essencial, porque uma mulher não sabe que há veneno escondido no teto, e é pouco provável que entre em contato com ele. O proprietário do veneno deve ter observado os interditos se deseja tirá-lo ele mesmo do telhado; se está impuro, trará à cabana o homem ou menino que vai operar o oráculo e lhe indicará à distância onde está escondido o veneno. Um telhado de palha é um esconderijo tão bom para um pequeno pacote de veneno que costuma ser difícil para o proprietário encontrá-lo.

Ninguém deve fumar haxixe numa cabana que abriga o oráculo de veneno. Todavia, há sempre um perigo de poluição e de bruxaria quando o veneno é guardado em casa, e alguns homens preferem guardá-lo no oco de uma árvore no mato, ou construir um pequeno abrigo e lá escondê-lo. Esse abrigo é bem distante das habitações humanas, e caso um homem o encontre no mato não mexerá nele, temendo que contenha algum tipo de droga letal. É muito improvável que a bruxaria descubra um oráculo de veneno escondido no mato. Nunca vi um oráculo de veneno sob um abrigo no mato, mas disseram-me que ele era freqüentemente guardado assim.

O oráculo de veneno, quando não está em uso, é mantido envolto em folhas; ao final de uma sessão, o veneno usado é colocado num invólucro, separado do não-usado. Pode ser usado duas ou três vezes, e pode-se acrescentar veneno fresco para torná-lo mais potente. Quando sua ação mostra que ele perdeu a força, é jogado fora.

Todo bom oráculo de veneno é o mesmo, seja quem for que o possua, opere e consulte. Mas sua boa qualidade depende do cuidado e da virtude do proprietário, do operador e do consultor. Como as maiores precauções são tomadas com o veneno de um príncipe, este é considerado mais seguro que o dos plebeus. Todo *benge* é do mesmo material, mas as pessoas falam do "meu *benge*" ou do "*benge* de fulano de tal", e dizem que o veneno de um determinado príncipe é absolutamente seguro, ao passo que o de outro não é tanto. Esses julgamentos são feitos com base parcialmente nos acontecimentos subseqüentes, que provam se os oráculos estavam certos ou errados em suas afirmações; e parcialmente com base nos veredictos do oráculo do rei, que é a autoridade final. Isso porque, no passado, os casos ocasionalmente iam dos oráculos de um governador de província ao oráculo de Gbudwe, que poderia declará-los falsos.

9

Descreverei agora a maneira pela qual o veneno é administrado às aves. O operador sai na frente dos demais para preparar o teste. Leva consigo uma pequena cuia cheia de água. Limpa o espaço, pisoteando o mato. Depois cava um buraco na terra, no qual deposita uma folha larga a servir de bacia para o oráculo de veneno. Faz uma pequena escova de *bingba* para aplicar o veneno, e um filtro de folhas para despejar o líquido no bico das aves; faz uma xícara de outras folhas para transferir água da cuia para o veneno, quando este precisa ser umedecido. Finalmente quebra alguns galhos dos arbustos próximos e retira suas fibras para amarrar as pernas das aves que sobreviveram ao teste, de modo que possam ser facilmente recuperadas quando o trabalho do dia tiver terminado. O operador só começa a umedecer o veneno quando os demais participantes chegam.

Pode haver apenas um homem ou vários que tenham perguntas a fazer para o oráculo. Cada um traz suas aves consigo numa cesta. Como foi combinado de antemão o lugar em que ocorrerá a consulta ao oráculo, eles sabem onde se encontrar. Quando uma pessoa chega, passa sua cesta de aves para o operador, que a coloca no chão perto do oráculo. Um homem que tenha prática em ser o interrogador senta-se diante dele, a poucos metros de distância se observou os tabus, a muitos metros caso contrário. Outros homens que não tenham observado o interdito quedam-se mais longe ainda.

Quando todos estão sentados, discutem em voz baixa sobre que ave será a primeira e como se formulará a pergunta. Enquanto isso o operador despeja um pouco de água da cuia que está a seu lado na xícara de folha, e da folha no veneno, que então entra em efervescência. Ele mistura o veneno e a água com as pontas dos dedos, formando uma pasta com a devida consistência; quando instruído pelo interrogador, pega uma das aves, dobra as asas sobre suas pernas e prende-a entre os artelhos. Pega então a escova de capim, gira-a no veneno e embrulha-a no filtro de folha. Mantém aberto o bico da ave, coloca nele a ponta do filtro e aperta-o, e o líquido da pasta escorre para dentro da garganta da ave. Então ele balança a cabeça da galinha para cima e para baixo, obrigando-a a engolir o veneno.

A essa altura o interrogador, previamente instruído pelo proprietário sobre os fatos que deve expor ao oráculo, começa a dirigir-se ao veneno no interior da ave. Continua a falar por cerca de dois minutos, quando uma segunda dose de veneno em geral é ministrada. Quando se trata de uma galinha pequena, duas doses bastarão; mas uma galinha maior receberá três doses, e já se soube de aves que receberam até quatro, mas nunca mais do que isso. O interrogador não pára de falar com o oráculo, fazendo suas perguntas sempre de modo diferente, embora com o mesmo refrão: "Se este é o caso, oráculo do veneno, mate a ave", "se este é o caso, oráculo do veneno, poupe a ave". De tempos em tempos interrompe seu fluxo de oratória para dar uma ordem técnica ao operador. Pode dizer-lhe para ministrar outra dose de veneno à ave, ou para sacudi-la entre seus artelhos, levantando e abaixando o pé (isso instiga o veneno no interior da ave). Quando a última dose foi ministrada e ele fez sua última pergunta, diz ao operador para levantar a ave. O operador toma-a em suas mãos e, segurando-lhe as pernas entre os dedos e voltando-a para si, dá-lhe uma sacudidela para frente e para trás. O interrogador redobra sua peroração, como se o veredicto dependesse de argumentos; se a ave já não está morta, depois de mais uma investida oratória ele diz ao operador para colocá-la no chão. Continua a dirigir-se ao veneno dentro da ave enquanto observa os movimentos desta no chão.

O veneno afeta as aves de várias maneiras. Ocasionalmente mata-as imediatamente depois da primeira dose, enquanto elas ainda estão no chão. Isso raramente ocorre, porque em geral uma galinha só é seriamente afetada quando removida do chão e sacudida para frente e para trás. Então, se ela vai morrer, tem convulsões espasmódicas no corpo, abre e fecha as asas, tem vômitos. Depois de vários desses espasmos, vomita e expira num acesso final. Algumas aves parecem quase não ser afetadas pelo veneno; depois de terem sido sacudidas para frente e para trás por um tempo e jogadas no chão, saem ciscando despreocupadamente. As galinhas não afetadas pelo veneno geralmente defecam assim que são colocadas no chão. Outras parecem pouco afetadas até que são postas ao solo, quando subitamente sofrem um colapso e morrem. É muito raro que uma ave seriamente afetada pelo veneno se recupere.

Geralmente sabe-se qual será o veredicto depois que a ave esteve suspensa na mão por cerca de dois minutos. Se sua recuperação não parece certa, o operador não se preocupa em amarrar a fibra em sua perna, mas pousa-a no chão para morrer. Freqüentemente, quando uma ave morre, arrasta-se ela num semicírculo em torno do veneno, exibindo para ele o corpo. Em seguida, corta-se uma asa para usar como prova e cobre-se o resto com capim. As aves que sobrevivem são levadas para casa e libertadas. Nunca se usa uma mesma ave duas vezes no mesmo dia.

Não há uma fala estereotipada — nenhuma fórmula — para dirigir-se ao oráculo. Todavia, há refrões tradicionais, imagens estilizadas, cumprimentos ao oráculo, modos de formular uma pergunta e assim por diante, que ocorrem em toda consulta.

A principal obrigação do interrogador é cuidar para que o oráculo compreenda plenamente a questão a ele colocada e esteja a par de todos os fatos relevantes para o problema que lhe é proposto. Os Azande dirigem-se a ele com o mesmo cuidado e detalhe que se observa num tribunal presidido por um príncipe. Isso significa começar bem de trás e assinalar, durante um período considerável de tempo, cada detalhe que possa elucidar o caso, unindo fatos num quadro consistente de acontecimentos e dispondo os argumentos numa teia lógica e sólida de seqüências e inter-relações de fatos e inferências. O interrogador deve também mencionar cuidadosamente o nome do homem que está consultando o oráculo, apontando para ele com o braço esticado. Menciona também o nome de seu pai, talvez de seu clã, o nome do lugar em que mora, e fornece detalhes semelhantes de outras pessoas mencionadas na fala.

Uma oração ao oráculo consiste geralmente de orientações alternadas. As primeiras frases esboçam a questão em termos que demandam uma resposta afirmativa e terminam com a ordem: "Oráculo de veneno, mate a ave." As frases seguintes esboçam a questão em termos que pedem uma resposta negativa e concluem com a ordem: "Oráculo de veneno, poupe a ave." O consultor então retoma a questão em termos que pedem uma resposta afirmativa, e assim por diante. Se um espectador considera que um ponto relevante foi deixado de fora, interrompe o interrogador, e este o inclui.

O interrogador empunha uma vara e, enquanto se dirige ao oráculo, sentado de pernas cruzadas em frente a ele, bate-a no chão. Continua a fazê-lo até o final da fala. Costuma gesticular à medida que fornece elementos, como um homem expondo um caso na corte. Às vezes arranca capim, mostra-o ao veneno e, depois de explicar que há algo que não deseja que ele considere, joga-o para trás. Assim, por exemplo, diz ao oráculo que não deseja que considere a questão da bruxaria, mas apenas da feitiçaria. Bruxaria é *wingi*, algo irrelevante, e ele a esconde atrás dele. As imagens usadas são especialmente dignas de observação. É raro que alguém se dirija ao oráculo sem usar analogias e circunlóquios. Assim, perguntando se um homem cometeu adultério, a questão é formulada do seguinte modo:

> Oráculo de veneno, oráculo de veneno, você está na garganta da ave. Aquele homem, o umbigo dele uniu-se ao umbigo dela; eles se abraçaram, ele a conheceu como mulher e ela o conheceu como homem. Ela levou *badiabe* (uma folha usada como toalha) e água para ele (para as abluções depois do intercurso); oráculo de veneno, ouça, mate a ave.

Enquanto a ave passa pelo ordálio, os homens cumprem atentamente determinado comportamento. Um homem deve cingir e ajeitar sua tanga de entrecasca para não expor os órgãos genitais, como faz quando se senta na presença de um príncipe ou de um parente afim. Os homens falam em voz baixa, como se estivessem na presença de superiores. Na verdade, toda conversa é evitada, a não ser que se refira diretamente ao processo de consulta. Se alguém deseja ir embora antes que os procedimentos tenham terminado, pega uma folha, cospe nela e coloca-a onde estava sentado. Vi um homem — que se levantara apenas por alguns minutos para pegar uma ave que escapara de sua cesta — colocar uma folha de capim na pedra sobre a qual estava sentado. As lanças devem ser deitadas no chão, jamais postas de pé na presença do oráculo de veneno. Os Azande ficam muito sérios durante uma sessão, pois estão fazendo perguntas de importância capital para suas vidas e felicidade.

10

Basicamente o sistema de pergunta e resposta na consulta ao oráculo é simples. Há dois testes, o *bambata sima*, ou primeiro teste, e o *gingo*, ou segundo teste. Se uma ave morre no primeiro teste, então outra ave deve sobreviver ao segundo teste, para que o julgamento seja válido. Em geral a pergunta é formulada de tal modo que, para dar uma resposta afirmativa, o oráculo terá de matar uma ave no primeiro teste e poupar outra ave no teste de confirmação; para dar uma resposta negativa, deve poupar uma ave no primeiro teste e matar outra ave no teste corroborativo. Mas esse nem sempre é o caso, e às vezes as perguntas são formuladas em ordem inversa. A morte de uma ave não fornece em si mesma uma resposta positiva ou negativa; isso depende da forma da pergunta. Ilustrarei o procedimento comum com um exemplo:

A

Primeiro teste. Se X cometeu adultério, oráculo de veneno, mate a ave. Se X é inocente, oráculo de veneno, poupe a ave. A ave morre.
Segundo teste. O oráculo de veneno declarou X culpado de adultério matando a ave. Se sua declaração é verdadeira, poupe esta ave. A segunda ave sobrevive.
Resultado: Veredicto válido. X é culpado.

B

Primeiro teste. Se X cometeu adultério, oráculo de veneno, mate a ave. Se X é inocente, oráculo de veneno, poupe a ave. A ave sobrevive.
Segundo teste. O oráculo de veneno declarou X inocente de adultério ao poupar a ave. Se esta declaração é verdadeira, mate a segunda ave. A ave morre.
Resultado: Veredicto válido. X é inocente.

C

Primeiro teste. Se X cometeu adultério, oráculo de veneno, mate a ave. Se X é inocente, oráculo de veneno, poupe a ave. A ave morre.
Segundo teste. O oráculo de veneno declarou X culpado de adultério ao matar a ave. Se esta declaração é verdadeira, poupe esta segunda ave. A ave morre.
Resultado: O veredicto é contraditório, e portanto inválido.

D

Primeiro teste. Se X cometeu adultério, oráculo de veneno, mate a ave. Se X é inocente, oráculo de veneno, poupe a ave. A ave sobrevive.
Segundo teste. O oráculo de veneno declarou X inocente de adultério poupando a ave. Se sua declaração é verdadeira, mate a segunda ave. A ave sobrevive.
Resultado: O veredicto é contraditório, e portanto inválido.

Nos dois testes uma ave deve morrer e a outra deve viver para o veredicto ser aceito como válido. Se ambas vivem ou morrem, o veredicto é inválido, e o oráculo deve ser consultado sobre o problema em outra ocasião. Se o suprimento de oráculo de veneno é suficiente, os dois testes podem ser feitos durante a mesma sessão, especialmente quando o problema é importante e urgente. Freqüentemente, todavia, um teste não se completa numa única sessão, como se verá nos quadros que se seguem, por uma destas razões:

(1) A outra parte do teste pode ter sido realizada previamente, ou poderá ser realizada numa sessão futura. Às vezes há um longo intervalo entre os dois testes, porque o primeiro é considerado uma justificativa suficiente para co-

meçar uma empresa, mas um segundo teste tem que ser feito antes que o empreendimento esteja muito avançado. Por exemplo, um homem fica noivo de uma mulher e começa a pagar as lanças do preço da noiva ao pai desta com base num único teste, deixando o teste de confirmação para meses depois. Mas a jovem só irá viver permanentemente com ele quando ambos os testes tiverem sido feitos.

(2) Um dos oráculos menos importantes pode ter sido consultado anteriormente, de modo que um único veredicto do oráculo de veneno é visto como confirmação oracular.

(3) É comum que os Azande considerem um único teste suficiente, sobretudo se o oráculo dá sua resposta decididamente, matando a ave sem hesitação. Assim, eles podem economizar veneno.

(4) Muitas confirmações de veredictos estão contidas nas respostas do oráculo a outras questões; por exemplo, um homem pergunta se um bruxo morrerá caso um certo parente observe os interditos da vingança mágica. O oráculo diz "sim". Ele então pergunta se o parente morrerá durante o período de observação dos tabus. Se o oráculo diz "não", confirma seu veredicto anterior, porque a vida do parente está vinculada à realização da vingança.

(5) Às vezes uma só ave é usada para confirmar diferentes perguntas. Se, respondendo a duas diferentes questões, o oráculo matou duas aves, então pode-se pedir a ele que poupe uma terceira ave, confirmando ambos os veredictos ao mesmo tempo.

(6) Quando não está em jogo um problema sério, basta aos Azande saber se o oráculo está funcionando corretamente; e, certos disso, estão prontos a aceitar declarações únicas e dispensar repetições de julgamento. Assim, cinco perguntas não relacionadas podem ser feitas numa única sessão. Suponhamos que o oráculo poupe as aves na resposta às primeiras quatro questões e mate uma na resposta à quinta. Isso prova que a ação daquela amostra particular de veneno é discriminadora, e que portanto seus quatro primeiros veredictos podem ser considerados válidos.

A realização dos dois testes, porém, é essencial para responder qualquer pergunta referente às relações entre duas pessoas, especialmente quando estão envolvidas questões legais.

II

As seguintes consultas ao oráculo de veneno são fornecidas para mostrar o tipo de perguntas feitas e a ordem em que se pergunta, bem como para capacitar o leitor a julgar por si mesmo a proporção de aves que morre, o número de doses de veneno que elas recebem e a ordem das mortes e sobrevivências. Estive presente em ambas as sessões relatadas, e muitas dessas perguntas referem-se a pessoas ligadas à minha casa e a seus parentes.

Primeira seção

(1) X deve observar os tabus de luto e vingança pela morte de Magadi até que a vingança se complete? A ave MORRE com resposta "sim".

(2) Se X observar os tabus de luto por Magadi, ele morrerá como conseqüência disso? (Isto é, se, por descuido no seu uso, a droga mágica que ele enviou contra o assassino de Magadi não se voltaria contra ele mesmo? Isso também seria uma confirmação da primeira pergunta, uma vez que, se X morresse, então a vingança não se daria no período de seu luto.) A ave MORRE com resposta "sim". (Estes dois veredictos se contradisseram, e seguiu-se uma pequena discussão. Um homem disse que, uma vez que Magadi morrera de lepra, sua morte não devia ser vingada, e que era por isso que o oráculo dera veredictos contraditórios. Essa opinião foi rejeitada pelos outros.)

(3) Se Adiyambio, que está sofrendo de uma úlcera profunda, permanecer no nosso aldeamento, ele morrerá? A ave SOBREVIVE com resposta "não".

(4) Se Bamina for viver na nova residência que acaba de construir para si, ele morrerá? A ave MORRE com resposta "sim".

(5) Se Bamina permanecer em sua velha residência, ele morrerá? A ave MORRE com resposta "sim".

(6) Se Bamina for viver no aldeamento de Ndoruma, ele morrerá? A ave SOBREVIVE com resposta "não".

(7) (Confirmação da última pergunta.) O oráculo falou a verdade quando disse que Bamina não morreria se fosse viver no aldeamento de Ndoruma? A ave SOBREVIVE com resposta "não". (As respostas às perguntas 6 e 7 se contradisseram. Alguém sugeriu que o oráculo estava cansado, como um chefe que estivesse sentado havia horas ouvindo os casos em sua corte, e se fatigasse. Outro homem disse que o oráculo vira algum infortúnio pela frente, que não era morte, mas um infortúnio grave, e que escolhera essa forma de avisar Bamina. Os veredictos considerados no seu conjunto foram tomados como um mau agouro, e houve muita discussão sobre quem estava ameaçando o bem-estar de Bamina. Mbira deu sua opinião de que o perigo era de feitiçaria, e não de bruxaria, já que um bruxo não persegue um homem de um lugar para outro desse modo, mas pára de perturbá-lo se ele abandona sua residência e vai viver em outro lugar.)

(8) Eles agora perguntam ao oráculo sobre dois homens, um chamado Pilipili e o outro um membro do clã Bangombi, que outrora se casara com a filha de Bami-

na, mas que recebera de volta as lanças do preço da noiva. Algum desses dois homens está ameaçando Bamina com bruxaria ou magia negra? A ave MORRE com resposta "sim".

A sessão teve de ser encerrada nesse ponto, pois não havia veneno suficiente para continuar as consultas.

SEGUNDA SESSÃO

(1) Já que, numa consulta anterior, foi determinado que a filha de Mamenzi, esposa de Mekana, está em péssimas condições, a má influência que paira sobre ela vem da casa de Mekana ou da casa de seu avô paterno (a quem seu pai dera as lanças do preço da noiva como "primícias")? Se é da residência de Mekana, oráculo de veneno, poupe a ave. Se é da residência de seu avô, oráculo de veneno, mate a ave. (Deve ser assinalado que esta é uma forma bastante incomum de fazer uma pergunta, já que não permite uma terceira alternativa: que o bruxo seja de uma residência não mencionada. O procedimento poderia mesmo ser considerado incorreto. No entanto o marido estava tão seguro de que a má influência que atingira sua mulher só podia provir de inveja em sua própria residência, ou de desagrado na de seus afins, que a pergunta lhe parecia legítima. Contudo, seria sempre possível ao oráculo mostrar que nenhuma das residências era responsável matando ou poupando ambas as aves no teste duplo, ou mesmo pela maneira pela qual afetasse as aves durante os testes). A ave MORRE, dizendo que a má influência provém da residência do avô da jovem (uma dose de veneno ministrada).

(2) O oráculo de atrito disse que um homem chamado Sueyo fez magia, causando doença violenta em Kisanga. A pergunta é feita: "A afirmação do oráculo de atrito é correta? Se é, oráculo de veneno, mate a ave!" A ave SOBREVIVE com resposta "não" (duas doses ministradas).

(3) A mãe de X está seriamente doente. Sua doença se deve a Basa? Se assim o é, oráculo de veneno, mate a ave. Se não, poupe a ave. A ave SOBREVIVE com resposta "não" (duas doses ministradas).

(4) Veredicto confirmativo da pergunta 1. Se a má influência que ameaça sua mulher está na residência de Mekana, então, oráculo de veneno, mate a ave. Se a má influência emana das mulheres do avô de sua mulher, então, oráculo de veneno, poupe a ave. A ave SOBREVIVE, confirmando que a má influência provém da casa do avô da jovem (duas doses ministradas). (Mekana depois pediu ao sogro para que as mulheres de sua casa colhessem e soprassem água em sinal de boa vontade. Ele não se arriscou a apontar nenhuma "sogra" em particular.)

(5) Já que o oráculo (teste 3) disse que a doença da mãe de X não podia ser atribuída a Basa, X pergunta agora se ela se deve às mulheres de Y. Se estas são responsáveis, oráculo de veneno, mate a ave. A ave MORRE com resposta "sim" (uma dose ministrada).

(6) (Voltamos agora à pergunta 2.) Tendo sido determinado que Sueyo não era responsável pela doença de Kisanga, este pergunta: o feiticeiro mora no nosso lado da nova parte do aldeamento do governo? Se ele mora aí, oráculo de veneno, mate a ave. A ave SOBREVIVE com resposta "não" (duas doses ministradas). (Esse veredicto, com mais outros três prévios sobre o problema, provou que o feiticeiro não morava em nosso aldeamento.)

(7) (Voltamos à questão da mulher de Mekana, já tratada nas perguntas 1 e 4.) Se há alguém, além das mulheres do avô da mulher dele, que ameaçam a saúde de Mekana, ou se, depois que a asa da ave lhes tenha sido apresentada para soprar água, elas ainda exercerão influência negativa sobre ela, então, oráculo de veneno, mate a ave. Se, por outro lado, não há mais ninguém a temer além das mulheres do avô da mulher dele, se elas soprarão água na asa da ave com sinceridade e retirarão sua má influência, então, oráculo de veneno, poupe a ave. A ave SOBREVIVE, indicando que nada mais haverá a temer (duas doses ministradas).

(8) (Voltamos à pergunta da mãe de X já tratada nos testes 3 e 5.) Foi determinado que as mulheres de Y são responsáveis pela doença da mãe dele; X pergunta agora se só elas são responsáveis, ou se o próprio Y as encorajou e assistiu para que lançassem bruxaria sobre a velha senhora. Se Y é culpado, então, oráculo de veneno, mate a ave. Se Y é inocente, então, oráculo de veneno, poupe a ave. A ave MORRE, dizendo que Y é responsável (uma dose ministrada).

Essa segunda sessão fornece um exemplo de uma consulta ao oráculo inteiramente bem-sucedida. Eu chamaria a atenção para a maneira pela qual um grupo de perguntas é arranjado. Há três problemas a serem resolvidos, e há oito aves por meio das quais os resolver. As perguntas referem-se ao bem-estar da mulher de Mekana, à saúde da mulher nomeada como mãe de X e à identificação do feiticeiro que causou a Kisanga uma doença tão atroz. Quando muitas pessoas têm perguntas a fazer ao oráculo, não se esgota um problema passando-se para o seguinte, mas geralmente, como nessa ocasião, é permitido a cada pessoa fazer uma pergunta de cada vez. No segundo turno, cada uma delas tenta obter veredictos confirmatórios ou fazer perguntas subsidiárias. Se um homem tem mais aves do que os outros, ele pode fazer mais perguntas, mas deixa que os outros coloquem seus problemas entre elas. Não se trata simplesmente de cortesia; isso se baseia na noção de que, depois que um problema foi colocado ao oráculo e ele forneceu uma resposta, deve-se dar tempo para que ele reveja o problema com calma, antes de confirmar sua primeira resposta e dar o veredicto final. Viu-se de imediato que o veneno usado nessa sessão era discriminante. Matou a primeira ave e mostrou que não era impotente, pois quando o *benge* é impotente, todas as aves sobrevivem; poupou a segunda ave e mostrou que não era um veneno superpotente, pois quando o é todas as aves morrem. Poupou várias outras aves, mas no final matou a última delas, mostrando que mantinha sua potência. Os Azande buscam essas evidências em cada teste para estabelecer se o veneno é bom.

12

Falta contar como nos velhos tempos as pessoas bebiam veneno de oráculo. É preciso algum cuidado ao considerar a frase zande *mombiri benge* ("beba veneno de oráculo"), pois é uma expressão comum de um príncipe quando quer dizer simplesmente que "você deve submeter seu caso ao oráculo de veneno". Mas no passado, embora raramente, às vezes algumas pessoas bebiam veneno de fato. Isso podia acontecer de dois modos. Um homem acusado de uma ofensa séria podia oferecer-se para beber veneno depois de um teste oracular com aves ter-se pronunciado contra ele. Do mesmo modo, se uma mulher acusasse um homem de ter cometido adultério com ela, ele podia propor que tanto ele quanto a mulher bebessem veneno.

O veneno do oráculo era também ministrado ocasionalmente a meninos escravos em casos importantes envolvendo príncipes. Falava-se a eles na mesma linguagem que às aves. O veneno era misturado com água numa cuia. O menino, sentado no chão e usando um cinto de capim *bingba*, bebia o veneno; e então o interrogador sacudia sinetas e dirigia-se ao veneno dentro dele. Quando terminava sua fala, esfregava a cuia na cabeça do menino e mandava que ele se levantasse. Se o menino alcançava a asa da ave e voltava com ela, eles se dirigiam novamente ao veneno no seu interior e lhe diziam então para recolocar no lugar a asa da ave. Depois fariam uma terceira e última fala e diriam ao menino para buscar a asa novamente. Então o teste estaria terminado.

Se o veneno fosse matar um menino, não o mataria enquanto estivesse sentado quieto no chão, embora ele sofresse espasmos de dor que o fariam esticar os braços para trás, ofegando para respirar. Quando o menino caía, faziam-se esforços, com o consentimento do rei, para revivê-lo, ministrando-lhe uma mistura viscosa feita da planta *mboyo*, da árvore *kypoyo*, e sal. Isso fazia com que vomitasse o veneno. Depois ele era levado para um riacho, colocado à sombra, e despejava-se água fria em seu rosto.

CAPÍTULO IX

Problemas suscitados pela consulta ao oráculo de veneno

I

Descrevi para muitas pessoas na Inglaterra os fatos relatados no último capítulo. Em sua maioria, elas desacreditaram ou desdenharam deles. Tentavam com suas perguntas explicar o comportamento zande racionalizando-o, isto é, interpretando-o nos termos da nossa cultura. Essas pessoas supõem que os Azande entendem necessariamente as qualidades dos venenos assim como nós as entendemos; ou que atribuem uma personalidade ao oráculo, uma mente que julga como os homens, mas com maior presciência; ou que o oráculo é manipulado pelo operador, cuja astúcia preserva a fé dos leigos. Indagam ainda sobre o que acontece quando o resultado de um teste contradiz o outro, que deveria ser confirmado para que o veredicto fosse válido; o que acontece quando as descobertas do oráculo são desmentidas pela experiência; e o que acontece quando dois oráculos dão respostas contrárias à mesma pergunta.

Os mesmos problemas — e outros, naturalmente — me ocorreram quando estava na terra dos Azande. Fiz investigações e observações sobre os pontos que me pareciam importantes. Neste capítulo relato minhas conclusões. Antes de apresentá-las, devo advertir o leitor que estamos tentando analisar mais um comportamento que uma crença. Os Azande têm pouca teoria sobre seus oráculos e não sentem necessidade de doutrinas.

Traduzi a palavra *benge* por "trepadeira do veneno", "veneno de oráculo" e "oráculo de veneno", conforme o contexto. Mas é necessário assinalar que as idéias zande sobre o *benge* são muito diferentes das noções sobre veneno que prevalecem entre as classes cultas da Europa. Para nós o *benge* é um veneno, mas não para eles.

É verdade que o *benge* deriva de uma trepadeira selvagem da mata; e que se pode supor que suas propriedades residam na trepadeira, isto é, que sejam propriedades naturais; mas aos olhos zande, ele só se torna o *benge* das consultas oraculares (e fora dessa situação não se tem qualquer interesse nele) quando foi preparado segundo certos interditos e empregado da maneira tradicional. Para ser mais preciso, apenas esse *benge* manufaturado é *benge* para os Azande. Desse modo, os Azande dizem que, se por uma ou outra razão, ele está desprovido de sua potência, é apenas "uma coisa qualquer, mera madeira".

Por isso, perguntar aos Azande o que aconteceria se eles ministrassem uma dose extra de veneno a uma ave que se tivesse recobrado das doses usuais, ou se colocassem algum veneno na comida de um homem, é fazer perguntas tolas. Os Azande não sabem o que aconteceria, não estão interessados nisso, e ninguém foi tolo o bastante para gastar bom veneno de oráculo em experiências tão ridículas. O *benge* propriamente dito é dotado de potência em virtude da abstinência dos interessados e de seu conhecimento da tradição e só funcionará nas condições de uma sessão.

Quando perguntei a um zande o que aconteceria caso se administrasse a uma ave uma dose de veneno atrás da outra, durante uma consulta na qual o oráculo devesse poupar a ave para dar a resposta certa à pergunta, meu interlocutor respondeu que não sabia exatamente o que aconteceria, mas supunha que cedo ou tarde ela estouraria. Ele não aceitou de modo algum a sugestão de que o veneno extra mataria a ave, a não ser que a pergunta fosse subitamente invertida, de modo que o oráculo tivesse de matar a ave para dar uma resposta correta — ocasião em que evidentemente ela morreria de imediato.

É certo que os Azande não vêem as reações das aves ao *benge* e a ação do *benge* sobre as aves como um processo natural, isto é, um processo condicionado apenas por causas físicas. O oráculo não é para eles uma questão de sorte, como o girar de uma moeda; na verdade cabe perguntar se eles têm qualquer noção que se aproxime do que queremos dizer quando falamos de causas físicas.

Ainda assim os Azande poderiam bem ter uma certa idéia rústica, uma noção de senso comum a respeito dos venenos. Eles poderiam saber que há certos produtos vegetais que matam homens e animais, sem atribuir-lhes propriedades supra-sensíveis. Por certo os europeus freqüentemente atribuem um conhecimento de venenos aos Azande e a outros povos do Sudão meridional. Nenhuma evidência do uso homicida de veneno foi obtida até agora, nem é provável que o seja. Se há um produto com certeza venenoso possuído pelos Azande este é o *benge*; suas propriedades letais são diariamente demonstradas nas aves e algumas vezes foram experimentadas em seres humanos. Ainda assim eles não têm a menor idéia de que poderia ser possível matar gente adicionando veneno em sua comida. Embora os homens sejam freqüentemente suspeitos de usar certas drogas maléficas para matar seus vizinhos, ninguém jamais imaginou um homem usando *benge* como meio de assassinato; se isso for sugerido, um zande dirá que com *benge* não daria certo.

Mas nem sempre é fácil reconciliar as doutrinas azande com seu comportamento — e umas com as outras. Eles dizem que os homens às vezes comem as aves depois de as terem limpado de veneno — uma ação que implicaria o conhecimento das propriedades do *benge* em outras situações. O proprietário de uma ave morta pode tirar seu estômago e pescoço e prepará-la como comida. Meus informantes disseram que se tentava tirar todo o veneno de carcaça. Provavelmente a prática é rara, uma vez que em geral as galinhas utilizadas são demasiado pequenas para fins culinários. Geralmente as aves são jogadas fora ou colocadas numa árvore para serem comidas pelos pássaros, depois de terem as asas cortadas. Além disso, um jovem não comeria aves mortas pelo oráculo, de modo que o dito acima aplica-se apenas aos velhos, e talvez apenas àqueles que não são muito exigentes quanto à comida. Quando protestei a respeito da afirmação de que as pessoas comem aves envenenadas, perguntaram-me: "Que mal pode fazer a um homem o veneno, se ninguém está perguntando nada a ele?" Mekana uma vez observou que seria uma boa brincadeira dirigir-se ao veneno de oráculo na barriga de um velho que tivesse comido uma ave morta num teste oracular. Poderíamos dizer que ele sugeriu: "Se fulano de tal (nomeando o velho) dormiu com sua mulher na noite passada, oráculo de veneno, mate-o!" Acho que Mekana dificilmente falava a sério com essa sugestão. Todavia, o fato mesmo de limpar o veneno das aves sugere que em alguma medida os Azande têm ciência das propriedades naturais dessas substâncias.

Alguns Azande afirmam que o veneno se deteriora com o tempo, e todos sabem que um certo veneno é mais forte que outros, ou então que o *benge* se torna mais potente quando exposto ao sol, e menos potente quando diluído na água. Sabem que se um cachorro comer uma ave morta pelo oráculo ele pode morrer. (É possível que considerem que o oráculo ainda está trabalhando no interior do cachorro e respondendo à pergunta anteriormente feita; mas não tenha provas de que seja este o caso. É possível também que, quando os homens limpam as aves mortas pelo oráculo, antes de comê-las, estejam temerosos de que o veneno continue respondendo à pergunta dentro deles e os mate. Não tenho dúvidas de que um zande poderia dar uma razão tão caracteristicamente mística para seu comportamento.)

2

Sem experimentos de laboratório é impossível discernir qualquer uniformidade no trabalho do oráculo. A observação por si só é insuficiente para explicar por que algumas aves morrem e outras sobrevivem. Na verdade os Azande agem como agiríamos em circunstâncias semelhantes, e fazem os mesmos tipos de observações que faríamos. Eles reconhecem que um veneno é forte e outro é fraco, e dão mais ou menos doses segundo o tipo que estão usando. Ouve-se com freqüência durante uma sessão: "Não é bastante forte", "Você já deu o bastante à ave", e expressões semelhantes. Mas os Azande são dominados por uma fé poderosa que os impede de fazer experimentos, de generalizar contradições entre os testes e entre veredictos de diferentes oráculos, e entre todos os oráculos e a experiência. Para entender por que os Azande não tiram de suas observações as conclusões que tiraríamos, devemos nos dar conta de que sua atenção está focalizada nas propriedades místicas do oráculo de veneno, e que suas propriedades naturais são de interesse tão pequeno para eles que simplesmente não entram em consideração. Para eles a trepadeira é algo diferente do produto final, usado em condições rituais, e ela raramente consta de suas noções sobre o oráculo. Se a mente de um zande não estivesse focalizada nas qualidades místicas do *benge*, e totalmente absorvida por elas, ele perceberia a significação do conhecimento que já possui. Tal como é, a contradição entre suas crenças e observações só se torna uma contradição evidente e generalizada quando são colocadas lado a lado nas páginas de um tratado etnográfico. Mas, na vida real, esses pedaços de saber não participam de um conceito indivisível — como se, quando um indivíduo pensa no *benge*, tivesse necessariamente de pensar em todos os detalhes que descrevi aqui. Tais detalhes são função de situações diferentes e não estão coordenados. Por conseguinte, as contradições, para nós tão aparentes, não impressionam um zande. Se ele vem a ter consciência de uma contradição, trata-se de uma contradição particular, facilmente explicável em termos da própria crença.

É evidente que o sistema oracular não teria sentido se a possibilidade de o *benge* ser um veneno natural — como um europeu educado o consideraria — não estivesse automaticamente excluída. Quando eu costumava pôr em dúvida a fé zande no oráculo de veneno, defrontava-me ora com assertivas diretas; ora com uma dessas evasivas elaborações secundárias da crença que se ajustam a qualquer situação capaz de provocar ceticismo; ora com uma polidez compadecida — mas sempre com um emaranhado de obstáculos lingüísticos, pois as objeções não formuladas por uma cultura não podem ser adequadamente expressas em sua língua.

Os Azande observam como nós a ação do oráculo de veneno, mas suas observações estão sempre subordinadas à sua crença, servindo para explicá-la e justificá-la. Considere o leitor qualquer argumento que pudesse demolir totalmente as alegações azande sobre o poder do oráculo. Se esse argumento fosse traduzido para as formas de pensamento zande, serviria para sustentar toda a sua estrutura de crenças. Pois as noções místicas são eminentemente coerentes, inter-relacionadas por uma teia de ligações e ordenadas de tal modo que nunca contradizem diretamente a experiência sensível — ao contrário, a experiência parece justificá-las. Os Azande estão imersos num mar de noções místicas; e, ao falarem de seu oráculo de veneno, fazem-no num idioma místico.

Se não podemos dar conta da fé zande em seu oráculo de veneno — assumindo que eles estão cientes de que se trata de um veneno e simplesmente se conformam ao acaso da ação diferencial do oráculo sobre aves diferentes —, podemos em vez disso tentar compreendê-la, supondo que eles personifiquem o oráculo. Se lhe atribuirmos uma mente, o oráculo zande não é mais difícil de entender do que o de Delfos. Mas os Azande não o personificam. Pois embora nos pareça que devam ver o oráculo como uma pessoa, já que se dirigem diretamente a ele, a questão parece na verdade absurda quando formulada na língua zande. Uma *boro*, uma pessoa, tem duas mãos e dois pés, uma cabeça, uma barriga e assim por diante, e o oráculo de veneno não tem nada disso. Não é vivo, não respira ou se move. É uma coisa. Os Azande não têm qualquer teoria sobre ele; não sabem por que funciona, mas apenas que funciona. Oráculos sempre existiram e sempre funcionaram como funcionam, porque esta é sua natureza.

Se você pressionar um zande para que explique como o oráculo de veneno pode ver coisas distantes, ele dirá que sua *mbisimo*, sua alma, as vê. Pode-se argumentar que se o oráculo de veneno tem uma alma ele é um ser animado. Defrontamo-nos aqui com uma dificuldade que sempre surge quando uma palavra nativa é traduzida. Traduzi a palavra *mbisimo** por "alma" porque a noção que essa palavra exprime em nossa cultura é mais próxima da noção do *mbisimo* das pessoas do que qualquer outra palavra nossa. Os conceitos não são idênticos, e como em cada língua a palavra é usada em muitos sentidos, não é mais possível usar as expressões originais na tradução sem o risco de confusão e distorção grosseiras. Ao dizer que o oráculo de veneno tem um *mbisimo*, os Azande querem dizer pouco mais do que "ele faz alguma coisa", ou "ele é dinâmico". Pergunta-se então como funciona, e eles respondem: "Tem uma alma". Caso se perguntasse como sabem que tem uma "alma", eles responderiam que sabem por que o oráculo funciona. A palavra *mbisimo* descreve e explica toda ação de ordem mística.

Torna-se bem evidente que os Azande não vêem os oráculos como pessoas quando consideramos os oráculos de atrito** (ou da tábua mágica) e das

* Ver Apêndice I, glossário (N.T.)

** *Rubbing-board oracle* (N.T.)

térmitas. O oráculo de atrito é um instrumento de madeira feito pelo homem e só se torna oráculo quando tratado e operado de certa maneira; se um tabu for violado, ele volta a ser apenas um pedaço de madeira entalhada, sem o poder de ver o futuro. As térmitas não são certamente pessoas físicas ou corpóreas; são térmitas e nada mais. Mas se forem abordadas de modo correto são então dotadas de poderes místicos.

É difícil para nós entender como o veneno, a tábua mágica, as térmitas e três gravetos podem ser meramente coisas ou insetos, e ainda assim ouvir o que é dito a eles, prever o futuro e revelar o presente e o passado. Mas quando usados em situações rituais deixam de ser simples coisas e meros insetos e se tornam agentes místicos. E, já que os oráculos são dotados de seus poderes graças ao homem, também será por meio do homem que os perdem. Se um tabu é quebrado, tornam-se novamente meros insetos, coisas e pedaços de madeira.

3

Ocorrerá de pronto a uma mente européia que a razão provável da morte ou sobrevivência de uma ave é a maior ou menor dose de veneno a ela ministrada, e se avançará a conclusão de que o veredicto depende da habilidade do operador. De fato um europeu está propenso a admitir que o operador trapaceia. Mas creio que está errado nessa suposição. É verdade que o número e o tamanho das doses ministradas às vezes variam, e que mesmo aves de igual tamanho nem sempre recebem o mesmo número de doses; mas supor que os Azande trapaceiam é nada entender da sua mentalidade. Qual seria o objetivo de trapacear? Hoje as declarações do oráculo de veneno não são mais reconhecidas como prova de assassinato ou adultério, de modo que não pode mais ser usado como um instrumento de justiça e ganho; as perguntas habituais feitas a ele referem-se à saúde e ao bem-estar do interrogador e de sua família. Este quer sempre saber se a bruxaria está ameaçando seus interesses e, se assim for o caso, quem é o bruxo que o condenou a algum mal-estar. Trapacear, longe de ajudá-lo, iria destruí-lo, pois em vez de poder chegar ao verdadeiro bruxo e assim se ver livre de seu destino adverso, chegaria à pessoa errada, ou a ninguém, e será vítima inevitável da sina que o espera. A trapaça é totalmente contra seus interesses. Resultaria provavelmente em sua morte. Mesmo em questões de casamento, em que poderia parecer vantajoso a um zande obter um veredicto favorável, de modo a poder casar-se com determinada moça, seria na verdade fatal trapacear; se ele obtivesse um veredicto incorreto isso significaria simplesmente que sua mulher morreria pouco depois do casamento.

No entanto seria possível argumentar que o consultor do oráculo é uma pessoa, e o operador é outra, e que os sentimentos e propósitos do consultor contam menos que a astúcia do operador. Isso, como veremos no próximo capítulo, pode ser um comentário justo quanto ao funcionamento do oráculo de atrito, mas não cabe no caso do oráculo de veneno, pelos seguintes motivos:

(1) O operador age em público. Sua audiência, toda composta de interessados na disputa ou investigação, senta-se a poucos metros de distância, pode ver o que ele faz e em grande parte dirige suas ações.

(2) Ficou evidente para mim, nas muitas ocasiões em que presenciei as consultas, que o operador estava tão pouco ciente do resultado que seria obtido quanto eu ou qualquer outro observador. Eu concluí, observando suas ações, fala e expressão, que ele se considerava um servidor mecânico do oráculo, e de modo algum seu dirigente.

(3) Às vezes o consultor do oráculo é seu operador. Um homem que acredita no que os Azande acreditam sobre bruxaria e oráculos, e ainda assim trapaceasse, seria um lunático.

(4) Presenciei casos em que era do interesse do operador que as aves vivessem, e no entanto elas morreram, e vice-versa.

(5) Não há uma classe especial de operadores. Eles não formam uma corporação ou confraria. A maioria dos adultos homens sabe como operar o oráculo, e qualquer um que o deseje pode fazê-lo. Não se pode usar de trapaça com um praticante do mesmo tipo de trapaça.

(6) Os operadores são geralmente meninos entre 12 e 16 anos, suficientemente grandes para conhecer e observar os tabus de alimentação e jovens o bastante para se absterem de relações sexuais. De todo o país zande, esses inocentes são provavelmente as pessoas que menos sabem trapacear; além disso, não estão em geral preocupados com os problemas dos adultos tipicamente apresentados ao oráculo.

(7) O oráculo se contradiz praticamente a metade das vezes em que se fazem dois testes para a mesma pergunta.

(8) Os Azande não compreendem que o *benge* é um veneno natural, e portanto não sabem nem mesmo que uma trapaça desse tipo seria possível. Dirão do oráculo de atrito que um homem trapaceou com ele, mas nunca se ouvirá a sugestão de que um homem possa ter manipulado desonestamente o oráculo de veneno.

A diferença no número de doses ministradas às aves deve-se a certas regras técnicas de operar o oráculo. Há um número comum de doses para aves de diferentes tamanhos, mas o oráculo dá suas respostas por intermédio das aves, sendo esta a única maneira pela qual ele pode falar; de modo que convém perceber que a ave foi afetada pelo veneno, porque assim eles sabem que a pergunta foi ouvida, considerada e está sendo respondida. Desse modo, se, depois de duas doses, a ave não parece ter sido absolutamente afetada, mesmo que este seja o número comum de doses para uma ave daquele tamanho, uma terceira dose pode ser dada. Se a ave permanece inabalável, eles sabem que o oráculo dará um veredicto claro, poupando-a; e que respondeu sem hesitações, pois, já que matou outras aves no mesmo dia, é sabidamente um *benge* de boa qualidade, que pode matar aves se assim quiser.

Observei que os Azande às vezes dão menos doses no segundo teste, o *gingo*, que no primeiro. Eles não estão tentando trapacear, mas não querem gastar o veneno valioso. O objetivo do segundo teste é verificar se o oráculo estava funcionando corretamente quando deu sua primeira resposta. Isso pode ser provado claramente tanto após uma ou duas doses como após três ou quatro, e é apenas desperdício ministrar doses extras.

Os Azande sabem que em disputas civis, relativas a bruxaria ou adultério, por exemplo, o homem escolhido para consultar o oráculo de veneno tem a possibilidade de trapacear de uma outra maneira. Um homem não mexeria no veneno, porque não acredita que seja possível alterar o veredicto de um oráculo quando o veneno foi ministrado a uma ave; mas ele pode arranjar uma asa de galinha sem ter absolutamente consultado o oráculo de veneno; pode simplesmente matar uma ave e cortar a asa. Os Azande dizem que isso às vezes acontece, mas o perigo é pequeno, porque o ancião que faz o teste normalmente traz duas ou três testemunhas consigo. Além disso, um homem que esteja convencido de que não teve um teste correto pode apelar para o rei, e se seu oráculo de veneno declara esse homem inocente, o rei mandará buscar o ancião e lhe dirá que ele é trapaceiro, mentiroso e nunca mais poderá conduzir consultas oficiais.

4

Que explicação dão os Azande quando o oráculo se contradiz? Uma vez que eles não compreendem as propriedades naturais do veneno, não podem explicar cientificamente a contradição; como não atribuem uma personalidade ao oráculo, não podem atribuir suas contradições à volição; e, já que não trapaceiam, não podem manipular o oráculo para evitar contradições. O oráculo parece ser ordenado de modo a fornecer um número máximo de contradições evidentes, pois, como vimos, em questões importantes um único teste é inaceitável, e o oráculo deve matar uma ave e poupar outra para que o veredicto seja válido. Como bem podemos imaginar, o oráculo freqüentemente mata ou poupa ambas as aves, e isso nos provaria a futilidade de todo o processo. Mas, para os Azande, isso prova o contrário. Eles não se surpreendem com as contradições; esperam-nas. Por paradoxal que seja, os erros, bem como os julgamentos válidos do oráculo, provam sua infalibilidade. O fato de que o oráculo erre por causa da intervenção de algum poder místico mostra quão precisos são seus julgamentos quando tais poderes são excluídos.

As elaborações secundárias da crença que explicam o fracasso do oráculo atribuem-no a: a) coleta da variedade errada de veneno; b) violação de um tabu; c) bruxaria; d) ira dos proprietários da floresta onde cresce a trepadeira; e) idade do veneno; f) ira dos espíritos; g) feitiçaria; h) uso.

Se na primeira sessão o oráculo mata as aves indiscriminadamente, uma após a outra, sem poupar nenhuma, os Azande dizem que se trata de um veneno "tolo". Ocorrem com mais freqüência sessões nas quais o veneno não afeta as aves, quando eles dizem que é um "veneno fraco" ou "morto". Se quatro galinhas de tamanho médio passam sucessivamente incólumes pelo veneno, interrompe-se a sessão, e depois o veneno será jogado fora. Tendo perdido sua potência, não há como recuperá-la, ao passo que se é superpotente o veneno pode, depois de guardado por algum tempo, tornar-se bom, isto é, tornar-se discriminante. Às vezes, quando as aves parecem não ter sido absolutamente afetadas pelo veneno, eles administram as doses usuais a uma delas fazendo ao oráculo a pergunta direta: "Se você é um bom oráculo de veneno, mate esta ave. Se você é um oráculo de veneno inútil, poupe-a!" Se o veneno é um "bom veneno" ou um "veneno forte", ele pode demonstrar sua potência imediatamente.

O veneno pode ser superpotente porque os coletores tiraram-no do tipo errado de trepadeira, pois há duas variedades de trepadeira de veneno, a chamada *nawada* e a chamada *andegi*. A *andegi* mata as aves sem considerar as perguntas feitas. É desnecessário buscar uma causa, pois ao observar sua ação os Azande sabem imediatamente que se trata da *andegi*; então embrulham-na em folhas, escondem-na e esperam alguns meses para que "esfrie". Se depois desse tempo ela ainda permanece "tola", jogam-na fora ou tentam descobrir se a bruxaria ou alguma outra causa é responsável pelo fracasso em proferir julgamentos corretos.

A explicação que menciona a *andegi* é trazida à baila apenas quando o veneno é recém-colhido e está sendo testado para determinar seu valor. Se um pacote de veneno até então tido como boa *nawada* vem a matar todas as aves numa sessão, deve-se buscar outra causa para isso; seu comportamento é geralmente atribuído à bruxaria.

Se, no teste preliminar ou em qualquer teste posterior, o veneno se mostra impotente e não mata uma única ave, os Azande geralmente atribuem seu comportamento à quebra de tabu. Hoje, quando o veneno é freqüentemente comprado de Azande congoleses, há o sério risco de que tenha sido poluído por um dos intermediários; uma vez em contato com uma pessoa impura, ele está estragado para sempre.

A bruxaria é sempre citada como uma explicação para veredictos errados. Ela pode também tornar o oráculo impotente, embora isso seja em geral atribuído à quebra de tabu. De um modo geral a presença de bruxaria é demonstrada quando o oráculo mata duas aves em resposta à mesma pergunta, ou poupa duas aves em resposta à mesma pergunta, quando já matou uma ave na mesma sessão. Em tais casos o veneno é evidentemente potente, e seu fracasso em proferir julgamentos corretos pode se dever à influência passageira de bruxaria. A sessão pode então ser suspensa e reiniciada um outro dia, na esperança de que a bruxaria não esteja mais operante. Todavia, a não ser que o oráculo cometa muitos erros consecutivos, os Azande geralmente não encerram uma sessão, pois em geral a interferência de bruxaria no trabalho do veneno afeta uma só pergunta em particular, sem influência sobre a resposta às outras perguntas. O bruxo está impedindo que o oráculo dê uma resposta precisa a certa pergunta que lhe diz respeito, e não tentando interferir sobre as perguntas que não lhe interessam; tampouco deseja destruir completamente o veneno.

Às vezes o veneno se recusa a funcionar corretamente num determinado dia porque o operador está com azar: "sua condição é má", como dizem os Azande. Isso significa que há bruxaria à sua volta e que, ao entrar em contato com o oráculo de veneno ele lhe transmitiu má sorte, de modo que a condição do veneno também se torna má. Às vezes interrompem-se as perguntas para indagar do oráculo se ele está sendo perturbado por bruxaria; as pessoas dizem que ele pode então matar uma ave depois de ter sido incapaz de fazê-lo antes, ou poupar uma ave depois de ter matado todas as anteriores, de modo a informar ao interrogador que há bruxaria presente. Um homem não pergunta a um pacote de veneno se um outro pacote é bom.

Se no primeiro teste depois de colhido o oráculo de veneno não funciona — e o homem que o colheu está certo de que observou os interditos exigidos e de que o veneno não entrou em contato com qualquer influência poluente —, sua impotência pode ser atribuída à ira dos proprietários do solo de onde foi extraído. Ou pode-se dizer que algum estrangeiro poluiu o veneno sem conhecimento do coletor quando o grupo estava na viagem de volta. Tais explicações no entanto raramente são dadas e dificilmente seriam aceitas. O homem que recorre a elas é alguém que deseja se eximir de responsabilidade.

Às vezes ouve-se dizer que um pacote de veneno perdeu seu poder porque foi guardado por muito tempo. Contudo, muitos negaram-me essa possibilidade, afirmando que a quebra de tabu, a bruxaria, ou alguma outra causa deve ser a responsável pela perda de força.

Diz-se ocasionalmente que os espíritos são os responsáveis. Afirma-se que, se um homem colhe veneno de oráculo no Congo e esquece de ofertar parte dele a seu pai como primícias, os espíritos podem corrompê-lo.

Finalmente qualquer veneno perderá seu poder com o uso. Em geral prepara-se para uma sessão mais veneno do que aquele que será usado nos testes. Ao final da sessão recolhe-se o que sobrou e guarda-se separadamente do não-usado. O veneno pode ser empregado ao menos duas vezes; se é de boa qualidade, até três ou quatro. Ocasionalmente prepara-se uma mistura de veneno fresco e usado. Finalmente sua força se esgota. Os Azande sabem quando isso acontece e dizem simplesmente: "Ele está esgotado", sem sugerir qualquer causa mística para a perda de potência.

Às vezes o veneno age de modo peculiar no interior da ave, e é preciso experiência para interpretar corretamente suas reações. Às vezes uma ave que parece ter sobrevivido ao ordálio morre mais tarde, quando está a correr no capim, ou mesmo depois que seu proprietário a levou de volta para casa. Nunca vi uma ave reviver depois de ter caído aparentemente sem vida no chão, mas disseram-me que isso ocasionalmente ocorre. De fato um dia ouvi Mbira gabando-se de ter interpelado uma galinha aparentemente morta há um bom tempo com tal veemência e bom senso que ela finalmente sobreviveu. Quando ocorrem essas coisas os jovens azande nem sempre sabem como interpretá-las, mas os homens mais velhos e experientes raramente se atrapalham em explicar o comportamento da ave. As pessoas só decidem realmente agir com base num veredicto do oráculo se este é dado sem ambigüidade.

Se uma ave agoniza devagar e então subitamente se recobra, isso significa que há alguma influência má pairando sobre o operador. "Sua condição é má." As aves podem morrer devagar, numa longa série de espasmos, como se o veneno estivesse indeciso quanto a matá-las, e isso provavelmente significa que há bruxaria tentando influenciar o oráculo.

O oráculo deve responder à pergunta por uma afirmativa ou por uma negativa, mas às vezes ele vê mais do que o que foi perguntado e quer fazer com que as pessoas saibam o que viu. Por exemplo, pode-se perguntar a ele se um homem será embruxado caso faça uma viagem, e o oráculo sabe que, embora ele não vá sofrer bruxaria, sua família será vítima dela durante a ausência do homem, ou ele próprio será atacado por feitiçaria. Ou pode-se perguntar se determinado homem ficará doente este mês, e o oráculo vê que, embora ele vá estar bem-disposto este mês, ficará doente no seguinte. O oráculo tenta contar essas coisas às pessoas e ao mesmo tempo responder às perguntas feitas a ele.

5

Foi observado que os Azande agem experimentalmente dentro do quadro de suas noções místicas. Atuam como nós teríamos que agir se não tivéssemos meio de fazer análises químicas e fisiológicas e quiséssemos obter os mesmos resultados que eles. Assim que o veneno é trazido da floresta, ele é testado para se descobrir se algumas aves viverão e outras morrerão sob sua influência. Não seria razoável usar veneno sem primeiro ter verificado se todas as aves às quais ele é ministrado não morrem ou vivem, pois nesse caso o oráculo seria uma farsa. Cada sessão deve ser em si mesma experimentalmente consistente. Assim, se as três primeiras aves sobreviverem, os Azande ficarão apreensivos, suspeitando que o oráculo não esteja funcionando adequadamente. Mas se então a quarta ave morre, ficam satisfeitos. Dirão: "Você vê, o veneno é bom, ele poupou as três primeiras aves, mas matou esta." O comportamento zande, embora ritual, é consistente, e as razões apresentadas para esse comportamento, embora místicas, são intelectualmente coerentes.

Se suas noções místicas lhes permitissem generalizar as observações, os Azande perceberiam, como nós, que sua fé não tem fundamento. Eles mesmos fornecem a prova necessária. Dizem que às vezes testam um veneno novo ou velho que suspeitam ter sido corrompido fazendo-lhe perguntas bobas. Na lua cheia dão veneno a uma ave e dirigem-se a ele assim:

> Oráculo de veneno, fale à galinha sobre estas duas lanças aqui. Como vou subir ao céu, se perfurarei a lua hoje com minhas lanças, mate a ave. Se não perfurarei a lua hoje, oráculo de veneno, poupe a ave.

Se o oráculo mata a ave eles sabem que está corrompido.

E ainda assim os Azande não vêem que seu oráculo não lhes diz nada! Sua cegueira não se deve à estupidez: eles raciocinam de modo excelente no idioma de suas crenças, mas não podem raciocinar fora ou contra suas crenças, porque não têm outro idioma em que expressar seus pensamentos.

O leitor naturalmente desejará saber o que dizem os Azande quando os fatos subseqüentes provam que as profecias do oráculo de veneno estavam erradas. Aqui novamente não se surpreendem com o resultado; ele não prova que o oráculo seja fútil. Prova, antes, quão bem fundadas são suas crenças na bruxaria, na feitiçaria e nos tabus. A contradição entre o que o oráculo disse que aconteceria e o que realmente aconteceu é tão óbvia aos olhos dos zande como aos nossos, mas eles nunca, nem por um minuto, questionam a virtude do oráculo em geral; tentam apenas explicar a imprecisão desse veneno particular.

Além disso, mesmo que o oráculo não fosse desviado da trilha correta da profecia por meio de bruxaria ou magia negra, há outras razões às quais se atribuir seu fracasso. Pode ser que a aventura particular sobre cujo sucesso se estava consultando o oráculo não estivesse à época da consulta sob ameaça de bruxaria, mas que um bruxo tenha intervindo em algum momento posterior, entre a consulta e o começo do empreendimento.

Os Azande vêem tão bem quanto nós que o fracasso de seu oráculo em fazer profecias corretas pede uma explicação, mas estão de tal modo enredados em noções místicas que precisam recorrer a elas para explicar o fracasso. A contradição entre a experiência e uma noção mística é justificada por meio de outras noções místicas.

Normalmente há pouca chance de se provar que o oráculo errou, pois normalmente as perguntas que lhe são feitas não podem ser desafiadas pela experiência subseqüente, já que o interrogador aceita o veredicto e não busca confirmá-lo pela experiência. Assim, se um homem perguntasse ao oráculo: "Se construir minha casa em tal ou qual lugar, morrerei lá?"; ou: "Se meu filho for apadrinhado por fulano nas cerimônias de circuncisão, ele morrerá?"; e se o oráculo respondesse "sim" a ambas as perguntas, ele não construiria sua casa no lugar nefasto nem permitiria que seu filho tivesse como padrinho o homem não-auspicioso. Conseqüentemente, nunca saberia o que teria acontecido se não tivesse seguido o conselho do oráculo. Do mesmo modo o veredicto do oráculo está em geral de acordo com o curso da natureza; assim, se um homem receber a resposta de que é seguro casar-se com determinada jovem porque ela não morrerá nos próximos anos, ou que ele garantirá sua colheita de eleusina se semeá-la em certo terreno no mato, seria pouco provável que o oráculo se mostrasse inverídico, já que as chances de morte da jovem ou de destruição da resistente eleusina são pequenas.

Além disso, apenas certos tipos de pergunta são regularmente feitas ao oráculo, perguntas relativas à bruxaria, doença, morte, viagens longas, luto e vingança, mudança de local de residência, longos empreendimentos agrícolas ou caçadas, e assim por diante. Não se pergunta ao oráculo de veneno sobre pequenos problemas ou coisas que envolvam precisão minuciosa com relação ao tempo. Não se fazem perguntas do tipo: "Matarei um antílope se for caçar amanhã?", e assim não se recebem instruções imediatas detalhadas que poderiam estar erradas, revelando a falsidade do oráculo.

De hábito os Azande não fazem perguntas cujas respostas possam ser facilmente comprovadas pela experiência; fazem apenas perguntas que envolvem a contingência. As respostas não podem ser testadas, ou, caso se revelem errôneas em vista dos acontecimentos subseqüentes, devem permitir a explicação do erro. Em último recurso, os erros sempre podem ser explicados por uma interferência mística. Mas não há necessidade de se supor que o zande esteja ciente de que evita colocar questões claras. Restringindo suas perguntas a certos tipos bem conhecidos, ele age conforme a tradição. Não lhe ocorre testar o oráculo experimentalmente, a não ser que tenha sérias suspeitas quanto a uma amostra particular de veneno.

Além disso devemos lembrar que o valor do oráculo está na sua habilidade em revelar o jogo de forças místicas. Quando os Azande indagam sobre saúde, casamento ou caça, eles estão buscando informação sobre o movimento das forças psíquicas que lhes podem causar dissabores. Não estão tentando simplesmente descobrir as condições objetivas num determinado momento do futuro, nem os resultados objetivos de determinada ação, mas a inclinação dos poderes místicos de que dependem tais condições e resultados. Então, quando o oráculo anuncia um horizonte sombrio para um homem, este fica contente de ter sido avisado, porque agora que conhece as disposições da bruxaria pode entrar em contato com ela e fazer com que o futuro lhe seja mais favorável.

Com seus oráculos um zande pode descobrir as forças místicas que pairam sobre um homem e o condenam antecipadamente; tendo-as descoberto, pode opor-se a elas ou alterar seus planos de modo a evitar o destino que lhe espera numa aventura particular. Assim, é evidente, as respostas que recebe não se referem em geral a acontecimentos objetivos, e portanto não podem ser facilmente contrárias à experiência.

No entanto, observei freqüentemente que os Azande, ao serem informados de que a doença os espreita, nem sequer tentam descobrir o nome do bruxo responsável e fazer com que este sopre água; apenas esperam alguns dias e então consultam novamente o oráculo, para descobrir se sua saúde será boa no mês seguinte, esperando que na época da segunda consulta a má influência que pairava sobre o futuro quando da primeira consulta não mais esteja atuante.

Disso deriva que o presente e o futuro não têm para os Azande exatamente o mesmo significado que para nós. É difícil formular o problema em nossa linguagem, mas pareceria, a partir do seu comportamento, que para eles o presente e o futuro sobrepõem-se de algum modo, como se o presente participasse do futuro. Assim, a saúde e a felicidade futuras de um homem dependem de condições que já existem, que podem ser expostas pelo oráculo e alteradas. O futuro depende da disposição de forças místicas que podem ser enfrentadas aqui e agora. Além disso, quando os oráculos anunciam que alguém ficará doente, isto é, será embruxado num futuro próximo, sua "condição" já está portanto má, seu futuro já é parte dela. Os Azande não podem explicar essas questões, contentando-se em acreditar e atuar sobre elas.

Da mesma forma o oráculo é protegido por sua posição na ordem dos eventos. Quando um zande deseja executar um bruxo que matou um de seus parentes, ou um ladrão que lhe roubou algo, ele não pede ao oráculo para identificar o bruxo e o ladrão, para então fazer magia contra essa pessoa conhecida; ele primeiro faz magia contra um criminoso desconhecido, e quando morre alguém na vizinhança, pergunta ao oráculo se esta é a vítima de sua magia anterior.

Mas, apesar das muitas maneiras pelas quais a crença no oráculo de veneno se sustenta, poder-se-ia duvidar de que mantivesse seu prestígio numa comunidade democrática. No país zande seus veredictos têm uma sanção histórica pelo fato de que eram tradicionalmente sustentados pela plena autoridade do rei. As decisões do oráculo do rei eram finais. Se pudesse caber qualquer recurso contra elas dirigido aos oráculos privados, ocorreria uma confusão generalizada, já que todo mundo poderia produzir veredictos oraculares para apoiar seu próprio ponto de vista, e não haveria como decidir entre eles. Conseqüentemente, em disputas legais, a autoridade do oráculo de veneno era primeiramente a autoridade do rei, e isso por si só tenderia a evitar qualquer desafio sério à sua veracidade.

6

Há um problema final a ser discutido. Como disse em capítulos anteriores, cada situação exige um modelo particular de pensamento que lhe seja adequado. Assim, um indivíduo empregará numa dada situação uma noção que ele exclui em situação diferente. As muitas crenças que relatei aqui são como diferentes instrumentos de pensamento, e um zande seleciona aquelas que lhe são mais favoráveis. Ele não aceita prontamente um veredicto oracular que seja seriamente conflitante com seus interesses. Ninguém acha que o oráculo é um absurdo; mas todos acham que por alguma razão específica, neste caso particular, este veneno que se usou está errado. Os Azande são céticos apenas quanto a oráculos particulares, não quanto aos oráculos em geral, e seu ceticismo é sempre expresso num idioma místico que garante a validade do oráculo de veneno como instituição.

À parte os casos criminais, tampouco pode haver dúvida de que um homem se aproveite de cada brecha que o oráculo lhe permite para obter o que quer, ou para deixar de fazer o que não quer. Além disso ele usa a autoridade do oráculo para desculpar sua conduta ou para obrigar os outros a aceitá-la. O oráculo é muito útil, por exemplo, no caso em que a mulher de alguém deseja se ausentar de casa para visitar os pais. É difícil ao marido proibir a visita, mas se ele puder dizer que os oráculos não a aconselham a fazer isso, poderá tanto impedi-la como bloquear quaisquer objeções por parte dos parentes afins.

Nas condições reais de funcionamento do oráculo, os Azande gostam de receber uma previsão favorável no primeiro teste e de adiar o teste corroborativo que pode contradizê-lo pelo maior tempo possível. A tradição permite-lhes certa liberdade quanto à ordem em que dispõem suas perguntas ao oráculo e quanto ao número de doses administradas às aves. Há uma arte de interrogar o oráculo, pois como ele deve responder "sim" ou "não" a uma pergunta, um homem pode definir os termos da resposta afirmando-os na pergunta. Por meio de sutis interpretações das reações das aves ao veneno, sempre é possível qualificar as declarações dadas pelos oráculos ao matá-las ou poupá-las.

Em tudo isso os Azande não estão trapaceando. Para suas necessidades individuais em determinadas situações um homem lança mão das noções que mais favorecem seus desejos. Os Azande não podem ir além dos limites estabelecidos por sua cultura e inventar noções; mas, no interior desses limites, o comportamento humano não é rigidamente determinado pelo costume, e sempre se tem alguma liberdade de ação e de pensamento.

CAPÍTULO X

Outros oráculos azande

I

Depois do oráculo de veneno, os Azande respeitam o *dakpa*, ou oráculo das térmitas. Não se coloca um veredicto do oráculo das térmitas diante do oráculo de atrito para confirmação, e não se coloca um veredicto do oráculo de veneno para que as térmitas o confirmem. Se mais de um oráculo é consultado, eles lançam mão sempre do menos importante antes de recorrer ao mais importante, na seguinte ordem: 1) oráculo de atrito; 2) térmitas; 3) oráculo de veneno. O *dakpa* é o oráculo de veneno dos pobres. Não se gasta muito, porque basta a um homem achar uma termiteira e enfiar dois ramos de árvores de espécies diferentes numa das cavidades e voltar no dia seguinte para ver qual dos dois as térmitas comeram. O principal inconveniente desse oráculo do ponto de vista zande é o fato de ele ser demorado e restrito. Leva uma noite inteira para responder a uma pergunta, e muito poucas perguntas podem ser feitas ao mesmo tempo.

Em todas as questões importantes as decisões do oráculo das térmitas devem ser corroboradas pelo oráculo de veneno. Mas como o veneno é caro, fica mais barato obter veredictos preliminares das térmitas e recorrer ao oráculo de veneno apenas para a decisão final. Assim, um homem descobre que, dentre meia dúzia de locais, há um mais adequado para ele construir sua casa — e então coloca a escolha das térmitas diante do oráculo de veneno para confirmação. As mulheres e os homens podem consultar o oráculo das térmitas, e as crianças às vezes usam-no. Todos o conhecem e podem utilizá-lo.

Esse oráculo é considerado muito seguro — bem mais que o de atrito. Os Azande dizem que as térmitas não prestam atenção ao falatório doméstico, escutando somente as perguntas que lhes são dirigidas. Os homens mais velhos procuram consultar o oráculo das térmitas no começo de cada mês para saber se continuarão a ter boa saúde. Um homem rico faz essa mesma pergunta ao oráculo de veneno.

Em língua zande, o oráculo recebe seu nome de uma das árvores cujo galho é enfiado na termiteira. Os Azande podem dirigir suas perguntas a esses galhos. Todavia em geral dirigem-se às térmitas, e em seus comentários sobre o oráculo fica claro acharem que estas escutam suas perguntas e respondem-nas. Mas o fato de que se dirigem a ambos mostra que nenhuma inteligência geral e independente é atribuída nem às térmitas nem às árvores; há apenas uma inteligência específica no funcionamento do oráculo, e o oráculo como um todo, como algo *sui generis*, é o destinatário das perguntas.

Devem-se observar os mesmos tabus do oráculo de veneno, mas eles são menos rigorosos. As térmitas são sempre abordadas à noitinha. Cada homem dirige-se a um de seus próprios montes de térmitas, porque os outros podem reclamar se alguém lhes perturba as termiteiras enfiando galhos nelas. O consulente não traz os galhos de *dakpa* ou *kpoyo* de casa, porque essas duas árvores se acham em toda parte no mato. Com o cabo da lança ele força um dos maiores tubos de entrada da termiteira ou um dos orifícios laterais. Pega então um galho de cada árvore com uma das mãos e, falando às térmitas que correm para o local remexido, diz algumas palavras do gênero : "Ó, térmitas, eu morrerei este ano, comam *dakpa*. Eu não morrerei, comam *kpoyo*." O consulente pode dirigir-se aos galhos como se estivessem comendo: "*Dakpa* morrerei este ano, *dakpa* você come; não morrerei este ano, *kpoyo* você come!" As palavras variam conforme a pergunta, mas são sempre ditas numa das formas tradicionais. Enquanto fala, o consulente introduz os dois galhos nos buracos, e depois de ajuntar a seu redor alguns montículos da terra escavada, ele volta para casa.

Na manhã seguinte, bem cedo, o consulente vai à termiteira para receber sua resposta. As térmitas podem ter comido *kpoyo* e deixado *dakpa*, ou podem ter comido *dakpa* e deixado *kpoyo*. Podem ter comido ambos, ou deixado ambos intactos. A resposta depende então da maneira pela qual foi feita a pergunta. Quando se refere ao bem-estar do consulente ou de um parente, ela é feita de tal modo que, se as térmitas comerem *dakpa*, isso significa uma profecia de infortúnio, e se comerem *kpoyo* o significado é o de boa sorte. Obtido um veredicto, pode-se levá-lo imediatamente ao oráculo de veneno, ou, quando não se deseja fazê-lo, pode-se obter um *gingo* das térmitas, ou um teste de corroboração semelhante ao que se pede ao oráculo de veneno. Creio no entanto que isso normalmente não é feito, pois em geral os casos que exigem tal cuidado são tão importantes que devem ser apresentados ao oráculo de veneno, que dará toda a confirmação necessária.

Por vezes nenhum dos galhos é comido. Então os Azande dizem simplesmente que as térmitas recusam uma resposta e tentam em outra termiteira. Freqüentemente elas comem ambos os galhos. Esse veredicto não é inválido, como no caso em que o veneno mata ou poupa as duas aves. Não se espera das térmitas uma resposta sem ambigüidade. Poderíamos certamente atribuir essa aceitação de respostas imprecisas ao fato de que as questões colocadas ao oráculo das térmitas não têm a importância daquelas colocadas ao oráculo de veneno, e de que o primeiro não resolve questões legais. Quando ambos os galhos são comidos, a interpretação não é uma resposta completa à pergunta, mas uma réplica parcial; por exemplo, se *dakpa* é o galho mais comido, a resposta é um veredicto nuançado, tendendo à afirmativa ou negativa segundo os termos da pergunta.

Se ambos os galhos são comidos mais ou menos igualmente, os Azande podem dizer que as formigas estavam apenas com fome e comeram para satisfazer seu apetite; ou podem declarar que um tabu foi quebrado e houve interferência de bruxaria no oráculo. Mas eles não evocam entidades místicas para explicar o fracasso do oráculo das térmitas em dar respostas precisas com a mesma freqüência e profusão com que fazem para explicar as discrepâncias nos veredictos do oráculo de veneno.

2

Outro oráculo zande é chamado *mapingo*. Pode ser usado por todo mundo, mas, a não ser para a escolha de um local de residência, os homens adultos não o empregam com freqüência. Ele é considerado especialmente o oráculo das mulheres e crianças. É usando o *mapingo* que as crianças ganham sua primeira experiência em consultas oraculares. O funcionamento é o mais simples possível. Três pequenos gravetos ou pedaços cilíndricos de madeira de cerca de uma polegada de comprimento são cortados do galho de uma árvore ou do talo da mandioca. São necessários três pedaços para cada pergunta. O material está sempre à mão. Dois dos gravetos são alinhados juntos no chão, e o terceiro é apoiado sobre eles, alinhado na mesma direção. Os gravetos são arranjados geralmente logo antes do cair da noite, numa clareira na orla do jardim que faz limite com a casa, ou atrás de uma cabana. Quando se pergunta sobre uma nova moradia, eles são arrumados numa pequena clareira no local proposto, no mato. O oráculo dá sua resposta pela permanência dos três gravetos na posição durante toda a noite ou pela queda da estrutura. Os Azande às vezes dizem que uma pessoa deve observar os tabus usuais por um curto tempo antes de usar o oráculo dos três gravetos, mas duvido muito de que alguém o faça.

Quando os gravetos estão colocados em posição, um homem dirige-se a eles e lhes fala daquilo a cujo respeito deseja um esclarecimento, ou, melhor dizendo, ele pronuncia uma oração condicional por sobre os gravetos.

Ao fazer uma consulta sobre seu local de moradia um homem geralmente usa duas pilhas de gravetos, uma para ele e outra para sua mulher. Dirige-se à sua pilha mais ou menos assim:

> Eu morrerei, há maldade pairando sobre este local de moradia, se eu construir minha morada aqui, morrerei nela. *Mapingo*, você caia para mostrar que minha "condição" é má. Eu não morrerei nele, deixe-me vir examiná-lo e encontrá-lo na posição que indique minha boa "condição".

Geralmente a questão é formulada de tal modo que o deslocamento dos gravetos dá um prognóstico não-auspicioso, e sua permanência na posição, um prognóstico auspicioso.

Esse oráculo não é considerado importante. Mulheres e crianças fazem-lhe muitas perguntas, mas são questões sobre seus próprios negócios, com pouca significação social. Os homens também lançam mão dele ocasionalmente. Seus veredictos não são tornados públicos, e não se pode abordar um bruxo com base apenas em suas descobertas. É ocasionalmente usado em consultas preliminares ao oráculo das térmitas ou de veneno. Ainda assim é considerado muito seguro, especialmente com relação a locais de moradia, e não se deve desprezar o seu conselho.

3

O mais usado de todos os oráculos é *iwa*, o oráculo de atrito. O oráculo de veneno precisa de preparação. Atualmente costuma ser difícil conseguir veneno de oráculo, e uma pessoa pode ter de esperar vários dias até obter notícia de que um parente ou irmão de sangue está prestes a consultar o oráculo e lhe permitirá trazer uma ou duas aves para resolver seus problemas. Mas um homem não pode esperar quando teme ser vítima de bruxaria ou traição. A qualquer hora um problema súbito pode apresentar-se a ele, uma repentina suspeita pode assaltá-lo. Se possui um oráculo de atrito e está capacitado a usá-lo, ele o levará consigo aonde quer que vá, em sua pequena bolsa de pele ou de palha trançada, de modo a poder sacá-lo a qualquer momento e perguntar-lhe o que fazer. Além disso pode facilmente encontrar um parente ou amigo que consultará seu oráculo em nome dele, pois esse pequeno serviço nada lhes custa. E não é apenas em situações que exigem ação imediata que o oráculo de atrito é mais adequado que o de veneno, mas também em inúmeras outras em que as questões são de importância menor — e portanto não vale muito a pena apresentá-las ao oráculo de veneno. Os Azande não depositam uma fé total nas afirmações do oráculo de atrito e contrastam desfavoravelmente sua confiabilidade com a dos outros oráculos aqui descritos. Consideram suas revelações como equivalentes às dos adivinhos. O oráculo de atrito é visto como um juiz de instância inferior que resolve as questões preliminares, as quais podem então ser levadas ao oráculo de veneno. Assim, por exemplo, um homem está doente e lhe ocorrem muitas pessoas que podem estar fazendo bruxaria contra ele. Seria maçante e caro apresentar seis ou sete nomes ao oráculo de veneno, quando talvez o culpado fosse o último da lista. Mas custará apenas dez minutos ao consulente apresentar os nomes a seu pequeno instrumento de madeira, e quando este apontar o bruxo responsável, tudo o que precisa é pedir ao grande oráculo de veneno a confirmação da escolha. O oráculo de veneno é sempre a autoridade final, e se o problema envolve a relação entre duas pessoas, ele deve obrigatoriamente ser consultado. Por essa razão, a não ser que o problema seja urgente, levam-se todas as questões sociais importantes diretamente ao oráculo de veneno. Apenas perguntas menores ou preliminares são feitas ao oráculo de atrito. Os Azande dizem que ele responde a tantas perguntas que às vezes está fadado a errar. Note-se que esta admissão pode ser feita porque as situações envolvidas são menos importantes, não envolvendo inter-relações sociais.

Os oráculos de atrito consistem em artefatos semelhantes a uma mesa em miniatura. Os menores são levados em sacolas. Os maiores são guardados nas casas. São entalhados na madeira de várias árvores. Têm duas partes, a "fêmea", isto é, a superfície plana da mesa, suportada por duas pernas e seu cabo, e o "macho", a parte que se encaixa à superfície da mesa como uma tampa. A forma da mesa é redonda, tendendo para o oval. Quando não está em funcionamento, uma capa de entrecasca é amarrada sobre a cabeça do instrumento.

Na feitura de um oráculo de atrito um homem está sujeito a certos tabus. Deve abster-se por dois dias de relações sexuais e das mesmas comidas proibidas para o oráculo de veneno. Ele entalha a peça com uma enxó, fazendo a parte inferior antes da superior. Escurece-a esfregando uma lança incandescente em sua superfície. O entalhamento da tábua é apenas parte do processo de manufatura. O objeto nada mais é, até aqui, do que dois pedaços de madeira entalhada; ele precisa ser dotado de potência mística, isto é, a madeira tem que ser transformada em oráculo. Isso é realizado por duas ações. Em primeiro lugar a mesa é untada com uma droga feita de raízes fervidas, cujos sucos são misturados com óleo e refervidos. Durante a segunda fervura, enquanto são mexidos, o proprietário dirige-se a eles no pote. Disseram-me que o proprietário fala:

> Este é meu oráculo de atrito, que estou benzendo. Quando eu o consultar em nome de alguém, que ele fale a verdade, que prediga a morte (a ameaça de morte). Que revele coisas para mim, que não esconda coisas de mim. Que não perca sua potência. Se um homem comer comida proibida, tal como carne de elefante (e aproximar-se de meu oráculo), que ele não perca sua potência.

O proprietário tira então a mistura do fogo e esfrega um pouco dela nas incisões feitas na mesa do oráculo. O restante do óleo e dos sucos é misturado com cinzas de várias plantas e esfregado na superfície da mesa. Essas incisões podem ser, ao menos em parte, o que faz com que a tampa do oráculo ora emperre ora corra suavemente na mesa, conforme a direção da pressão.

Em segundo lugar o oráculo tem de ser enterrado. Ele foi benzido, mas é preciso tempo para que os remédios penetrem, e ainda há uma "frieza" nele que deve ser removida. É embrulhado com uma nova entrecasca, ou talvez com a pele de um pequeno animal, como uma pequena cabra do mato, e colocado num buraco feito no meio de um caminho. A terra é bem socada para disfarçar que há algo enterrado ali, pois se alguém repara que a terra foi mexida dará a volta ao buraco temendo feitiçaria, e isso estragará o preparo do oráculo, já que são os transeuntes que "tiram toda frieza do oráculo de atrito no meio do caminho" conforme passam sobre ele. Depois de dois dias o proprietário o retira.

Ele então testa o oráculo esfregando a tampa de madeira na mesa para frente e para trás. E diz: "Oráculo de atrito, se você vai falar a verdade para as pessoas, emperre." Ele emperra, mostrando sua potência e poderes de discriminação. Então o proprietário dirige-se ao oráculo, dizendo: "Oráculo de atrito, trago um pouco de riqueza para resgatá-lo com ela. Fale a verdade para mim." Coloca então uma faca à sua frente como pagamento. Como a faca é em seguida retirada, os Azande dizem: "Ele engana o oráculo de atrito com uma faca." Aí o proprietário cobre o objeto com entrecasca e coloca sob sua varanda. Está pronto para ser usado.

O oráculo de atrito é operado do seguinte modo: um homem senta-se no chão e firma a tábua, colocando o pé direito no seu cabo, enquanto empurra com a mão direita a tampa para frente e para trás, para perto e para longe de si, tendo-a entre o polegar e o indicador. Antes de operar o oráculo, espreme sucos de plantas ou raspa madeira de várias árvores sobre a mesa. Geralmente usa-se para isso o fruto da macieira cafre.* O operador mergulha a tampa numa cabaça de água ao seu lado e aplica sua superfície plana à superfície da mesa. Logo que elas se tocam, os sulcos ou arranhões da mesa tornam-se úmidos e começam a borbulhar e espumar. O operador empurra a tampa para frente e para trás algumas vezes, e então começa a interrogar o oráculo. De tempos em tempos, umedece a tampa na cabaça de água.

* No original, *Kaffir apple*. Não consegui identificar essa planta; talvez se trate da "ameixa cafre", *Harpephyllum caffrum*, uma anacardiácea (N.T.)

Quando o operador empurra a tampa sobre a mesa, ou a primeira desliza suavemente para frente e para trás, ou emperra tão firmemente que nenhum movimento a moverá mais, tendo que ser puxada para cima com força considerável para se descolar da mesa. Essas duas ações — deslizar suavemente e emperrar com firmeza — são os dois modos pelos quais o oráculo responde às perguntas. Correspondem ao veneno matar ou poupar as aves, às térmitas comerem ou recusarem os galhos, e à permanência ou não da pilha de gravetos na posição. Cada pergunta é então formulada assim: se este é o caso, "emperre"; se não se trata disso, "escorregue suavemente". Nas consultas ao oráculo de atrito, o fato de a tampa emperrar significa quase sempre uma resposta afirmativa, e o de deslizar significa quase sempre uma resposta negativa.

Sejam quais forem as outras perguntas que se pretenda fazer ao oráculo, geralmente se pergunta em primeiro lugar: "Morrerei este ano?", e ele corre suavemente, respondendo "não". Às vezes, em vez de ir suavemente para frente e para trás ou de emperrar, a tampa se desloca lateralmente ou então dá voltas. Às vezes emperra e desliza alternadamente. Nesse caso o oráculo está se recusando a dar um veredicto, e isso em geral significa que está em dúvida quanto à pergunta ou vê alguma coisa fora dos termos da pergunta que modificaria seriamente a resposta inequívoca dada pelo deslizar ou emperrar.

A rigor, como ocorre com os oráculos de veneno e das térmitas, um segundo teste confirmativo deveria ser feito. Se a tampa emperrou no primeiro teste, então no segundo ela deve deslizar suavemente para frente e para trás, e vice-versa. Na verdade, porém, esse segundo teste é feito muito raramente. Em casos importantes a questão será apresentada ao oráculo de veneno, que fornece toda confirmação necessária. Os Azande também devem estar cientes de que o segundo teste confirma sempre o primeiro. Mas não se preocupam muito com tais problemas, porque nas questões mais sérias uma autoridade maior é consultada.

4

Antes de consultar o oráculo de atrito, seu proprietário deve observar as mesmas proibições vigentes para o uso do oráculo de veneno, embora não se exija que as observe por um período tão longo antes de operá-lo. Uma vez que o oráculo pode ser consultado a qualquer momento, os tabus seriam cansativos para o proprietário e para aqueles que desejam que ele opere em seu nome, não fosse o fato de que o respeito dos interditos pode tornar-se desnecessário graças a um processo conhecido como "estragar o oráculo de atrito". Um pedaço de couro de elefante, uma espinha de peixe ou um pedaço de madeira no qual uma mulher tenha sentado (pois uma mulher menstruada pode destruir a potência de qualquer oráculo ao se aproximar dele) são queimados, e as cinzas esfregadas sobre a mesa do oráculo. Em vez de queimar uma espinha de peixe, pode-se borrifar a mesa com algumas gotas da água na qual um peixe tenha sido cozido. Depois disso, não terá importância se um homem comer carne de elefante, peixe, ou se uma mulher menstruada aproximar-se do oráculo.

É sabido que as pessoas na verdade não observam os tabus. Os Azande disseram-me que, embora todo proprietário de oráculo durma regularmente com sua mulher, sabe-se de poucos que tenham se recusado a operar o oráculo por causa disso. No entanto dizem também que um homem sincero e que deseje manter potente seu oráculo não o usaria dois ou três dias após uma relação sexual. Atribuem-se muitos dos erros do oráculo a esse tipo de negligência. No passado, apenas alguns anciãos possuíam oráculos de atrito, e naqueles tempos os tabus eram mais rigorosamente observados, pois os velhos têm mais cuidado em evitar a contaminação do que os jovens. Mesmo hoje não são muitos os homens que possuem oráculos de atrito.

Os Azande dizem que a exatidão de um oráculo de atrito depende de ele não se tornar "frio". Afirmam que, se o oráculo de um indivíduo comete muitos erros, este percebe que ele perdeu a potência. Ela pode ser recuperada com uma aplicação de drogas sobre a mesa, uma recobertura do oráculo com entrecasca e um novo enterramento num caminho freqüentado. Soube que ele é interpelado, enquanto o enterram: "Você é um oráculo de atrito, por que mente? Fale a verdade!" Depois de dois dias, o proprietário desenterra-o, queima um pouco de *benge* e esfrega a fuligem na tábua, dizendo para ela: "Tábua, fale a verdade como o *benge*." Põe então uma pitada de veneno oracular sobre a mesa, envolve-a em entrecasca e deposita-a sob a varanda para descansar por alguns dias.

A operação do oráculo de atrito difere daquela dos demais oráculos pelo fato de apenas algumas pessoas poderem manejá-lo. Com exceção de uma ou duas mulheres peculiares, que consultavam até mesmo o oráculo de veneno, e de umas poucas mulheres-adivinhas, tais pessoas são todas homens de meia-idade ou velhos. As mulheres podem ocasionalmente observar a operação do oráculo quando este é consultado nas residências, ou mesmo em público — ao contrário do oráculo de veneno e do oráculo das térmitas, que são consultados no mato —, mas não são convidadas a se aproximar e não podem manejá-lo. As crianças não o utilizam, e nunca soube de um rapaz que o operasse. Além disso, seu emprego não está condicionado apenas pelo sexo e idade, pois, para que possa operar o instrumento, um homem deve ter ingerido certas drogas. Os oráculos de veneno, das térmitas e dos três gravetos podem ser operados por qualquer homem que tenha observado os tabus, mas quando o oráculo de atrito está sendo usado, tanto seu proprietário quanto o próprio instrumento precisam ter sido benzidos. O poder do oráculo deve-se às drogas que absorveu quando a tábua estava sendo preparada, às drogas aplicadas na mesa antes do uso, às esfregadas nas mãos e pés do operador e por ele ingeridas, e às regras costumeiras a que a operação está submetida.

Apenas o dono do oráculo de atrito pode usá-lo e não deixa que ninguém mais o utilize. Pode consultá-lo a respeito dos negócios de parentes e amigos íntimos sem exigir pagamento, mas dos vizinhos espera uma faca, meia-piastra, um anel ou outra coisa qualquer. Pode sugerir o pagamento educadamente, lembrando que o oráculo não vai funcionar direito, a menos que veja um presente. Se não é pago, o dono pode dizer que sente muito, mas o oráculo está quebrado, ou que ele não observou os tabus no dia anterior, ou não se purificou ritualmente após ter assistido a um enterro.

Os Azande estão perfeitamente cientes de que as pessoas podem trapacear na operação do oráculo de atrito, e esta é uma das razões pelas quais consideram-no inferior aos demais. Contudo, não crêem que as pessoas trapaceiem muito, e um indivíduo só vai dizer que o operador trapaceou se o oráculo falou contra ele, ou se detesta especialmente o operador. Nenhum proprietário de um bom oráculo trapaceia ou deixa de observar os tabus se deseja continuar a ter um bom oráculo. Os oráculos de alguns indivíduos possuem grande reputação de exatidão, ao contrário de outros. Como o oráculo de atrito não tem status legal, não há motivo para que a tradição e a autoridade excluam ou disfarcem, por elaborações secundárias, a possibilidade de uma manipulação imprópria. Um indivíduo deve acreditar, ou pelo menos manifestar essa crença, no oráculo de veneno e submeter-se às suas declarações. Mas as afirmações do oráculo de atrito não incomodam ninguém além do consulente, e o costume não obriga as pessoas a usá-lo ou a se submeterem a seus veredictos.

Não tenho dúvida de que em muitas consultas o operador manipula impropriamente o oráculo. Contudo, os donos de oráculos de atrito costumam consultá-los sobre seus próprios negócios, e dificilmente se pode imaginar que trapaceiem deliberadamente nessas ocasiões. Também se pode perguntar por que, se trapaceiam, se dariam ao trabalho de enterrar a tábua, benzê-la e benzer a si mesmos.

Deve ser difícil para um homem, enquanto avalia uma pergunta, mover sua mão de forma aleatória, quando se considera que o movimento fornece a resposta e quando uma pressão faz toda a diferença entre "sim" e "não". É perfeitamente possível que os Azande não estejam inteiramente conscientes de que controlam o oráculo de acordo com as conclusões a que já chegaram em suas cabeças; e que, entre a avaliação das perguntas e o movimento em resposta da mão, a cláusula intermediária "devo fazer a tábua emperrar (ou correr)" não esteja conscientemente formulada. Se este é o caso, a expressão "trapaça" talvez seja demasiadamente forte.

5

Os Azande falam dos sonhos como se fossem oráculos (*soroka*), pois estes revelam coisas ocultas. Em sentido lato, todos os sonhos prevêem acontecimentos, mas alguns fazem-no mais claramente que outros. Os sonhos em que um homem realmente experimenta a bruxaria anunciam infortúnio para o sonhador, como sinal e resultado de embruxamento; e os sonhos sobre espíritos — não registrados neste livro — informam as pessoas sobre acontecimentos no mundo dos mortos. Mas muitos sonhos explicam-se apenas em termos de profecia, sem referência à bruxaria, embora aquilo que na hora pareça ser um sonho de um tipo possa revelar-se, conforme os acontecimentos, um sonho de outro tipo, mal interpretado.

Há explicações estereotipadas sobre os sonhos. Trata-se em geral de afirmações que postulam que o ocorrido no sonho irá mais tarde suceder na vigília; mas às vezes as imagens oníricas são encaradas como símbolos que exigem interpretação. Mesmo assim, nesses casos, a interpretação é quase sempre tradicional, e basta achar alguém que a conheça. Os Azande nem sempre sabem interpretá-los, embora um sonho obscuro seja em geral vagamente considerado como bom ou mau. Em suma, o que chamaríamos de pesadelos são evidência de bruxaria, e o que chamaríamos de sonhos agradáveis são oraculares, imaginando-se que suas ocorrências aconteçam no futuro.

Alguns homens comem *ngua musumo* — drogas de sonho — que lhes permitem ter sonhos fidedignos. Quando ele é oracular, será então uma profecia verdadeira, advertindo o sonhador sobre um perigo iminente ou a boa fortuna que se aproxima — por exemplo, se um homem sonha que vai caçar ou que visita um príncipe para pedir um presente, isso então significa que matará algum animal ou que vai receber um presente. Se o sonho é um pesadelo, então o sonhador poderá ver o rosto do bruxo que o ataca, de forma a conhecer o inimigo.

Os Azande atribuem muita importância aos prognósticos oníricos. Dizem que as profecias em sonhos são tão verdadeiras quanto as do oráculo de atrito. Os sonhos, porém, não costumam levar diretamente à ação. Os Azande preferem submeter seus prognósticos a um dos quatro oráculos principais — *benge, dakpa, mapingo* e *iwa* — para terem certeza de que os interpretaram corretamente.[1]

[1] Ver Apêndice II.

CAPÍTULO XI

Magia e drogas

I

Um grande número de ritos mágicos foi descrito no decorrer deste livro, mas de forma incidental e sempre em relação à bruxaria e aos oráculos. Agora é tempo de analisar mais de perto a magia zande, que nesta parte final será tomada como a variável importante do complexo ritual da bruxaria, oráculos e magia.

Bruxaria, oráculos e magia são como os três lados de um triângulo. Os oráculos e a magia são dois modos distintos de combater a bruxaria. Os primeiros determinam quem prejudicou ou vai prejudicar outra pessoa por meio de bruxaria e se a bruxaria paira sobre o futuro de uma pessoa. Quando se descobre o nome de um bruxo, segue-se o procedimento descrito no capítulo III. Se a bruxaria atrapalha a realização de um projeto, ela pode ser contornada abandonando-se o projeto até surgirem condições mais propícias, ou descobrindo-se o bruxo cuja malignidade ameaça a empresa e persuadindo-o a desistir.

A magia é o principal inimigo da bruxaria, e teria sido inútil descrever as noções e os ritos mágicos dos Azande se antes não tivéssemos analisado sua crença nos bruxos. Uma vez assimiladas as idéias azande sobre bruxaria, não é difícil entender o objetivo principal de sua magia.

Os Azande distinguem nitidamente entre o uso de magia para a consecução de fins socialmente aprovados, como por exemplo o combate à bruxaria, e seu uso maligno e anti-social na feitiçaria. Para eles a diferença entre um feiticeiro e um bruxo é que o primeiro usa a técnica da magia e extrai seu poder das drogas, enquanto o segundo age sem ritos ou encantações, utilizando poderes psicofísicos hereditários para atingir seus objetivos. Ambos são inimigos da humanidade, e os Azande colocam-nos lado a lado. A bruxaria e a feitiçaria são o contrário da — e são contrariadas pela — boa magia.

Tanto a boa magia quanto a feitiçaria envolvem ritos mágicos que usam objetos fabricados a partir de árvores e plantas. Tais objetos são o que estamos chamando de "drogas".* Depois de maior ou menor elaboração, são utiliza-

* No original, *medicines*; ver Apêndice I. (N.T.)

dos para obter certos fins. Um rito zande não é uma ação muito formalizada; há algumas ações que devem ser realizadas, mas sua seqüência depende da lógica do rito, não condicionando muito rigidamente sua eficácia. Por isso raramente se observa um determinado ritual realizado exatamente da mesma maneira em ocasiões diferentes. Sempre surgem variações, às vezes muito grandes, na seqüência e no conteúdo de palavras e atos. A seqüência dos atos rituais está determinada unicamente por necessidades de ordem técnica e pelo senso comum.

Um princípio homeopático está tão evidente em muitos ritos mágicos e na maior parte da *materia medica* que não há necessidade de exemplificá-lo aqui. Isso é reconhecido pelos próprios Azande. Eles dizem: "usamos tal ou qual planta porque ela é como tal ou qual coisa" (nomeando o objeto a que o rito se dirige). Não obstante, nem sempre é preciso haver similaridade entre as drogas e seus usos, ou entre a ação de um rito e aquela que se supõe ser por ele produzida. Os apitos e bulbos freqüentemente tidos como fontes de poder mágico não têm qualquer similaridade com os objetos que se acredita que eles afetem, e as práticas comuns de ingerir drogas e esfregá-las no corpo são ritos que não imitam o resultado almejado.

Os ritos mágicos importantes normalmente são acompanhados de encantações verbais. O mágico dirige-se (*sima*) às drogas e lhes diz o que quer que façam. Tais encantamentos nunca são fórmulas; o mágico escolhe suas palavras à medida que profere o encantamento. Não há poder na enunciação em si mesma; é preciso apenas que o significado das palavras seja claro, porque as drogas têm uma missão a cumprir e precisam conhecer exatamente sua tarefa. É claro, entretanto, que as pessoas que usam as mesmas drogas com as mesmas finalidades tendem a usar as mesmas frases, e depois que se ouvem alguns encantamentos alheios, é fácil começar a compor os de uso próprio. A virtude de um rito mágico reside sobretudo nas drogas; se elas são usadas corretamente, e caso se observem os interditos apropriados, então elas são obrigadas a obedecer ao mágico; e se forem potentes, farão o que lhes for determinado.

Ao pedir a uma droga para agir em seu benefício, um homem não suplica. Não se trata de implorar um favor. Ele diz o que ela deve fazer, assim como faria com um menino que enviasse para um serviço qualquer. Muitos encantamentos são proferidos com voz normal, e as drogas são interpeladas de um modo descuidoso que sempre me surpreendia. Contudo, quando são perigosas e a tarefa que lhes é incumbida tem grande importância, são tratadas com mais consideração — por exemplo, quando se usa a magia de vingança, presta-se muita atenção às drogas, que são cuidadosamente instruídas a cada frase sobre a ação exigida.

Nem sempre os Azande interpelam as drogas. Vi antídotos a outras drogas serem ministrados sem que se pronunciasse uma só palavra. Também assisti a um longo ritual de cancelamento de vingança mágica depois que o propósito já havia sido alcançado, e constatei que, durante todo o processo de cozimento, mistura e consumo das drogas, estas não foram interpeladas. Quando comentei o fato, disseram-me que, como não se queria que as drogas realizassem tarefa alguma, nada havia a dizer-lhes.

Além disso, em atos mágicos menores — como colocar uma pedra numa árvore para atrasar o pôr-do-sol, soprar um apito para dispersar as nuvens de chuva, lancear folhas de abóbora com capim *bingba* etc. — omite-se na prática qualquer encantamento, embora meus informantes, ao fornecerem suas descrições, costumassem inserir algum. Também é raro que os Azande interpelem os amuletos que usam.

Antes de utilizar as drogas potentes e os oráculos maiores, um homem deve observar uma série de tabus. Ninguém se dá ao trabalho de observar os tabus quando se trata de ritos pouco importantes, ou de uma consulta aos oráculos menores. Não há consenso a respeito do tempo durante o qual um interdito deve ser observado antes da realização da magia: certos mágicos fazem-no por mais tempo que outros, e alguns respeitam maior número de tabus que os demais. Quando um proprietário de drogas, como as que se usam contra o roubo e na vingança, utiliza-as em nome de alguém, é este beneficiário que deve executar o rito (ou parte dele), sendo também ele, e não o proprietário, quem deve observar os tabus.

2

A lista de situações em que os Azande usam drogas, que apresento a seguir, compreende todas as finalidades da magia (salvo seu uso na feitiçaria) de que tenho conhecimento:

Drogas associadas às forças na natureza: para evitar que a chuva caia; para retardar o pôr-do-sol.

Drogas associadas à agricultura: para assegurar a fecundidade de várias plantas alimentícias.

Drogas associadas à caça, pesca e coleta: para a caça de batida na estação chuvosa; para a caça na estação seca por meio de incêndio no matagal; para fazer o caçador invisível; para evitar que animais feridos fujam; para benzer* re-

* A noção popular de "benzer" é a que mais se aproxima da idéia zande que Evans-Pritchard escreve como *to doctor*, ou seja, conferir virtude ao objeto "benzido" ou "medicado". (N.T.)

des de caça; para benzer fojos; para benzer armadilhas e laços; para a caçada de animais perigosos, como o elefante, o leão e o leopardo; para benzer lanças; para benzer o arco e as flechas; para dar pontaria aos lanceiros e arqueiros; para aumentar o faro e a agilidade dos cães de caça; para matar peixe (veneno de pesca); para a pesca feminina; para benzer redes de galinhas-d'angola; para garantir o vôo nupcial e a captura de todas as espécies de térmitas comestíveis.

Drogas associadas a artes e ofícios: para a fundição de metal; para o trabalho com ferro; para a fabricação da cerveja; para a guerra (para benzer o corpo e o escudo, e para apoderar-se de lanças do inimigo); para cantar; para dançar; para tocar bem o gongo e o tambor.

Drogas associadas aos poderes místicos: drogas contra bruxos, feiticeiros e outras agências malignas; para tornar-se um adivinho; para tornar-se um operador do oráculo de atrito; para ter revelações verdadeiras durante os sonhos.

Drogas associadas a atividades sociais: para atrair seguidores; para assegurar trocas vantajosas durante as cerimônias; para potência sexual; para o sucesso em negócios do amor; para obter esposas; para a segurança e o sucesso nas viagens; para propiciar o retorno de objetos roubados; para proteger viúvos e viúvas de males decorrentes da contaminação pelos mortos; para ficar em paz com todos; para conseguir riqueza, saúde e segurança; para fazer os bebês crescerem fortes; para abortar; para garantir que uma nova esposa estará a contento no lar do marido; para vingar o homicídio, o roubo e o adultério; para proteger a família de todos os perigos; para proteger as esposas e os bens; para granjear o favor de um príncipe.

Drogas associadas à doença: cada doença possui uma droga apropriada a seu tratamento.

Essas categorias muito gerais da farmacopéia mágica zande foram construídas por mim, pela listagem dos tipos de atividade que as drogas supostamente favorecem. Mas os Azande tendem a classificá-las também por sua forma e modo de uso. Assim, diz-se de uma certa droga que ela é um *ranga*, um bulbo. É costume ver bulbos crescendo no pátio de uma residência zande, geralmente ao pé de um santuário para os espíritos. Os bulbos possuem muitos usos mágicos; suas folhas são comidas cruas ou cozinhadas na água, com sésamo e sal. Eles são transplantados do mato. Um homem que sabe de um bulbo com um uso mágico especial pode apontá-lo no mato para outro; este então vai procurá-lo sempre que precisar. Mas a transmissão de conhecimento pode dar-se na própria residência do mágico, que aponta os bulbos que ali crescem e ensina seus amigos ou pupilos sobre os usos mágicos do vegetal.

Ngbimi é uma outra categoria. Trata-se de parasitas arbóreos usados como matéria-prima na fabricação dos apitos e amuletos mais poderosos. Os parasitas de muitas árvores são usados como drogas. Uma terceira categoria é composta pelas trepadeiras (*gire*), que figuram assiduamente nos ritos mágicos, especialmente para o fechamento das roças, além de serem usadas como amuletos, sob a forma de pulseiras. Muitas dessas plantas são raras e exigem uma busca diligente.

Os Azande também dividem suas drogas em classes segundo o modo de preparação e uso. Às vezes a forma da espécie empregada num rito já indica seu modo de uso, como vimos no caso do *ranga, ngbimi* e *gire*. Os principais modos de uso são:

(1) Apitos (*kura*). A madeira de certas árvores é entalhada em forma de apito; embora a cavidade feita numa das pontas seja pouco profunda, os objetos emitem um som estrídulo. Os apitos são usados para uma variedade de objetivos. Antes de fazer o apito, um homem deve observar certos tabus: de madrugada, deve sair de casa, sem lavar-se, para cortar a madeira e entalhá-la; deve proferir encantamentos ao cortar a madeira e ao abrir a passagem de ar. Os apitos são usados no pescoço, a tiracolo, na cintura ou no pulso. Os mais poderosos são escondidos fora da casa do dono, em geral no galinheiro ou num oco de pau.

(2) Drogas para o corpo (*ngua kpoto*). Ao tratar de crianças pequenas, o mágico costuma mascar essas drogas e cuspi-las no corpo da criança; isso as protege de qualquer mal, fazendo com que cresçam fortes. Ao tratar de pessoas mais velhas, ele prepara uma pasta com matéria vegetal queimada e óleo, esfregando-a em incisões feitas no peito, costas e rosto do paciente.

(3) Drogas esfregadas em incisões feitas nas mãos e no pulso (*nzati*). A droga é feita de matéria vegetal queimada e óleo; ela dá habilidade ao lanceiro, ou capacita a operação do oráculo de atrito.

(4) Gotas de uma infusão (*togo*). As cinzas e fuligem de matéria vegetal são misturadas com água num funil feito de folha, o qual, quando espremido, funciona como filtro.

(5) Fuligem misturada com óleo (*mbiro*). Essa é uma das formas mais populares de preparar as drogas para consumo. Pode ser comida ou usada como nos casos 2, 3 e 4 acima.

(6) Uma corda, geralmente apenas o caule de uma trepadeira, que é torcida ao mesmo tempo que o mago profere um encantamento (*kpira*). Isso é usado às vezes na magia de caça, mas em geral trata-se de um rito feito contra inimigos.

Algumas drogas realmente produzem o efeito desejado, mas, tanto quanto pude observar, os Azande não fazem qualquer distinção qualitativa entre estes remédios e aqueles que não têm qualquer efeito objetivo. Para eles, todos são *ngua*, droga, e todos estão associados a ritos mágicos da mesma forma. Um zande observa tabus e interpela o veneno de pesca antes de despejá-lo na água, do mesmo jeito com que fala a um dente de crocodilo enquanto o esfrega no tronco de uma bananeira para fazê-la crescer. O veneno de pesca realmente paralisa os peixes, mas — reconheçamos — o dente de crocodilo não tem qualquer influência sobre as bananas. Outro exemplo: a seiva leitosa da *Euphorbia candelabra* é usada como veneno para as flechas. Mas os Azande não se limitam a extrair a seiva da planta; ela deve receber oferendas, e o caçador dirige-se à seiva exatamente como faz com o ungüento mágico que esfrega no pulso para ter pontaria e firmeza no arremesso da lança. Assim, como os Azande usam e falam de drogas que são realmente venenosas da mesma forma que fazem com as drogas inofensivas, concluo que não distinguem entre elas.

3

Os adivinhos ingerem as drogas em refeições coletivas, assim como fazem os membros das confrarias mágicas. A magia de guerra costumava ser realizada pelo rei em presença de seus súditos, e outros ritos ainda podem ocasionalmente ser realizados em público. Por exemplo, a magia para evitar a chuva deve ser praticada durante certas festas, quando muita gente está reunida; ou os parentes próximos de um morto devem estar juntos durante certas fases da vingança mágica. Mas, em termos gerais, as ações mágicas dizem respeito apenas ao bem-estar do indivíduo, que as realiza na solidão de sua cabana ou no mato. Assim, por exemplo, o apito que um homem carrega consigo para evitar infortúnios só é soprado quando ele está só, normalmente de madrugada, antes das abluções matinais.

Todos os atos rituais azande — mesmo as orações aos espíritos — são realizados com o mínimo de publicidade possível. Tanto a magia boa quanto a ruim são feitas em segredo. Isso se deve, em parte, a contingências espaciais, pois se uma residência dista muito das vizinhas, seus moradores realizam necessariamente a maioria de seus atos sozinhos ou na presença apenas da família, a menos que se deseje uma publicidade especial. Além disso, os Azande tomam cuidado para que ninguém os veja fazendo qualquer magia que vise um objetivo importante, pois entre os assistentes pode estar um bruxo que estragaria tudo. Além disso, um homem não gosta que os outros saibam que drogas ele possui, pois iriam perturbá-lo para que fizesse magia em benefício alheio; ou podem reconhecer a raiz ou folhas que ele está usando e passar a fazer sua própria magia. A vida nos aldeamentos do governo não tornou os Azande mais inclinados à publicidade.

O caráter secreto dos atos mágicos não foi propriamente um obstáculo para minhas observações, pois eu conhecia alguns Azande bastante bem para ser convidado a testemunhar tais atividades. O grande problema foi a raridade de ocasiões. Embora algumas pessoas façam mais ritos que a maioria, um rito mágico nunca passa de uma pausa ocasional nos afazeres rotineiros.

As drogas são um bem de propriedade individual e, com raras exceções, são usadas quando apraz a seu dono, e para os fins que lhe interessam. A ausência de compulsão social por trás dos ritos mágicos, bem como a falta de um interesse comum em seus objetivos, pode estar associada a uma diferença de atitude com relação a esses ritos, que se verifica entre os homens educados na corte e aqueles que nunca saíram da província. Os príncipes e cortesãos usam as drogas com muito menor freqüência que os provincianos, chegando mesmo a olhar com desprezo a maior parte do lado mágico da cultura zande.

Além disso, não é aconselhável para um cortesão saber muito sobre drogas, salvo umas poucas tradicionais, pois a posse de uma substância estranha sempre levanta suspeitas de feitiçaria.

As drogas mais conhecidas, empregadas pela maioria dos plebeus de boa posição social e mesmo pelos príncipes, são: drogas para atrair clientes; a droga da vingança de homicídio (que ganhou prestígio desde que a administração européia proibiu a vingança direta); a magia do relâmpago, usada especialmente para vingar roubos; a magia de invisibilidade, usada antigamente para a execução da vingança; drogas para a proteção do lar; para a proteção das roças; para proteger uma pessoa contra bruxos e feiticeiros; drogas de virilidade; e umas poucas drogas para a caça, para a benzedura de redes de caça e para a captura de térmitas. A estas devem ser acrescentadas as muitas drogas usadas no curandeirismo.*

Às vezes não chega a haver necessidade de se usarem sequer essas drogas, mas, como algumas delas estabelecem elos entre atividades sociais, há certa compulsão moral a empregá-las. Um homem deve empregar um mágico para vingar a morte de um parente; igualmente, o uso de outras drogas, como certas drogas de caça, é tão geral, antigo e costumeiro que se tornou compulsório — no sentido de tradicional, e não porque envolva qualquer tipo de sanção social.

Além dessas principais, há grande quantidade de drogas menores, muitas de origem recente, empregadas para uma variedade de propósitos. Os cortesãos desconfiam de algumas delas, mas em geral não se interessam pelo assun-

* No original, *leechcraft*; ver Apêndice I. (N.T.)

to. Não sei se um zande diria que as drogas menores não têm poder algum, mas a maioria das pessoas não as considera importantes, e sempre é possível ver um homem que, educado na corte e agora vivendo na província, leva sua vida sem empregar a maioria das drogas usadas por seus vizinhos.

Além de tudo, mesmo entre os homens que foram educados em circunstâncias similares, é possível perceber que alguns são mais e outros menos supersticiosos. Não é preciso passar muito tempo entre os Azande para distinguir os homens que estão sempre ansiosos por adquirir drogas, que as usam mais freqüentemente, executam os ritos com maior intensidade e manifestam maior fé na magia que os outros. Conheci muita gente que não se importava de possuir ou não drogas e que só as usava quando assim exigia a tradição, e mesmo assim sem muito entusiasmo.

Os mágicos não desfrutam de grande prestígio na sociedade zande. Nunca ouvi as pessoas falarem bem de um homem porque este possuísse drogas. Elas invejam os donos da magia de vingança, porque esta é uma forma de magia que todo mundo precisa usar, e seus donos alugam-na por preços muito altos. Mas para os Azande conta muito pouco possuir drogas para proteger as roças, caçar, fazer as bananas e abóboras frutificarem etc. Também na sociedade zande o status político predomina sobre todas as outras distinções.

A magia, em sua maior parte, é uma prerrogativa masculina. As mulheres podem ocasionalmente agir como adivinhas, curandeiras e tomar parte no ritual das confrarias, mas a maioria das magias lhes é desconhecida, e nunca se vê uma mulher usando os amuletos e apitos mágicos dos homens. Em parte isso se deve ao fato de que muitas drogas estão associadas a atividades masculinas — por exemplo, a magia da caça. Mas deve-se também à opinião corrente de que as mulheres não devem praticar magia, um assunto masculino. A magia dá poder, o qual está sempre melhor nas mãos dos homens. Assim, quando as mulheres têm necessidade de proteção mágica contra a bruxaria e a feitiçaria, são obrigadas a recorrer a seus maridos, que executam os ritos para o bem-estar da família como um todo. Admite-se apenas que as mulheres usem as drogas associadas a interesses e tarefas puramente femininos, como a pesca por esgotamento das lagoas na estação seca, a preparação do sal e da cerveja, além das drogas ligadas à condição feminina: parto, aborto, menstruação, lactação e processos semelhantes.

Os donos de drogas são em geral homens maduros ou idosos. Isso se deve ao fato de que os mais velhos estão envolvidos em maior variedade de atividades sociais. Mas corre também a opinião de que os jovens, como as mulheres, não devem praticar magia, privilégio e assunto dos mais velhos. Ademais, os jovens não têm com quem comprar drogas, nem idade para coletá-las. Contudo, eles possuem drogas empregadas no contexto de ações juvenis, como a dança, o canto, o uso do gongo e dos tambores, as aventuras sexuais etc. Nos anos recentes, a diferenciação etária passou a ter menos importância estatutária, e os rapazes já não experimentam tanta dificuldade em conseguir drogas como antes.

Quando um homem constrói uma nova residência ou planta sua safra de eleusina, pode pedir a um amigo que vá benzer a plantação ou a casa. O mágico enterra certas drogas na casa ou na roça. Em outras ocasiões também é preciso contratar um mágico, como para executar vingança, recuperar bens roubados, curar uma doença ou punir adultério. O pagamento desses serviços varia conforme o costume; em tais casos, o dono das drogas executa ele mesmo o serviço, dizendo à droga o nome do homem em favor de quem está agindo. Assim, o mágico é o dono e o operador simultaneamente. Um príncipe não faria magia em nome de ninguém, e é muito incomum que qualquer membro da nobreza o faça.

Mas um homem pode também obter a propriedade das drogas e passar a ser o mágico que as opera. Este é o caso especialmente com os amuletos e apitos mágicos. Assim, por exemplo, um homem deseja um apito cujo sopro o proteja contra infortúnios, o transforme em bom tamborileiro, bom caçador de elefantes ou algo do gênero. Ele então vai pedir a um mágico que lhe faça um. Paga seu preço e consegue o apito; não precisa perguntar como vai usá-lo, pois todos sabem soprar apitos mágicos e pronunciar encantamentos. Mas ele pode ignorar a madeira de que foi feito o apito; assim, se torna dono de um apito, mas não daquela magia em sentido integral.

Em geral, porém, quando um homem adquire alguma droga, aprende sobre suas origens botânicas, tornando-se assim um mágico no sentido pleno. Este é o caso das muitas plantas mágicas que podem ser vistas crescendo nas residências, da maioria dos apitos e amuletos que as pessoas carregam consigo e de muitas plantas e árvores usadas na cura de doenças, na proteção contra a bruxaria e a feitiçaria, na magia da caça e da roça.

Muitas drogas são conhecidas de todos, e quem quer que as deseje usar faz isso a seu talante. Este é o caso de drogas simples utilizadas na lavoura, na caça, na captura de térmitas. Todo mundo sabe que se pode retardar o pôr-do-sol colocando uma pedra na forquilha de uma árvore, ou evitar a chuva por meio de alguns ritos simples. A imensa maioria das drogas, inclusive as mais simples, usadas no curandeirismo, é amplamente conhecida, pois esse conhecimento é transmitido sem pagamento, por via de paternidade, parentesco, fraternidade de sangue, afinidade ou amizade.

Os homens que possuem as drogas de atividades especializadas, como os adivinhos e os ferreiros, passam seu conhecimento para um de seus filhos, à medida que este vai aprendendo o ofício. Da mesma forma, um homem que possua uma droga valiosa, como a magia de vingança, vai ensinando seu uso aos poucos para o filho predileto. Às vezes um homem transmite como herança para um filho algum amuleto precioso, como o apito que confere invisibilidade.

Quando um objeto mágico troca de mãos, costuma-se fazer um pequeno pagamento. É mais que uma taxa ou preço; é também o meio de preservar o poder da droga na transferência. Ela pode perder todo seu poder caso seu dono não fique satisfeito ao transferi-la a outrem, e não funciona até que tenha sido paga.

Pagamentos maiores são necessários quando se deseja obter o conhecimento integral sobre certas drogas, ou melhor, sobre conjuntos de drogas. Em geral trata-se das drogas da vingança mágica, das drogas dos adivinhos e das drogas das confrarias mágicas. O preço padrão é o que os Azande chamam de vinte "lanças", isto é, umas poucas lanças de verdade e vários outros objetos — enxadas, facas, piastras, potes de cerveja e cestos de eleusina. Antes de adquirir tais drogas, um homem deve aconselhar-se junto ao oráculo de veneno.

A compra dos direitos de uso de certas drogas implica a entrada em uma associação, como as lojas* das confrarias mágicas, ou a mais aberta corporação dos adivinhos, ou a ainda mais aberta associação de cantores que funcionam como o coro de um líder em suas danças. A compra dessas drogas, bem como de outras não associadas a algum grupo, implica a formação de um vínculo social entre comprador e vendedor. O comprador põe-se por algum tempo sob as instruções do vendedor, e ambas as partes têm um status definido. Esse laço perdura mesmo depois que as drogas já foram inteiramente pagas. O comprador e pupilo continua a respeitar o vendedor e professor, dando-lhe parte de seus primeiros honorários como mágico. Se o aluno engana o professor, diz-se que a raiva deste último pode tornar a droga impotente.

Certas drogas só são usadas por príncipes ou por plebeus de determinada posição. Apenas um príncipe ou um importante delegado seu iriam usar drogas para atrair seguidores e clientes, assim como somente um líder de grupo doméstico iria usar a droga *bingyia* para a prosperidade geral de sua residência, ou a droga da eleusina, que irá assegurar o sucesso de sua safra. No entanto, todo zande, jovem ou velho, homem ou mulher, é até certo ponto um mágico. Em alguma ocasião ou outra, todo homem certamente usará alguma droga; ao longo da vida, os homens se vêem constantemente associados às drogas, mesmo se alguns deles não as usam muito.

---

* No original, *lodges*, ou seja, "lojas" no sentido maçônico do termo. (N.T.)

Se um homem deseja que alguma forma de magia seja realizada em seu benefício, ou se quer obter alguma droga, não há dificuldade em conseguir isso. Todos sabem quem possui quais drogas em determinado distrito, e em geral essas pessoas estão ligadas, às vezes por parentesco, ao homem que requer seus serviços.

Os Azande insistem que só empregam magia que seja comprovadamente eficaz. Eles dizem que alguns mágicos possuem melhor magia que outros, e esse é o critério que seguem ao solicitar os serviços de um mágico. Assim, as drogas de vingança de alguns peritos possuem a reputação de agir rápida e decisivamente, enquanto as drogas de outros são consideradas mais lentas na execução da vingança.

Os Azande, contudo, não imaginam que o sucesso nas atividades empíricas se deva ao emprego de drogas. Eles sabem que muitas vezes são bem-sucedidos sem elas. No entanto, tendem a atribuir um sucesso fora do comum a causas mágicas. E de fato, assim como um sério fracasso é atribuído à influência de bruxos, também um grande sucesso é imputado à magia; mas essa relação é menos sublinhada, visto que não conduz à ação, como é o caso da crença de que o fracasso se deve à bruxaria. Um homem pode obter sucesso sem usar ou conhecer drogas; então os Azande dizem que ele tem boa sorte (*tandu*).

4

Ao diferençar a magia branca da feitiçaria, os Azande não estigmatizam esta última apenas porque destrói a saúde e a propriedade alheias, mas porque transgride as regras morais e legais. A magia branca pode ser destrutiva, até mesmo letal, mas só se abate sobre aqueles que cometeram algum crime; já a magia negra ou feitiçaria é usada por motivo de ódio, contra homens que não infringiram qualquer lei ou convenção moral. As boas drogas não podem ser usadas para propósitos malignos. Algumas delas são classificadas como boas, outras como más; sobre outras há incerteza quanto à nocividade, ou não há uma opinião moral definida a seu respeito.

Qualquer espécie de magia pode ser realizada em caráter privado. A discrição é uma característica de toda a magia, pois os Azande preferem que ninguém testemunhe essas ações, por medo de que feiticeiros e bruxos descubram e interfiram. Os amigos de um homem sabem — ou pensam que sabem — que tipo de magia ele possui; ele não tenta esconder tal propriedade. Mas a feitiçaria, ao contrário, é um rito secreto em outro sentido. É realizada na calada da noite, pois, se for descoberta, o feiticeiro provavelmente será morto.

Ninguém, exceto o outro feiticeiro que lhe vendeu as drogas, sabe que um feiticeiro as possui.

Assim, nem a natureza privada nem a capacidade destrutiva permitem distinguir entre magia branca e feitiçaria. Com efeito, a *bagbuduma* — a magia da vingança — é a mais destrutiva e ao mesmo tempo a mais respeitada das artes mágicas azande. Sua finalidade é a mesma que a da magia branca em geral. Quando um homem morre, os Azande consideram ter sido ele vítima de bruxaria ou feitiçaria, e fazem a magia de vingança para matar o assassino do morto. Essa magia é tida como uma espécie de juiz, que busca o responsável pela morte, e como uma espécie de carrasco, que o executa. Os Azande dizem que ela "decide questões" e que "resolve demandas tão judiciosamente quanto os príncipes". Como toda boa magia, age imparcialmente e segundo os méritos de cada caso. Daí os Azande dizerem que uma droga "julga com eqüidade" (*si nape zung*), ou "é uma droga do mal".

Se um homem tomado de ódio usar uma droga como a da vingança para tentar matar um inocente, ela não só não funcionará, como se voltará contra o mágico e o destruirá. Os Azande falam como se a droga buscasse o criminoso e, não o encontrando — pois ele não existe —, voltasse para matar o homem que a despachou. Ao primeiro sinal de doença, ele tentará interromper a atividade da droga mergulhando-a em água fria. Portanto, antes de executar a magia da vingança, supõe-se que um zande busque uma confirmação do oráculo de veneno sobre se realmente o parente em questão morreu nas mãos de um bruxo ou feiticeiro, e não em conseqüência de seus próprios malfeitos, vítima de magia branca. Pois a magia de vingança pode buscar em vão pelo bruxo ou feiticeiro responsável pela morte e retornar, tomada de fúria judicante frustrada, para despejá-la letalmente sobre o mágico que a despachou, isto é, aquele que está usando o cinturão do luto.

Mas a magia branca com função destrutiva só age contra criminosos. Quando o crime foi expiado, é necessário destruir rapidamente a magia antes que ela se volte contra o mágico.

Um homem perde algum bem, digamos por exemplo um machado, ou talvez um feixe de lanças recebidas como preço da noiva. Apressa-se então a enterrar algumas drogas no chão de um pequeno abrigo construído para tal fim, ou as pendura no teto; enquanto isso, profere um encantamento para que as drogas busquem seus bens e castiguem o ladrão:

> Que o infortúnio caia sobre você, que o raio estronde, e o pegue, e o mate. Que uma serpente o morda e você morra. Que a morte chegue a você como úlceras. Que você morra se beber água. Que todo tipo de doença o aflija. Que a magia o entregue aos europeus para que você apodreça em suas prisões. Que você não

passe deste ano. Que todo tipo de desventura se abata sobre você. Se você comer comida cozida, morra. Quando estiver no meio da rede, caçando, que um amigo seu lhe atravesse com a lança por engano.

Quero salientar que, para um zande, a idéia de *pe zunga* corresponde ao que, em nossa sociedade, chamamos de fazer justiça. A magia usada contra terceiros só recebe sanção moral e legal da comunidade se ela agir com regularidade e imparcialidade.

A feitiçaria, por outro lado, não faz nem dá justiça (*si na penga zunga te*). É uma droga não apenas malvada, mas também estúpida, que não julga uma pendência entre duas pessoas, mas mata uma das partes sem levar em consideração os méritos do caso. É uma arma pessoal, voltada contra alguém de quem o feiticeiro não gosta.

A magia branca é moral porque usada contra desconhecidos. Se um homem sabe quem cometeu adultério com sua esposa, ou roubou suas lanças, ou matou seu parente, leva o caso ao tribunal da corte. Não há necessidade de magia. Somente quando não se sabe quem cometeu o crime é que se usa a magia branca. A magia negra, por outro lado, é feita contra pessoas definidas, e por isso é má; pois se a pessoa contra quem ela está sendo usada prejudicou o mágico de algum modo previsto por lei, a questão deveria ser levada ao tribunal, exigindo-se uma reparação. Mas é exatamente porque o feiticeiro não tem uma pendência legal com sua vítima que ele vai usar de magia para destruí-la.

5

É muito difícil obter informações sobre feitiçaria, pois os Azande consideram a posse de drogas maléficas um crime grave. Um homem jamais dirá que é feiticeiro, e as pessoas não gostam nem mesmo de discutir o assunto, por medo de que achem que seu conhecimento deriva da prática. De maneira estritamente confidencial, podem chegar a lançar suspeitas sobre alguém, mas da forma mais vaga possível, e sempre acompanhada de uma declaração de ignorância sobre o assunto. Um homem às vezes pode mostrar no mato uma planta que algumas pessoas dizem ser usada pelos feiticeiros; pode relatar o que se diz sobre o modo pelo qual os feiticeiros realizam seus ritos; pode ser capaz de explicar como certas pessoas foram assassinadas pela feitiçaria. Mas a questão toda é obscura, e coloca-se o problema de saber se os feiticeiros não são, afinal, tão inexistentes como os bruxos.

A mais temida de todas as drogas maléficas — a mais citada como causa de doença — é a *menzere*, provavelmente derivada de um parasita arbóreo.

Numa noite de lua cheia, o feiticeiro vai até a casa da vítima e coloca a droga no umbral da porta, ou no pátio interno da habitação, ou no caminho que leva até lá. Ao mesmo tempo reza um encantamento. Diz-se que, se o feiticeiro consegue matar seu inimigo, então deve, em sinal de luto, usar uma cinta feita do capim *bingba* por vários dias, ou corre o risco de ficar doente. A cinta não denuncia o assassino, pois é costume vestir luto pela morte de parentes distantes.

A *menzere* é uma droga tão poderosa que, se qualquer pessoa para quem ela não estava dirigida pisar nela, cairá doente por algum tempo, embora não morra. Há muitos antídotos para a *menzere*, e os indivíduos que os conhecem são imediatamente convocados, quando alguém suspeita ter sido atacado pela droga. Ela é abominada por todos; os Azande sempre me diziam que, no passado, aqueles que matavam as pessoas por bruxaria podiam pagar uma indenização, mas os feiticeiros eram sempre executados, e talvez também seus parentes.

Além das várias drogas que funcionam como antídotos à *menzere*, eis como um informante descreveu um modo de se proteger dela:

> Se é feita a feitiçaria contra um homem, isto é, com a droga *menzere*, deve ir a uma encruzilhada muito freqüentada, ajoelhar-se e arranhar a terra com as mãos. Ele então interpela o centro do caminho, dizendo: "Você *menzere*, dentro de mim, que um homem fez contra mim, eu arranho o centro do caminho por sua causa. Se for *menzere*, siga por todos os caminhos: vá até Wau, até Tembura, até Meridi. Depois de a droga ter andado por todos os caminhos que andei quando pequeno, depois que terminar todas as viagens, então pode me matar. Se ela não conseguir seguir-me por todos os caminhos em que já estive, que não me mate; que eu viva apesar dela."

A alma (*mbisimo*) de uma droga não pode ir tão longe, nem por tanto tempo, e assim não consegue matar a pessoa que pronuncia esse encantamento.

Além da *menzere*, há algumas outras drogas maléficas. Uma delas, que data do tempo de Gbudwe, é uma planta parasita chamada *mbimi gbara*. Hoje, consta que os pêlos da formiga-urso seriam usados para matar gente; eles são benzidos e postos na cerveja da vítima: fazem inchar o pescoço e a língua, e se não se der um antídoto, a pessoa morre rapidamente.

Além das drogas assassinas, também são ilegais as drogas que corrompem procedimentos legais ou que destroem a felicidade das pessoas e interferem nas relações familiares. A magia que influencia os veredictos do oráculo de veneno é considerada feitiçaria. Os Azande também condenam as drogas que destroem um lar por pura maldade ou com a finalidade de obter a mulher de um homem em casamento. Depois que o feiticeiro fez essa magia, de noite, na casa da vítima, a alegria de seus residentes desaparece; marido e mulher começam a brigar e logo se divorciam.

Até monarcas poderosos temem a feitiçaria — na verdade, mais que qualquer outra pessoa. Um príncipe não acha que vai ser morto por um bruxo plebeu. Seus inimigos são outros nobres, e não se diz que estes se embruxem mutuamente; mas podem matar por feitiçaria, e os nobres freqüentemente acusam uns aos outros de tal crime.

Às vezes um plebeu importante consulta os oráculos em nome de seu príncipe, a propósito de um presente ofertado por outro príncipe — pois os Azande, e especialmente os príncipes, costumam desconfiar de presentes, temendo que sejam veículos de feitiçaria.

6

Deve-se notar que os Azande conhecem muito poucas drogas que sejam claramente classificadas como de feitiçaria, ao passo que suas drogas boas são legião. A razão disso poderia ser que a grande maioria das situações em que os interesses humanos são ameaçados ou prejudicados está associada à bruxaria, e não à feitiçaria; e é comum que uma suposta ocorrência de feitiçaria seja igualmente atribuída à bruxaria — por exemplo, defeitos no oráculo de veneno ou desavenças familiares. Na verdade o conceito de feitiçaria parece ser redundante, um fato que por si só pediria uma explicação histórica. Sabemos que muitas das técnicas mágicas dos Azande foram adquiridas recentemente de povos vizinhos.

Depois de considerar todas as evidências, ainda duvido que drogas maléficas — e feiticeiros — existam. A noção de feitiçaria, como a de bruxaria, é evocada em situações especiais, e apenas por certas pessoas. Se um homem cai enfermo de repente, seus amigos podem dizer que alguém fez feitiçaria contra ele, mas outras pessoas podem pensar que provavelmente cometeu algum crime secreto e chamou a magia de vingança sobre si. Digamos que um homem caia repentinamente doente depois de uma festa de cerveja promovida por alguém. Ele e seus parentes estão convencidos de que alguém pôs um pêlo de formiga-urso na sua bebida. Já o dono da cerveja está convencido de que tal homem é um bruxo que veio disfarçado de morcego para destruir sua eleusina. Digamos que um homem comece a discutir com a esposa e pense que isso se deva à droga *gbarawasi*. Outras pessoas dirão que isso deve-se à sua estupidez. O dono de um oráculo de veneno ruim pode atribuir seu fracasso à feitiçaria. Os outros podem achar mais provável que o dono tenha quebrado algum tabu.

Os motivos que me levam a crer que drogas como *menzere* sejam imaginárias são os seguintes: (1) Ninguém, que eu saiba, jamais admitiu possuir tais drogas, portanto, tudo o que posso dizer é que os Azande atribuem o uso dessas drogas a certas pessoas. (2) Os Azande não são capazes de apontar muitos casos de pessoas punidas por feitiçaria; e, mesmo aí, não conseguem fornecer outras provas senão as dadas pelo oráculo de veneno; o veredicto do oráculo costuma ser a única prova de feitiçaria. (3) Enfermidades repentinas e violentas são diagnosticadas como feitiçaria, e assim tratadas; a doença é a feitiçaria e a prova de sua existência; do mesmo modo, um cancro mole, ou uma confusão doméstica, ou uma morte depois de uma cerveja são diagnosticados como *moti*, *gbarawasi* e *garawa*; nenhuma prova adicional é exigida, pois a natureza desses infortúnios demonstra sua causa, e a única prova adicional é o pronunciamento oracular. (4) A técnica da feitiçaria é tão diferente das outras formas de magia que, se um informante me descrevesse os ritos da *menzere* ou da *gbarawasi* como ritos de magia branca, eu os consideraria formas aberrantes e hesitaria em aceitá-los como genuínos. (5) Até quando as drogas são descobertas, como no caso citado acima, não considero isso uma prova conclusiva, pois não há meios de determinar sua natureza, exceto os veredictos oraculares; mesmo que um homem tivesse inocentemente colocado certas drogas no lugar em que foram descobertas, ficaria assustado demais para admitir que eram dele, em circunstâncias tão incriminatórias. (6) O uso de magia branca contra desconhecidos torna difícil que as pessoas vejam que a magia não faz efeito; em contrapartida, seria óbvio para um feiticeiro que seus ritos não produzem resultado algum contra a pessoa escolhida, e assim não consigo imaginar como perseverasse em sua prática.

É possível que existam algumas drogas maléficas, mas não me convenci disso. Estou mais inclinado a achar que, se subjetivamente há uma nítida divisão entre magia negra e branca, o que há objetivamente são apenas drogas que as pessoas usam quando acham que têm boas razões para usá-las. Se for realmente assim, a diferença entre bruxaria e feitiçaria é a diferença entre um ato imputado que é impossível e um ato imputado que é possível.

Outro motivo para a obscuridade do problema da feitiçaria é que existe uma boa parte da magia sobre a qual as opiniões estão divididas e mal definidas. Assim, é possível que um mágico diga que sua magia é sempre usada para fins legítimos, enquanto outros talvez sejam mais céticos quanto à legitimidade moral dos atos desse mágico.

O problema moral também é confuso, porque em toda discussão ambos os lados sempre estão convencidos que têm razão. O homem que não foi chamado para uma expedição de caça, aquele que não conseguiu uma troca comercial favorável, o que teve sua esposa tomada de volta pelos afins — todos eles acreditam que têm queixas legítimas. Os membros da expedição, o dono dos bens desejados e os pais da jovem também estão convencidos da própria retidão moral. Um homem que sofre de úlceras não vê nada demais em livrar-se delas passando-as para outro; pois ele considera que foi maltratado por esse outro. Um homem que contrai um cancro diz que sua esposa o traiu com alguém; mas quando seu vizinho contrai um cancro, ele dirá que o vizinho é um adúltero. Cada um adapta as noções de sua cultura para que lhe favoreçam naquela situação particular. Essas noções não constrangem todos a terem crenças idênticas em situações idênticas, mas permitem que cada um explore o lado que lhe dá mais vantagens.

Além das drogas consideradas lícitas ou ilícitas, conforme a finalidade com que são empregadas, existem muitas outras de menor importância que não são moralmente relevantes. Os Azande não têm opinião moral sobre a maioria de suas drogas; elas são um instrumento de obtenção de sucesso individual em vários empreendimentos econômicos e sociais. Se perguntarmos sobre elas ao zande, dirá que são drogas boas. Ou melhor, que são apenas drogas. Isso se aplica também a vários ritos mágicos que a nós pareceriam prejudiciais a terceiros; mas como o mal que causam é pequeno, não são objeto de uma condenação social. A atitude zande para com eles é não-moral.

Hoje em dia, a importação de novas formas de magia oferece outra dificuldade ao pesquisador. Nos velhos tempos, parece ter havido duas categorias bem distintas — drogas boas e drogas más; todas as grandes magias podiam ser colocadas numa dessas duas classes, e a indefinição só se verificava em relação aos ritos menores. Mas um grande número de drogas foi introduzido na terra zande nos últimos 30 anos, e as pessoas que não as conhecem bem temem-nas. As velhas drogas azande não eram ambíguas. Mas que dizer das qualidades das drogas dos Baka, Bongo, Mundu e Madi? A questão moral tornou-se confusa, pois a cultura zande não prescrevia uma atitude definida quanto a esses novos elementos.

Deve-se também observar que os Azande temem muito mais a feitiçaria que a bruxaria, a qual, como já mencionei, desperta antes raiva que medo. Isso se deve em parte ao fato de que os sintomas produzidos pela feitiçaria são mais sérios; e em parte ao fato de que não existe uma aparelhagem social adequada para combatê-la, como há para a bruxaria. Atualmente, além da aplicação de antídotos ou da realização de contramagia, nada se pode fazer contra a feitiçaria. É possível fazer um bruxo soprar água em sinal de boa paz — o que é interpretado por ele como inocência, e pela parte embruxada como desistência; mas seria preciso capturar o feiticeiro e obrigá-lo a cancelar sua magia com outras operações mágicas. Ninguém faria isso, porque mostrar que se sabe o modo de cancelar a feitiçaria é admitir que se conhece feitiçaria, o que é crime. Nos velhos tempos, as acusações devem ter sido pouco freqüentes, e os Azande dizem que os feiticeiros eram raros.

7

Os Azande atribuem quase todas as doenças, de qualquer natureza, à bruxaria ou à feitiçaria: são essas forças que devem ser derrotadas para se curar uma enfermidade séria. Isso não significa que eles desprezem inteiramente as causas secundárias; mas, mesmo quando as admitem, associam-nas à bruxaria e à magia. A referência da enfermidade ao sobrenatural não os leva a negligenciar o tratamento dos sintomas — assim como uma possível morte por chifrada de búfalo causada por bruxaria não os faz esperar a arremetida da besta. Pelo contrário, eles possuem uma enorme farmacopéia (colhi quase uma centena de plantas, usadas no tratamento de doenças e lesões, na beira de um caminho de cerca de 200 metros), e em circunstâncias normais confiam que esses remédios curem seus achaques, procurando remover as causas primárias (sobrenaturais) apenas quando a doença é seria ou se agrava perigosamente.

Os Azande identificam as doenças pelos sintomas principais. Quando estes surgem, são capazes de diagnosticá-los como sinais de determinada doença e nomeá-la. O simples fato de nomear as doenças e diferenciá-las pelos sintomas demonstra capacidade de observação e dedução. São muito hábeis na detecção de sintomas incipientes, e nossos próprios médicos me disseram que os Azande raramente erram no diagnóstico precoce da lepra. Naturalmente não têm tanta precisão no diagnóstico de doenças que afetam os órgãos internos, como intestinos, fígado ou baço. Mas sabem de antemão o curso normal de uma doença, tão logo se manifestam os primeiros sintomas; sabem quais serão os sintomas posteriores, se o paciente tende a morrer ou não e quanto tempo poderá viver. Sabem também que certas enfermidades são permanentes. Além da habilidade em fornecer prognósticos, também são capazes de identificar a etiologia mórbida; e, embora sua noção de causalidade em geral esteja distante da realidade objetiva, reconhecem diferentes causas que concorrem com a bruxaria para a geração de diferentes doenças. Ademais, muitas vezes essa causa concorrente costuma ser a causa real, como nos casos de cortes, queimaduras, sarnas, mordidas, bicho-de-pé etc., e eles estão cientes de certos fatos, como o de que a sífilis e a gonorréia são precedidas por intercurso sexual com uma pessoa infectada. Usam seus remédios pelo método de experiência e erro; se um não dá certo, tentam outro. Além disso, não só quase toda doença é diagnosticada, prognosticada e associada a uma causa, mas cada doença tem seu tratamento específico — em alguns casos derivado de experiências anteriores, em outros demonstrando a presença de um elemento lógico-experimental (embora, provavelmente, um tanto deficiente).

A despeito desses elementos empíricos no tratamento zande dos achaques menores, minha própria experiência é de que seus remédios são quase inteiramente de ordem mágica. Tampouco se deve imaginar que, quando uma parte do tratamento possui valor terapêutico real, esta seja a parte que os Azande consideram vital para a cura. Tive uma boa amostra dessa mescla de tratamento empírico e mágico quando um menino que pertencia a meu grupo doméstico foi mordido por uma cobra considerada muito venenosa. Um de nossos vizinhos, reputado como especialista em remédios, foi imediatamente chamado e disse saber o que era preciso. Trouxe consigo uma faca e algumas ervas (um pedaço de entrecasca e um tipo de capim); mascou um pouco do líber e deu o resto para o menino mascar. Depois de engolir o suco, ambos cuspiram fora a parte lenhosa. Fizeram o mesmo com o capim. O curador disse-me depois que partilhou o medicamento para que, caso o menino morresse, ninguém fosse acusá-lo de ter-lhe ministrado drogas maléficas. Disse-me também que tinha interpelado o pedaço de líber, dizendo que, se o rapaz fosse salvar-se, que arrotasse; se fosse morrer, que não arrotasse — de modo que a droga funcionou de forma oracular. Depois de ter dado esses medicamentos, fez incisões no pé do paciente (onde tinha sido mordido), suspendendo a pele entre os dedos e cortando-a com a faca em vários golpes leves. Logo que o sangue começou a fluir, tomou o pé do paciente nas mãos e sugou as incisões com força. Declarou então que o menino deveria ficar absolutamente quieto e mandou que não se mexesse. Pouco depois o menino começou a arrotar por causa dos remédios que tomara. Ao ver esse bom augúrio, o curador não teve mais dúvidas de que a convalescença seria rápida.

Quando um zande sofre de um incômodo menor, medica-se a si mesmo. Sempre há algum velho parente ou vizinho que lhe dirá qual o melhor remédio. Se o problema não desaparece, vai visitar um adivinho. Em doenças mais graves, os parentes do enfermo logo consultam o oráculo de atrito, e em seguida o oráculo de veneno — ou, se são pobres, o oráculo de térmitas. Em geral fazem duas perguntas: primeiro se existe um lugar seguro em que o enfermo possa viver; depois quem é o bruxo responsável pela doença. Os resultados dessas consultas são os procedimentos descritos no capítulo III, a remoção do inválido para uma cabana no mato ou no limite das roças — a menos que o oráculo o aconselhe a ficar em casa — e uma advertência pública ao povo das vizinhanças para que o bruxo pare de molestar o doente; ou então se apresenta formalmente a asa de galinha ao bruxo para que este sopre água sobre ela. Pode-se ainda solicitar que os adivinhos dancem sobre a doença do parente.

Ao mesmo tempo eles aplicam alguns remédios. Se deduzem dos sintomas ou de uma declaração do oráculo que a doença pode ser atribuída à magia (boa ou má), chamam imediatamente um especialista que conheça o antídoto específico. Se a doença foi causada por bruxaria, então os parentes se unem para persuadir o bruxo a deixar o paciente em paz, além de ministrarem remédios que combatem os sintomas reais da enfermidade. Aqui, novamente, os velhos que conhecem os remédios apropriados oferecerão seus préstimos. Sabe-se em geral quem são as autoridades no assunto, e os parentes do enfermo solicitam a uma delas que venha cuidar do caso. Esse curador pode ser ou não um adivinho. Não sendo, provavelmente tratará do caso gratuitamente, por amizade, parentesco, fraternidade de sangue, afinidade ou outro laço social qualquer. Mas nenhum tratamento é eficaz se o bruxo continua atacando o enfermo; inversamente, o tratamento está votado ao sucesso se o bruxo desiste de sua empresa.

Os Azande costumam solicitar os serviços de um adivinho para um tratamento de massagens, de extração de "objetos de bruxaria" dos locais doloridos e de administração de remédios. Mas não gostam de mandar chamar um adivinho, a menos que a doença seja considerada séria, pois é preciso pagar por esse serviço. Em geral é a presença de dor mais ou menos intensa que os faz decidir. Mas devemos ter em mente, ao descrever a classificação e o tratamento zande das doenças, que a noção de bruxaria como etiologia sempre está presente, e que se os Azande nem sempre consultam logo seus oráculos para descobrir o bruxo responsável, é porque acham que a doença é de pouca importância e que não vale a pena gastar com consultas oraculares.

Em enfermidades sérias, porém, a tendência é sempre a identificação da causa com a bruxaria ou a feitiçaria; em casos menores, identifica-se o mal com seus sintomas, que se juntam à bruxaria para causar dor. No caso de doenças que são explicadas por uma etiologia específica aliada à bruxaria, é sempre a presença ou ausência de bruxaria que determina a morte ou salvação do paciente. Portanto, quanto mais séria a doença, menos cuidado se dedica à aplicação de remédios, mais se consultam os oráculos e se faz contramagia. Em caso de morte, a atenção dos parentes do morto volta-se apenas para a bruxaria e a vingança — para a pura causação mística —, ao passo que nas doenças menores, ou durante os sintomas iniciais de uma enfermidade, pensa-se menos na bruxaria e mais no mal em si, bem como na possibilidade de curá-lo com remédios. As causas sobrenaturais nunca estão inteiramente excluídas da concepção zande de doença, mas são ora mais, ora menos proeminentes. Embora nem sempre sejam imediatamente acionadas — como no caso de leves perturbações, ou se uma terapêutica empírica é adequada e sabidamente eficaz —, elas estão sempre à mão para qualquer eventualidade. Quando suas penas começam a aumentar, o zande passa a falar em bruxaria, mas ainda não executa qualquer rito de contra-ataque. Só quando as coisas ficam realmente sérias é que inicia as manobras antibruxaria.

8

Embora não se possam classificar as drogas azande em categorias discretas e mutuamente exclusivas de magia produtiva, protetora e punitiva, tais aspectos realmente existem na magia zande, e o uso de drogas particulares em situações específicas pode enfatizar um deles em detrimento dos outros dois. Assim, por exemplo, quando um homem faz magia para obter uma boa colheita de banana, poderíamos classificar o rito como magia produtiva; mas devemos lembrar que o fracasso da colheita é sempre atribuído à bruxaria. Quando estão cultivando plantas mais importantes, os Azande costumam proferir longos encantamentos, nos quais afirmam claramente a ação protetora e punitiva da magia. Quando um homem emprega um mágico para enterrar drogas na soleira da porta, protegendo sua casa contra feitiçaria e bruxaria, ele está confiando no poder protetor que tem essa droga de destruir bruxos e feiticeiros; mas ela também funciona para trazer paz e prosperidade para a família. Os encantamentos proferidos sobre tais drogas têm a forma de um conjuro contra os bruxos. De forma geral, a magia zande visa evitar a interferência mística, e o faz geralmente na forma de uma ameaça a seus autores.

Gostaria de deixar isso bem claro, porque é impossível entender a magia zande, bem como a diferença entre comportamento ritual e empírico na vida dos Azande, a menos que se perceba que seu objetivo principal é combater outras forças místicas, muito mais do que produzir mudanças no mundo objetivo que favoreçam o homem. Assim, as drogas usadas para garantir uma boa colheita de eleusina não são consideradas tanto como capazes de estimular a eleusina, mas de manter os bruxos afastados. A eleusina crescerá muito bem se a bruxaria não se intrometer.

Como os Azande concebem a ação de suas drogas? Eles não pensam muito sobre esse problema; todos sabem que as drogas mais potentes alcançam seus propósitos. A melhor prova disso é a experiência, e especialmente a evidência mística fornecida pelas revelações oraculares. Não obstante, os Azande percebem que a ação das drogas não é como a das técnicas empíricas, havendo algo de misterioso que precisa de explicação. Devemos recordar que os mágicos estão perfeitamente familiarizados com as operações técnicas das artes e ofícios. Ora, o que acontece entre, por exemplo, a execução da magia de vingança e a morte da pessoa visada? Os Azande dizem que o *mbismo ngua*, "a alma da droga", saiu em busca de sua vítima e a pegou.

A virtude de uma droga é por vezes descrita como sua alma, que se crê aparecer como vapor e fumaça quando a droga está sendo cozida. É por isso que as pessoas aproximam o rosto desse vapor, para que a virtude mágica as penetre. Os Azande também dizem que, quando cozinham as drogas da vingança, a alma dessas drogas sobe com a fumaça e, do alto, perscruta os arredores atrás do bruxo.

Até que ponto os Azande têm fé na magia? Descobri que eles sempre admitem que o resultado de um rito é incerto; ninguém pode garantir que as drogas atingirão os objetivos almejados. Nunca há o mesmo grau de confiança que se deposita nas atividades empíricas cotidianas. Contudo, os Azande realmente acreditam que a magia de vingança tem sucesso. Este sentimento não se deve apenas à importância do fim visado e à influência da opinião pública, que força os parentes do morto a realizarem esforços repetidos no sentido de vingá-lo; a prova da magia é a experiência. Portanto, a prova do poder mágico reside sempre na ocorrência dos eventos que ele visa alcançar.

Os Azande observam que as pessoas morrem o tempo todo, que invariavelmente se procura vingá-las e que é muito raro tais esforços falharem. A confirmação de seu sucesso é de ordem mística — as revelações oraculares. No caso da magia contra ladrões, as provas costumam ser mais diretas, ou assim parece, porque na verdade o que se prova é apenas a crença geral no poder das drogas anti-roubo. De fato muitos Azande podem contar casos de bens recuperados depois da realização da magia, e eu mesmo observei que isso às vezes ocorre.

Mas os Azande acham que um ladrão empedernido, que já perdeu completamente a vergonha, não se intimida com drogas protetoras. Provavelmente confia em antídotos para se salvar, pode remover as drogas que o atacam, ou pensa que estas demorarão tanto a achá-lo que o dono da coisa roubada vai cansar-se de respeitar os tabus. Ou pode ainda correr o risco de ser punido magicamente, uma vez que os roubos anteriores não lhe fizeram mal. Contudo os Azande dizem que roubar e correr o risco de morrer por causa de magia são uma estupidez; e quando eu perguntava quais as provas que tinham da punição dos ladrões, replicavam algo como: "Houve muitos roubos este ano; houve também muitas mortes por disenteria; ao que parece, muitas dívidas foram saldadas pela disenteria."

A magia pode bem ser uma alternativa aos meios empíricos de consecução de um fim; mas não é um método assim tão satisfatório. Era melhor nos velhos tempos, quando um bruxo tinha que pagar indenização ou morria pela lança; mas hoje a única coisa possível é fazer magia para matá-lo. A magia, porém, pode dar maior garantia de sucesso a uma empresa realizável sem ela. Assim, por exemplo, as condições naturais e o conhecimento humano asseguram uma boa coleta de térmitas; o uso de um procedimento mágico é secundário em relação à técnica empírica. Ele não pode substituí-la, apenas auxiliá-la.

Cabe perguntar por que os Azande não percebem a futilidade de sua magia. Muito poderia ser escrito sobre isso, mas vou limitar-me a sugerir um pequeno número de motivos:

(1) A magia é amplamente empregada contra poderes místicos: a bruxaria e a feitiçaria. Como sua ação transcende a experiência, não pode ser facilmente infirmada por ela.

(2) A bruxaria, os oráculos e a magia formam um sistema intelectualmente coerente. Cada elemento explica e prova os demais. A morte é prova de bruxaria; é vingada pela magia; o sucesso da vingança mágica é provado pelo oráculo de veneno; e a exatidão do oráculo de veneno é determinada pelo oráculo real, que está acima de qualquer suspeita.

(3) Os Azande constatam com freqüência que uma droga qualquer é ineficaz, mas não generalizam tais constatações. Assim, o fracasso de uma única droga não lhes diz que todas as drogas desse tipo sejam inúteis, e muito menos que toda a magia não preste.

(4) O ceticismo, longe de ser reprimido, é aceito e até mesmo inculcado. Mas só atinge certas drogas e certos mágicos; inversamente, tende a reforçar a crença em outras drogas e outros mágicos.

(5) Os resultados que se crê produzidos pela magia realmente ocorrem depois da realização dos ritos. A magia da vingança é feita, um homem morre; faz-se a magia de caça, animais são abatidos.

(6) Os Azande não notam as contradições entre suas crenças, porque estas nunca estão todas presentes ao mesmo tempo, funcionando em situações diferentes. Assim, nunca entram em oposição direta.

(7) Cada indivíduo ou grupo de parentesco age sem ter conhecimento da ação dos demais. As pessoas não discutem suas experiências rituais. Para uma família, uma morte é o ponto de partida da vingança, enquanto para outra esta mesma morte é a conclusão da vingança. No primeiro caso o morto foi

assassinado por um bruxo; no segundo era ele o bruxo abatido pela vingança mágica.

(8) Um zande nasce dentro de uma cultura com estruturas de crença já estabelecidas e que têm atrás de si o peso da tradição. Como muitas de suas crenças são axiomáticas, um zande tem dificuldade em entender por que outros povos não compartilham delas.

(9) A experiência individual quase nada vale diante da opinião aceita. Se contradiz uma crença, isso não mostra que a crença é infundada, e sim que a experiência é peculiar ou inadequada.

(10) O fracasso de qualquer rito é explicado de antemão por uma variedade de noções místicas — bruxaria, feitiçaria, tabus. Assim, a percepção de um erro numa noção mística simplesmente demonstra a exatidão de outra noção mística.

(11) Só se faz magia para produzir acontecimentos que, de qualquer forma, se dariam: a chuva ocorre na estação chuvosa e pára na estação seca; as aboboreiras e bananeiras costumam dar frutos.

(12) Não se exige demais da magia. Quando se faz uso da magia produtiva, diz-se apenas que o sucesso é maior do que sem ela. Não se alega que, sem o auxílio da magia, uma pessoa necessariamente fracassa. Um homem pode pegar muitas térmitas, mesmo que para isso não use drogas.

(13) Raramente se exige que a magia produza os resultados sozinha; ela sempre está associada à ação empírica que realmente os produz: um príncipe distribui alimentos para atrair seguidores, sem confiar apenas na magia.

(14) Às vezes as pessoas são compelidas a realizar magia como parte de suas obrigações sociais, como no caso do uso de vingança mágica na morte de um parente.

(15) O sucesso é pensado em termos de magia. Por exemplo, um caçador bem-sucedido adquire uma reputação de mágico, possua ou não drogas.

(16) A autoridade política legitima a vingança mágica.

(17) Os Azande não possuem conhecimento suficiente para entender a causa real das coisas — a germinação das plantas, a doença etc. Como não têm relógios, não podem perceber que colocar uma pedra numa árvore não retarda o pôr-do-sol. Além disso, não possuem uma mentalidade experimentalista.

(18) Não possuindo essa mentalidade, não testam a eficácia de suas drogas.

(19) Há sempre histórias circulando sobre a realização da magia. A crença de cada indivíduo apóia-se nas experiências alheias contidas em tais narrativas.

(20) Muitas drogas azande vêm de países estrangeiros, e os Azande acreditam que os estrangeiros sabem muito mais sobre magia do que eles.

(21) A posição ocupada pelas drogas mais importantes dentro de uma seqüência de eventos as protege de serem acusadas de inúteis. A magia é feita contra bruxos, ladrões e adúlteros desconhecidos. Na morte de um homem, o oráculo de veneno determina se ele morreu como vítima da magia. Se os oráculos fossem consultados antes, para descobrir o criminoso, e só então se executasse a magia, esta logo seria vista como ineficaz.

(22) As crenças azande são em geral formuladas em termos vagos. Para que uma crença possa ser infirmada experimentalmente, ou vista em contradição com outras crenças, é preciso primeiro que ela seja claramente formulada e intelectualmente desenvolvida. Assim, o conceito zande de "alma" da droga é tão vago que não pode ser desmentido pela experiência.

CAPÍTULO XII

Uma associação para a prática da magia

I

As práticas mágicas até agora mencionadas são em sua maioria ritos individuais realizados por indivíduos isolados, seja para a consecução de objetivos próprios, seja em nome e na presença de um cliente. Esta é uma das características da magia zande. Mas durante as duas primeiras décadas deste século começaram a surgir certas congregações para a prática da magia em grupo. Elas apresentam todas as características das confrarias: organização, liderança, graus, taxas de admissão, ritos de iniciação, vocabulário e saudações esotéricas, e assim por diante. Sua finalidade é a realização de ritos mágicos que seguem os padrões gerais da magia no país zande: drogas vegetais, longas e rapsódicas encantações verbais, interditos pouco rigorosos, uso de apitos, cozimento das drogas etc.

Embora precisemos ser cuidadosos ao tratar da introdução das associações fechadas ou confrarias mágicas* no país zande, podemos estar certos de que elas não só apareceram depois da conquista européia, mas são também uma função da administração européia e um sintoma de colapso da tradição.

Todas as confrarias são de origem estrangeira, e nenhuma delas fazia parte da cultura zande no Sudão de 40 anos atrás. Mesmo hoje elas não foram ainda incorporadas à organização social zande, devendo ser vistas como subterrâneas e subversivas. São o sintoma de uma mudança social ampla e profunda.

Vou descrever apenas uma dessas confrarias, tendo escolhido a *Mani* por ser a que conheço melhor. Posso afirmar sem hesitação que a *Mani* é típica, diferindo das demais apenas nas drogas que emprega, na ênfase em uma finalidade particular dentro de um conjunto de finalidades comuns e em certas peculiaridades dos ritos de iniciação. Em termos de organização e ação, todas as confrarias seguem monotonamente um padrão único.

---

* No original, *closed associations*, que traduzimos ao longo de todo o texto por "confrarias" ou "confrarias mágicas". Ver Apêndice I. (N.T.)

Meu conhecimento da confraria *Mani* foi obtido em condições desfavoráveis à observação e registro. Ele é escasso, mas não creio que haja muito mais a observar além do que fiz. Contei com três fontes de informação. Em primeiro lugar, alguns leigos deram-me sua opinião sobre a moralidade da confraria e contaram algo sobre sua história e organização. Em segundo lugar, seus membros descreveram-me os ritos. Por fim, inscrevi-me numa loja* e assisti a algumas assembléias. Uma vez que o governo do Sudão anglo-egípcio decretou a ilegalidade da confraria e passou a punir seus membros, não pude utilizar essas fontes para uma investigação detalhada; tive de cavar abaixo da superfície para a maioria dos fatos registrados neste capítulo. A repressão, além disso, modificou o caráter social da confraria.

Quero deixar claro que a observação direta e as entrevistas com informantes foram inadequadas, sem ter a qualidade do restante do material em que este livro se baseia; lembro também que o ritual da confraria não desempenha de forma alguma um papel tão importante na vida das pessoas quanto os costumes que descrevi até aqui. Várias vezes afirmei que a bruxaria, os oráculos e a magia formam um sistema interdependente de idéias e práticas — nenhuma dessas coisas poderia ser deixada de lado sem provocar uma séria distorção nas demais. Mas se eu precisasse omitir a descrição das confrarias mágicas isso não seria um grande problema. Se não tivessem sido postas na ilegalidade, elas poderiam ter-se tornado instituições estáveis. Tal como o são agora, sugerem modos estranhos, anormais de comportamento.

2

Quando a *Mani* começou a entrar no Sudão, seus membros costumavam encontrar-se em lojas localizadas no mato, mas estas agora não mais existem. O encontro era no mato porque, nas residências, as drogas poderiam vir a ser poluídas, e não porque quisessem esconder a loja dos olhos do príncipe. Uma loja consistia de uma cabana em miniatura e um pátio circular limpo de mato em frente a ela. A cabana servia para guardar as drogas, que ficavam dentro de um jarro, pousado sobre três grossas estacas cravadas no solo. No intervalo entre as assembléias, o jarro enchia-se de teias de aranha, que eram cozidas junto com as drogas para aumentar a potência destas. Às vezes construía-se um pequeno santuário semelhante aos erguidos em honra dos espíritos e colocava-se o jarro com as drogas sobre ele, mas os membros da confraria afir-

* No original, *lodge*. (N.T.)

mam que seus ritos não dizem respeito aos espíritos. Os participantes sentavam-se no pátio durante os ritos e ali realizavam as danças da *Mani*. A loja estava localizada junto a um riacho, pois a iniciação incluía uma imersão na água.

Hoje as reuniões têm lugar em residências familiares, tarde da noite, dentro de uma cabana ou, quando há uma paliçada cercando a residência, debaixo de uma varanda. O pequeno espaço disponível obriga os membros a se sentarem espremidos; depois de terminarem os outros ritos, dançam lentamente no pátio central da residência. A vasilha das drogas é pousada sobre três estacas finas, que são removidas e escondidas após cada assembléia.

Na chefia de cada loja está um indivíduo, chamado *boro basa* ou *gbia ngua*, "Homem da Loja" ou "Senhor das Drogas". Passo a referir-me a ele como chefe da loja. Esse título é obtido pela compra de drogas de outro chefe de loja. O pagamento é feito em lanças, facas, piastras, potes de cerveja etc. Como é o caso nos outros intercâmbios de drogas, é desejável que o proprietário fique satisfeito com os presentes recebidos, ou seu rancor tira a potência da droga. Esta não é comprada e vendida toda de uma vez só, mas transferida, uma a uma, contra pagamento, ao longo de um considerável período de tempo. O dono mostra ao comprador as plantas e árvores mágicas na selva, indica-lhe o tipo correto de bulbo para plantar perto do santuário do espírito que se tem na residência e lhe fornece um apito mágico. Quando já conhece todas as drogas necessárias, o comprador paga ao antigo proprietário para que este lhe construa uma pequena cabana em que possa abrigar as drogas. Inaugura então sua própria loja; dali por diante, deve de tempos em tempos oferecer ao dono das drogas uma pequena parte dos rendimentos da loja. Magia desse tipo não pode circular como presente entre amigos ou parentes, porque a menos que as drogas vejam que foram compradas, perdem sua eficácia. O dono deve possuí-las por compra.

O chefe da loja aufere lucro com essa venda de drogas a terceiros. Recebe também uma taxa de admissão paga pelos leigos que se querem tornar membros da confraria, mas deve dividi-la com os padrinhos dos candidatos e com os outros funcionários da loja. Recebe pequenos presentes dos membros iniciantes da confraria, quando estes desejam despertar e interpelar as drogas a respeito de assuntos particulares, pois esse é um privilégio que deve ser pago. Os membros que pretendem passar a um grau mais elevado compram esse direito do chefe da loja, que então lhes mostra novas drogas. Ele possui ainda um grande oráculo de atrito chamado *yanda*, que opera em troca de um pequeno presente, em benefício dos membros de grau mais elevado da confraria.

Um chefe de loja tem muito pouca autoridade. Sua posição apóia-se apenas no conhecimento da magia e é mantida pelo temor suscitado por suas drogas, pelas regras da confraria e pela invariável devoção que o zande tem pela disciplina e autoridade na vida social, segundo o modelo de suas instituições políticas. Habilidade organizatória, caráter e prestígio na região também contam. A opinião pública da loja insiste no decoro e na obediência à autoridade nos assuntos referentes à confraria.

Além do chefe, cada loja possui alguns funcionários subalternos: o *kenge*, o *uze* e o *furushi*. O *kenge*, assim chamado por causa das três estacas que sustentam o jarro das drogas, é imediatamente inferior ao chefe, e como em geral conhece as drogas, é enviado ao mato para colhê-las. Sua obrigação é erguer as estacas, colocar as drogas no jarro, este no fogo, e cozinhá-las. Passo a referir-me a ele como cozinheiro. O *uze*, assim chamado por causa da vara com que se mexem as drogas no pote, é o único que pode lambê-las diretamente da ponta dessa vara. Sua obrigação é misturar as drogas, oferecê-las aos demais membros e cuidar para que todos observem o regulamento e prestem atenção ao ritual. Passo a chamá-lo de misturador. Há também, algumas vezes, um funcionário chamado *furushi*, palavra derivada da forma árabe para "policial". Deve funcionar como sentinela contra interrupções ou espionagem e ajudar o misturador a manter a ordem. Vou chamá-lo de sentinela. Nenhum desses funcionários é importante; suas funções respectivas não são exclusivas, e caso estejam ausentes, qualquer outra pessoa pode desincumbir-se delas. Tais cargos não são mais do que posições de certo prestígio na loja, assumidas pelos membros mais antigos. Os membros da confraria são chamados *Aboro Mani*, "gente de *Mani*", para distinguir-se dos *fio*, leigos. Eles comem as drogas da ponta de seus dedos mínimos. Pode-se descobrir se um indivíduo é membro da confraria pela troca de certas senhas secretas. Existem também saudações especiais, raramente usadas fora da loja.

Existem vários graus dentro da associação. O acesso a um grau superior se faz pela compra de novas drogas. Um membro da *Mani* Água pode ser iniciado no grau da *Mani* Conta Azul, depois no grau da *Mani* Noite, também chamado *Mani* Degolador, porque alguns membros desse grau quebram o pescoço das pessoas que fizeram mal àqueles que compartilham das drogas. Há outro grau, chamado *Mani* Trovão, porque a sanção da droga é a tempestade e o raio. Embora eu me refira aos tipos de *Mani* como graus, eles possuem baixa organização hierárquica, não sendo muito mais que um conjunto de drogas diferentes que um indivíduo adquire progressivamente. Mas como a compra de novas drogas quase sempre é acompanhada por ritos de iniciação, e desde que a posição de um membro na loja depende do número e do poder das drogas que comeu, podemos falar de graus na confraria.

Acontece que ocasionalmente uma pessoa traz do Congo ou diretamente de algum povo estrangeiro novas drogas *mani* dos Azande. Um homem introduz na loja a nova droga, a qual, por ser nova, desperta o interesse dos membros, alguns dos quais se dispõem a comprá-la. Os que a comprarem mudam de grau em relação àqueles que não puderam experimentá-la. A droga, assim, difunde-se da loja em que foi introduzida para as demais, surgindo então um novo grau na confraria. A compra de uma droga desse tipo é seguida por um rito de iniciação simples. Desse modo, um homem que compra *mani* do Fogo tem que colear como uma serpente, pelos arcos colocados próximos do chão, até a vasilha das drogas; quando um homem compra *mani* da Disenteria — assim chamada porque aqueles que ferirem os tomadores desta droga terão disenteria —, tem que rastejar por arcos mais altos. Os Azande dizem que esses novos graus surgiram por causa da sede de lucro, pois uma pessoa que traz uma nova droga *mani* do estrangeiro pode ganhar algum dinheiro enquanto durar a novidade. Como ela faz um preço baixo para atrair compradores, muitos a adquirem; à medida que a posse da droga se dissemina, ela torna-se menos valorizada. Esse fluxo e refluxo é típico das mudanças que estão sempre ocorrendo na magia zande. É comum que uma confraria perca sua popularidade; seus membros, então, ingressam numa nova, e a antiga torna-se apenas uma lembrança. Isso ainda não aconteceu com a *Mani*.

3

Vou agora resumir o que acontece na assembléia de uma loja quando um noviço é introduzido na confraria. Primeiramente descreverei o procedimento atual, depois mostrarei como o velho ritual era diferente.

Combina-se que um homem será iniciado na próxima reunião. O chefe ou um dos funcionários subalternos coleta as drogas de antemão, e ergue-se o dispositivo mágico de estacas, suportes e trepadeiras. Quando tudo está pronto, o padrinho — que aguardava com o noviço a alguma distância dos demais, esperando as ordens — pega o afilhado pela mão e leva-o até a loja. Atualmente uma loja costuma ser um espaço sob a varanda de uma cabana de uma residência comum, usada temporariamente para os rituais da confraria. Enquanto é conduzido, o noviço tapa os olhos com uma grande folha oval. Às vezes se procede segundo o velho costume, que consiste em pingar um pouco de um certo líquido em seus olhos, o que lhe causa alguma dor, impedindo-o de enxergar claramente por algum tempo. Em sua caminhada para a loja, os futuros colegas escondem-se atrás das árvores do caminho, imitando o rugido de leões e leopardos. Informa-se também ao noviço que há uma cobra na cabana para onde é levado. Quando chegam ao local da cerimônia, a folha é retirada de seus olhos, e ele é saudado na linguagem especial da confraria.

O noviço vê um fogo ardendo ao fundo; entre ele e a fogueira estão dois arcos de madeira ligados por um ramo amarrado no alto de cada um; os arcos e esse ramo horizontal são entrelaçados por várias trepadeiras. O noviço fica de quatro e se arrasta por baixo dessa estrutura, de uma ponta a outra, e retorna. Faz isso quatro vezes, e a cada vez que emerge numa ponta, as pessoas ali sentadas voltam-no para a direção oposta. A explicação desse rito é que ele fixa a droga no noviço, evitando que receba suas virtudes apenas superficialmente. Então ele caminha, até sentar-se diante da fogueira, do qual fica separado por uma pilha de folhas. É advertido para que não divulgue os segredos da confraria. É também exortado a obedecer o chefe da loja, a comportar-se com decoro durante as reuniões e a não usar a loja para fornicação e adultério. Dizem-lhe os tabus que deve observar e recebe outras instruções, em parte por comunicação direta, em parte por encantamentos longos e intricados.

No fogo estão as drogas *mani* e um pote com água, pousado sobre três estacas cravadas no solo. O fogo é alimentado por gravetos colocados entre as estacas. Enquanto as drogas cozinham, o chefe da loja, os funcionários graduados, os membros mais velhos e por fim aqueles que depositaram um presente diante do mágico tomam do misturador de madeira e mexem as drogas no pote, pronunciando longos encantamentos, pelos quais pedem proteção para o noviço, para os que estão misturando a droga e para todos os membros da loja contra uma variedade de males e perigos. Cada um solicita proteção especial e sucesso para si mesmo. Enquanto um homem ou mulher está interpelando a magia, os que se encontram sentados no chão, na outra extremidade da varanda, repetem as frases finais do encantamento, como numa litania. Assim, quando o misturador fecha uma seção de sua reza dizendo "possa eu ficar em paz", os demais repetem em voz baixa: "Possa eu ficar em paz."

Depois que as várias raízes que compõem as drogas ferveram por algum tempo, elas são retiradas no pote; óleo e sal são adicionados à água e aos sucos. Essa mistura é colocada no fogo e, enquanto esquenta, novos encantamentos são-lhe dirigidos. Os participantes vigiam para ver se o óleo vai subir bem à superfície, pois isso é considerado um bom presságio. Depois que ferveu, o óleo da superfície é despejado numa cabaça, deixando um sedimento. Um pouco desse óleo é pingado na boca e nos olhos do noviço e esfregado em sua pele. Os membros mais velhos bebem o que restou ou se untam com isso.

Depois que a pasta do fundo do pote esfriou, pedaços dela são colocados em folhas e entregues aos membros para que comam ou levem para casa. Os membros mais velhos comem diretamente do pote; o noviço é alimentado pela mão de seu padrinho. Enquanto a pasta esfria, os participantes colocam o pote na cabeça ou contra o peito, e põem o rosto dentro dele, sempre rezando os encantamentos.

Quando o repasto terminou, o noviço recebe seu primeiro nome *mani* e tem o cinto retirado e substituído por um pedaço de trepadeira. Recebe um ou dois apitos mágicos do chefe da loja, que o instrui sobre seu uso. Então seu padrinho leva-o pela mão para longe da varanda, e a reunião se encerra com as danças e cantos da confraria.

Por muitos dias o noviço deverá seguir usando seu cinturão de trepadeira e observar muitos interditos. Pagará seu padrinho para ficar livre dos tabus mais penosos, com o que este removerá a trepadeira de sua cintura e lhe dará seu nome *mani* definitivo. Ele agora é um iniciado de *Mani*.

Antes que a confraria fosse proibida, o processo era diferente. Depois de se ter proferido um encantamento sobre o noviço, este era levado a um riacho próximo, onde uma barragem fizera aumentar o nível da água até a altura dos joelhos ou da cintura de um homem adulto. Em seu caminho para o rio, o noviço era assustado pelos membros da confraria, escondidos atrás das árvores, imitando o rugido de leões e leopardos. Acima da superfície da água apareciam um ou dois arcos; o noviço tinha de mergulhar sob eles por três ou quatro vezes, indo e voltando. Dizia-se que ele batera na água com sua clava, isto é, com a cabeça. Ao sair da água recebia o primeiro nome *mani*. Em seguida todos retornavam à loja, onde sucos mágicos eram pingados nos olhos do noviço, fazendo-o lacrimejar — dizia-se que ele chorava por Zabagu (Zaba), o fundador da associação no Sudão. As drogas eram então cozidas e interpeladas como foi descrito acima. Mais tarde o noviço recebia seu cinturão de trepadeira e era instruído sobre as regras e costumes da confraria. Começavam então as danças, interrompidas de quando em quando para se discutirem negócios. Todos voltavam para casa ao amanhecer.

As drogas *mani* comuns são conhecidas como *mani* Água, porque o noviço tem de passar pela água para obter o privilégio de usá-las. Quando um indivíduo deseja adquirir o privilégio adicional de usar as drogas da Conta Azul, paga uma taxa e submete-se a mais uma iniciação, realizada numa parte da cabana fechada por folhas de bananeira, para que os membros comuns da confraria não vejam o que se passa. A iniciação consiste em passar sob arcos e em pegar contas azuis com os lábios. Do topo dos arcos pendem mais contas azuis e um anel amarrado a um apito. O anel, o apito e uma das contas azuis serão presenteados ao noviço no final da cerimônia. Um dos ritos consiste em amarrar a conta azul na ponta de um graveto e segurá-lo, rezando encantamentos sobre a fumaça e o vapor que emanam das drogas fervendo na fogueira. Mediante o pagamento de outra quantia, um membro pode ver o oráculo de atrito da confraria e conseguir que o chefe o use em seu benefício. O emprego de outras drogas também pode ser comprado, mas não estou certo de que haja ritos de iniciação especiais para cada uma delas.

Desse resumo emerge um fato importante, que pode passar despercebido se não o assinalarmos. Embora todos os membros da *Mani* compartilhem as drogas do grau *Mani* Água, e todos os membros de cada grau compartilhem suas diferentes drogas, apenas os chefes conhecem as plantas e ervas de que são feitas as drogas. Qualquer pessoa que comprar esse conhecimento de um chefe torna-se também chefe. Caso contrário, seus pagamentos só o capacitam a fazer magia com as drogas do chefe. Portanto, ele só pode utilizar as drogas *mani* na loja, em companhia dos demais membros; não pode usá-las em casa.

No entanto, pela iniciação, cada membro adquire plena propriedade sobre algumas mágicas. Cada um deles possui um apito que pode soprar de madrugada, enquanto profere encantamentos, antes de lavar o rosto. Todos são advertidos de que soprá-lo para fins ilegítimos é perigoso.

A Conta Azul também tem poder mágico. Algumas pessoas amarram-na aos apitos, outras guardam-na em óleo dentro de uma garrafinha, e em situações difíceis untam-se com esse óleo. Seu possuidor também pode segurar a conta sobre a fumaça e rezar encantamentos para ela. Se os oráculos dizem que certo homem está lhe fazendo mal, você pode entrar na casa dele à noite e bater com a conta no umbral da cabana em que dorme. Depois que o homem morreu vítima dessa magia, você precisa chamá-la de volta, ou ela pode feri-lo. Esse chamado se faz batendo nas próprias pernas, braços e cabeça com o apito *mani*, e também soprando água para o chão. Por fim, cada membro da associação recebe um bulbo que planta no pátio de sua residência, perto do santuário dos espíritos. Quando se sentir deprimido ou amedrontado, pode comer um pedaço de sua folha.

Apesar de tudo, a despeito da apropriação privada de drogas e do uso individual de armas mágicas, há uma ação coletiva no caso das confrarias que não se observa em mais nenhum departamento de magia zande, salvo entre os adivinhos. Os ritos da confraria são organizados, e não apenas um agregado de ações individuais realizadas em seqüência. Além disso, quando um membro está proferindo um encantamento, fala em benefício não só de si mesmo, mas de toda a sociedade, enquanto os outros membros repetem frases desse encantamento como se fora uma litania. Observei também uma elevada carga de expressão emocional nas cerimônias *mani*, coisa que não notei na maioria das outras atividades mágicas.

4

A *Mani* está espalhada por todo o território zande. Seus membros devem ser milhares, mas é impossível realizar qualquer tipo de censo. Cada localidade tem sua loja, e um indivíduo não conhece muitos membros da confraria além dos de sua loja. No passado os membros usavam uma conta azul como emblema, mas estão assustados demais para fazê-lo atualmente. Disseram-me que cada assembléia reunia de 40 a 50 pessoas, mas nunca vi uma assistência de mais de 15. Embora as crianças e os velhos em geral não pertençam à confraria, não há restrições de idade ou sexo para o ingresso. Qualquer um pode entrar, desde que pague duas ou três piastras (5 piastras = 1 xelim). Uma ou duas piastras são dadas pelo iniciado a seu padrinho, que as repassa para o chefe da loja. Depois o noviço terá que pagar uma piastra ao padrinho, quando pedir que este remova o cinto que usou durante os interditos alimentares e sexuais pós-iniciação. A tanga de entrecasca usada pelo noviço na iniciação também vai para o padrinho. Um padrinho pode ser de qualquer sexo, e uma mulher pode patrocinar um homem, embora isso seja incomum. Se um homem patrocina uma mulher, deve ser seu marido ou parente, caso contrário terá problemas com o marido e a família dela. Um de meus informantes disse-me que o mesmo homem não pode patrocinar o marido e a mulher, mas não explicou a proibição.

Tanto quanto pude observar, a confraria conta com o mesmo número de homens e mulheres. Isso não cria problemas na loja, mas os maridos certamente têm razão quando dizem que suas mulheres assistem a essas reuniões com a intenção de começar ligações clandestinas com outros homens, e que é tão grande a inconstância feminina que nenhuma mulher consegue resistir a uma oportunidade de adultério. Pois, mesmo que um homem não possa falar com uma mulher durante a assembléia, há — dizem os Azande — uma linguagem dos olhos tão eficiente quanto a da boca; e, se um homem não tem oportunidades de flerte nas assembléias, pode pelo menos travar conhecimentos que mais tarde poderão ser levados avante. Por isso, os homens que não são membros de uma loja opõem-se veementemente às intenções de suas esposas de ingressar numa delas. Mas pode acontecer que uma mulher seja membro sem que o marido saiba.

As mulheres de fato anseiam por participar da confraria para obter magia e escapar do tédio da vida familiar e das agruras do trabalho doméstico. A participação de mulheres é uma ruptura revolucionária do costume de uma sociedade em que a segregação dos sexos era rigidamente mantida. Até nas assembléias da *Mani*, as mulheres sentam-se separadas dos homens, e há caminhos diferentes para os dois sexos chegarem à loja. Mesmo assim eles entram em contato mais íntimo que o permitido em qualquer outra ocasião, e é em si mesmo notável que as mulheres tenham permissão para tomar parte no ritual, pois são, com poucas exceções, excluídas de qualquer participação nas atividades mágicas em que os homens se envolvem, havendo além disso uma estrita divisão sexual do trabalho nas outras atividades sociais. O fato de as mulheres tomarem parte em pé de igualdade com os homens, às vezes apadrinhando noviços homens e até mesmo assumindo cargos (inclusive o de chefe da loja), mostra que a *Mani*, bem como as outras confrarias mágicas, não é apenas uma nova forma de agrupamento social, mas uma forma que está em conflito com as regras de conduta estabelecidas. Ela é função de uma nova ordem de coisas.

Pessoas idosas de ambos os sexos em geral não ingressam nas confrarias, e se por acaso um velho o faz, prefere que o fato não seja muito divulgado, pois não fica bem para um senhor associar-se em pé de igualdade com rapazes. Crianças pequenas às vezes vêm com as mães e são iniciadas. A maioria dos membros é composta de rapazes, donzelas e casais jovens. Isso novamente mostra como as confrarias se chocam com a maioria das instituições azande, pois, entre os plebeus, os mais velhos controlam tudo, e os mais jovens são social e economicamente dependentes deles. A *Mani* e as associações similares são um desafio a seu estatuto superior; percebem isso e fazem-lhes oposição.

A *Mani* desafia os padrões tradicionais de comportamento não apenas em relação ao sexo e idade, mas também nos aspectos de *status*. Em quase toda atividade da vida zande em que os nobres participam, eles agem como líderes. Mesmo nas atividades em que costumam não participar — por exemplo, a dança —, quando o fazem, assumem o papel de líderes, ou um papel independente que os coloca além da autoridade plebéia. Na *Mani*, embora os nobres não participem plena e regularmente das cerimônias (é provável que os príncipes governantes jamais tenham assistido a uma assembléia), quando um nobre torna-se membro e visita uma loja, não pode em princípio agir como líder, a menos que lhe aconteça possuir as drogas. Assim, mesmo se tratado com o respeito devido à sua classe, deve subordinar-se a um plebeu durante o ritual. A *Mani* foi introduzida sem o apoio da nobreza e continuou sendo uma associação plebéia que deriva seu poder e independência das drogas. Portanto, está fora da vida social ordinária, em que a autoridade dos nobres é suprema, pessoal e direta; chega mesmo a contradizer essa autoridade.

5

Quando eu perguntava aos Azande por que os príncipes seriam hostis à *Mani*, davam-me várias razões. Diziam que os príncipes são sempre conservadores, são contra a introdução de qualquer costume novo simplesmente por não ser tradicional. Citaram, como demonstração de conservadorismo, a oposição feita pelo rei Gbudwe à circuncisão e à adoção de hábitos dos povos arabizados. Disseram que os príncipes eram especialmente contra as confrarias, porque seus membros erguiam suas lojas longe, no mato, e porque realizavam ritos que os nobres não conheciam muito bem. Os nobres costumam ignorar muita coisa familiar aos plebeus; na infância, raras vezes saem da corte de seus parentes para visitar as residências dos plebeus; depois de adultos recebem províncias para administrar e dificilmente viajam além de sua corte e seus jardins. Por conseguinte, precisam apoiar-se principalmente nas informações que alguns cortesãos de confiança lhes trazem sobre os acontecimentos da província. Tais cortesãos são quase sempre anciãos, com lares poligínicos, de mentalidade conservadora; opõem-se fortemente às confrarias mágicas, que — dizem aos príncipes — disseminam a deslealdade e a imoralidade. É realmente notável a vigilância severa que os nobres e plebeus ricos exercem sobre suas esposas, espionando-lhes cada movimento. Assim, é fácil entender sua oposição às confrarias, que permitem participação feminina e masculina e são um local de encontro dos sexos.

Os Azande atribuem também a antipatia dos príncipes às confrarias a ciúme e inveja. Isso porque os chefes de loja arbitram pequenas disputas entre os membros referentes a questões da própria loja. Por menores que sejam suas funções judiciais — pois os Azande desprezam as sanções mágicas quando se envolvem num litígio sério —, elas são consideradas um desafio às prerrogativas despóticas dos príncipes. Com efeito, por menores que sejam as disputas arbitradas pelos chefes de loja, o direito que exercem não emana de ninguém; já na vida cotidiana, as disputas arbitradas por plebeus só o são em virtude da autoridade delegada por um príncipe.

Mas talvez a maior causa da oposição da nobreza tenha sido o temor à feitiçaria, pois ninguém tem certeza sobre se as drogas recém-importadas são boas ou más. Os membros da associação alegam que praticam magia branca, mas pessoas de fora costumam acusá-los de feitiçaria. O sigilo dos ritos e dos encantamentos e o mistério que envolve a iniciação naturalmente dão fundamento às suspeitas de feitiçaria.

No entanto, segundo minhas próprias observações e aquilo que me disseram os iniciados, as drogas *mani* possuem os atributos de toda magia branca, pois a elas só se podem pedir favores que não causem perda ou dano a inocentes. Só se podem usar as drogas contra alguém que tenha cometido ou pretenda cometer uma infração reconhecida como tal pelo direito zande, e não simplesmente porque não se goste dessa pessoa. É verdade que ocasionalmente a magia *mani* é empregada como arma ofensiva; e pode-se mencionar o nome de um inimigo nos encantamentos rezados sobre as drogas. Mas seus membros declaram que, pelos estatutos da confraria, só podem dar esse passo depois que tentaram e fracassaram em obter compensação pelas vias legais comuns. Dizem que somente quando um príncipe determinou que se indenizasse um membro da confraria, e este não conseguiu fazer o réu pagar, é que ele tem a permissão de usar sanções mágicas — por exemplo, quando uma esposa larga o marido, leva uma vida licenciosa ou casa-se com outro homem, e o marido não consegue obter a devolução do preço da noiva; ou quando um homem foi atacado pela bruxaria ou feitiçaria, ou foi assaltado. Essas situações não devem ter sido freqüentes nos velhos tempos, quando a indenização por danos tinha de ser obtida no tribunal do príncipe, e por isso elas devem ser vistas como um sintoma de desintegração social.

Não sei se os membros só usam a magia contra terceiros quando as circunstâncias o justificam, mas esta é sua versão dos fatos. Os outros encaram essas alegações com ceticismo, porque não têm provas de que sejam verdadeiras. Os leigos costumam ser hostis com a *Mani* e demais confrarias, e os plebeus que freqüentam a corte regularmente e se consideram homens de posição social superior raramente ingressam nelas. Muitos leigos que não são hostis, contudo, também têm suas dúvidas quanto à moralidade da magia *mani*. Não há meios de um observador chegar a uma conclusão satisfatória a respeito de tal assunto, pois ele nunca está de posse de todos os fatos importantes. Os membros da confraria dizem que, se usassem magia contra um indivíduo que não os prejudicou, ela se voltaria contra eles. Mas aquilo que um homem considera uma revanche pode ser visto por outro como um ataque não provocado; e assim, enquanto o primeiro defende a justeza moral de sua arma mágica, o outro protesta contra um abuso criminoso. Os opositores da *Mani* declaram ainda que as drogas permitem aos membros dessa associação influenciar as decisões dos tribunais; a acusação parece justificada se atentarmos para os encantamentos que utilizam. Mas os Azande sabem como se evadir de qualquer crítica por meio de sofismas e malabarismos verbais. Desse modo, os membros da *Mani* dizem que suas drogas não permitem a um criminoso escapar da punição, mas simplesmente que, se um confrade sopra um apito *mani* em seu caminho para o tribunal pedindo à magia que o assista, ele será capaz de expor seu caso com clareza; e caso seja condenado, receberá uma punição mais branda.

Assim, a *Mani* não só se opõe aos costumes no que concerne ao sexo, à idade e à classe social, mas também confunde a divisão tradicional da magia em branca e negra, boa e má, pois aqui alguns aprovam e outros condenam, em vez de haver uma opinião única, como no caso das drogas importantes e tradicionais.

Por fim gostaria de chamar a atenção para o fato de que as lojas da *Mani* são agrupamentos locais. Isso significa que os membros de uma loja já têm numerosos vínculos sociais: laços de parentesco, políticos, de fraternidade de sangue, de iniciação e outros. Eles trazem para as assembléias toda uma história de amizades e inimizades de vizinhança, toda uma experiência comum. O chefe de uma loja não me pareceu ser um homem de importância social na comunidade, embora adquira alguma proeminência em virtude de seus poderes mágicos.

Cada loja é uma unidade independente, consistindo de um homem que conhece as drogas e daqueles que se reúnem para ingeri-las. Uma loja não mantém relações com outras, embora um homem que tenha entrado na confraria por uma loja seja reconhecido como membro pelas outras, se for visitá-las. Os graus de iniciação são similares nas diferentes lojas. Como uma loja depende do conhecimento de um ou dois homens, e como suas insígnias são uns poucos objetos facilmente transportáveis, ela tem pouca estabilidade e permanência. É possível que o chefe deixe o distrito, e então pode não restar mais ninguém na loja que saiba preparar as drogas e iniciar os membros nos graus mais altos. Nesse caso, as pessoas têm que ir ingerir as drogas das mãos de outros chefes — ou seja, elas ingressam em outra loja. Nada há que impeça um indivíduo que conheça os ritos e as drogas de inaugurar uma loja num distrito em que outros líderes já estejam instalados.

As condições que podem ter favorecido a difusão da *Mani* são a decadência da autoridade política que se seguiu à conquista européia, o fato de alguns jovens nobres terem ingressado na associação e influenciarem seus parentes mais poderosos em favor dela, ou assumirem mais tarde cargos políticos, e a conversão direta de alguns príncipes. Um príncipe importante às vezes faz investigações sobre uma nova magia, ordenando que um cortesão de confiança lhe faça um relatório sobre seu uso e finalidade. Se ficar favoravelmente impressionado, manda chamar o chefe de loja para saber mais sobre as drogas, podendo até ingeri-las em segredo. Ao conversar com os príncipes sobre a *Mani*, porém, constatei que estavam menos dispostos ainda que seus súditos a darem quaisquer informações, pois temiam ser punidos pelo governo se demonstrassem algum conhecimento do ritual.

Os europeus — temo que sem entenderem a organização e os objetivos dessas confrarias — condenaram-nas. No Sudão, a "Ordenação sobre as Sociedades Ilícitas" de 1919 declarou-as ilegais, e medidas similares parecem ter sido tomadas anteriormente no Congo Belga. Os missionários de todas as denominações concordaram que as confrarias são uma ameaça. Creio que nenhum membro da *Mani* foi preso pelo governo do Sudão anglo-egípcio durante a minha estada na terra dos Azande, mas se a participação nos rituais da associação era tolerada, os Azande não sabiam disso, pois os membros de outras confrarias eram punidos com freqüência. Os Azande acreditavam que o governo fosse hostil a todas as sociedades mágicas.

As conseqüências dessa oposição governamental não são fáceis de ser avaliadas. As confrarias certamente continuam a florescer, mas são de difícil observação: elas se tornaram secretas, e não simplesmente fechadas. Antes da intervenção européia, todos sabiam quem eram seus membros, onde estavam as lojas, quando ocorriam as assembléias. Apenas certos ritos e drogas eram mantidos em segredo diante de estranhos. Hoje guarda-se sobre elas o máximo segredo possível.

CAPÍTULO XIII

A bruxaria, os oráculos e a magia diante da morte

Estou ciente de que minha análise da magia zande sofre de uma certa falta de coordenação. O mesmo se aplica à magia zande. Os ritos mágicos não formam um sistema coerente, e não há nexo entre um rito e outro. Cada um é uma atividade isolada, de modo que eles todos não podem ser descritos de forma ordenada. Qualquer descrição parece necessariamente um tanto aleatória. Com efeito, ao considerá-los juntos, conferi-lhes uma unidade por abstração que não possuem na realidade.

Essa falta de coordenação entre os ritos mágicos contrasta com a coerência e interdependência generalizadas das crenças azande sobre outras coisas. As que descrevi neste livro são de difícil compreensão para os europeus. A bruxaria é uma noção tão estranha para nós que se torna muito difícil apreciarmos as convicções azande sobre sua realidade. Mas não podemos esquecer que tampouco é fácil para os Azande entenderem nossa ignorância e descrença sobre o assunto. Certa vez, ouvi um deles dizer de nós: "Talvez lá na terra deles as pessoas não sejam assassinadas por bruxos, mas aqui elas são."

Ao longo deste livro, sublinhei a coerência das crenças azande quando consideradas em conjunto e interpretadas em termos de situações e relações sociais. Tentei igualmente mostrar a plasticidade das crenças como uma função das situações em que são acionadas. Elas não são estruturas ideativas indivisíveis, mas associações frouxas de noções. Quando o pesquisador as aproxima todas, e apresenta-as como um sistema conceitual, as insuficiências e contradições tornam-se evidentes. Na vida real essas crenças não funcionam em bloco, mas atomizadas. Um indivíduo, diante de determinada situação, utiliza aquilo que lhe é mais conveniente dentre as diferentes crenças, e não presta atenção aos outros elementos, que usaria em outros contextos. Assim, um único acontecimento pode suscitar uma variedade de crenças diferentes e contraditórias em pessoas diferentes.

Espero ter persuadido o leitor de uma coisa — da consistência intelectual das noções azande. Elas só parecem inconsistentes se dispostas como se fossem objetos inertes de museu. Quando vemos como um indivíduo as emprega, podemos dizer que são místicas, mas nunca que são acionadas de forma ilógica ou acrítica. Não tive dificuldades em usar as nações azande como os

Azande o fazem; uma vez que se aprende o idioma, o resto é fácil, pois no país zande uma idéia mística segue outra de modo tão razoável quanto, em nossa própria sociedade, uma idéia do senso comum segue outra.

É em sua relação com a morte que a crença zande na bruxaria, nos oráculos e na magia se mostra mais coerente e inteligível para nós. Assim, embora eu tenha descrito rapidamente a interligação dessas categorias na situação da morte, penso que seria interessante realizar agora uma análise mais completa, pois é a morte que resolve o enigma das crenças místicas.

Não pretendo fazer uma descrição detalhada da vingança e dos costumes fúnebres azande; nem mesmo mencionei os elaborados ritos mágicos que levam a vingança a efeito. Farei apenas um rápido esboço do que ocorre desde o momento em que um homem cai doente até aquele em que sua morte é vingada.

É com a morte e sua premonição que os Azande associam mais freqüente e intensamente a bruxaria; e esta só implica retaliação no caso de morte. Igualmente, é em conexão com a morte que se presta mais atenção aos oráculos e ritos mágicos. A bruxaria, os oráculos e a magia alcançam sua mais alta significação e relevância — como prática e ideologia — diante da morte.

Quando um indivíduo adoece, seus parentes tomam dois tipos de providências. Em primeiro lugar, combatem a bruxaria, por meio dos oráculos, de advertências públicas, contatos com o bruxo, pela realização de magia, a remoção do doente para o mato e por meio das danças dos adivinhos. Em segundo lugar, combatem a doença com drogas, e, quando a doença é séria, requisitam os serviços de um curador que é também adivinho.

O doente é assistido por um curador até que se abandone toda esperança de salvação. Então seus parentes se reúnem e choram à sua volta. Logo que morre, pranteiam-no e põem luto; seus afins cavam o túmulo. Antes do enterro, os parentes tomam de um pedaço de entrecasca e limpam os lábios do morto, cortando-lhe em seguida um pedaço de unha. Essas substâncias são necessárias para a execução da magia de vingança. Às vezes acrescenta-se um pouco na terra da cova.

No dia seguinte ao do enterro, começa o procedimento da vingança. Os parentes mais velhos consultam o oráculo de veneno. Teoricamente devem perguntar primeiro se a morte foi causada por algum crime que o morto cometeu. Mas, na prática, exceto nas raras ocasiões em que os parentes sabem que ele cometeu adultério ou outro crime — e a parte ofendida fez magia letal —, essa etapa não é executada. Não que os Azande admitam tal omissão — eles dizem que, embora a pergunta não seja feita diretamente ao oráculo, está contida nas outras; pois o oráculo não garantiria a execução da vingança, a menos que o morto fosse inocente e uma vítima de bruxaria.

Na prática, portanto, a primeira pergunta ao oráculo é sobre quem deve ser a pessoa que atuará como vingador. Seus deveres são despachar a magia atrás do bruxo (isso sob a direção de um mágico que possua tal magia) e observar os penosos interditos que asseguram o sucesso da empresa. Se os parentes do morto querem ter realmente certeza de vingá-lo, insistem em colocar apenas nomes de adultos como candidatos ao cargo; mas em geral os homens mais velhos preferem evitar a ascese exigida e propõem o nome de um menino, que seja jovem o bastante para agüentar os tabus sexuais e velho o bastante para respeitar os tabus alimentares — e que tenha firmeza de caráter para respeitar a ambos. Assim, perguntam ao oráculo se a magia terá sucesso, caso seja tal rapaz o que vai observar os tabus. Se o oráculo se pronuncia negativamente, apresentam o nome de outro homem ou menino. Quando um nome é escolhido, pedem para saber se seu portador morrerá durante esse período — coisa que pode acontecer se ele quebrar um tabu, ou se o parente que desejam vingar tiver morrido em conseqüência de um crime que cometeu. Se o oráculo declara que o escolhido sobreviverá, então a vingança está garantida.

Os parentes pedem ao oráculo que designe um mágico capaz de fornecer a magia de vingança. Apresentam seu nome e perguntam se, caso a sua magia for usada, a vingança se realizará. Se o oráculo rejeita o nome, propõem outro.

Tendo escolhido um menino para observar os tabus, e um mágico para fornecer as drogas, passam a executar a vingança. Não descreverei os vários tipos de drogas utilizadas, nem os ritos que as enviam até o inimigo. Mas não se espera que as drogas ajam imediatamente. Com efeito, se alguém da vizinhança morre logo depois que se executaram os ritos, os parentes não supõem que tenha sido por causa da magia.

De tempos em tempos, os parentes do morto presenteiam o mágico com cerveja, para que este reanime as drogas; pois os Azande pensam que estas partem em sua missão e, se não encontram o culpado, retornam a seu esconderijo, devendo ser mandadas novamente à caça. Isso pode ocorrer muitas vezes, até que se consuma a vingança — talvez até dois anos depois da primeira magia, e quase sempre não antes de seis meses. Embora os tabus que garantem a eficácia das drogas só recaiam sobre um menino, todos os parentes próximos do morto e seu cônjuge devem respeitar certas proibições incômodas por vários motivos, e todos anseiam para que esse período se encerre. No entanto, tudo deve ser feito em ordem e sem pressa. De vez em quando consulta-se o oráculo de veneno para saber se as drogas estão sendo diligentes em sua caça e para assegurar o sucesso final.

No passado as drogas da vingança eram colocadas no túmulo do morto, mas diz-se que ali corriam o risco de serem removidas, mergulhadas num pântano em que perdiam sua potência, ou estragadas pelo contato com alguma substância impura, como carne de elefante. Atualmente ainda se colocam algumas drogas no túmulo, mas outras são escondidas no mato (em geral em um oco de árvore), onde estão a salvo de contaminação por pessoas mal-intencionadas.

Vários meses depois morre alguém das vizinhanças. Vai-se então ao oráculo de veneno saber se aquela era a vítima da vingança. Em geral não se pergunta sobre pessoas que morreram em lugares muito distantes da residência daquele que está sendo vingado. Se o oráculo diz aos parentes que a magia ainda não matou, espera-se até que outro vizinho morra para fazer nova consulta. Por fim o oráculo declara que a morte de um homem dos arredores deveu-se à magia de vingança. Ele é portanto o culpado.

Os parentes do morto consultam então o oráculo para saber se o homem assassinado era o único bruxo ou se houve algum outro envolvido. Se houve um outro, esperam até que este também seja executado; mas se o oráculo lhes afirma que o homem que acaba de morrer era o único responsável, vão até o príncipe e lhe apresentam as asas da galinha que morreu na declaração oracular da culpa do bruxo. O príncipe consulta seu próprio oráculo de veneno, e se este afirmar que o oráculo dos súditos os enganou, terão que esperar por outras mortes na vizinhança, e procurar garantir que uma delas deveu-se à magia de vingança.

Quando o oráculo do príncipe concorda com o oráculo dos parentes do morto, a vingança está feita. As asas das aves que morreram são exibidas em sinal de vitória, junto com a roupa e a esteira do menino que observou os tabus, penduradas em uma árvore à beira de um caminho muito utilizado, como notificação pública de que a parentela cumpriu o seu dever.

O proprietário das drogas mágicas é solicitado a chamá-las de volta. Depois de receber seu pagamento, cozinha um antídoto para o menino que suportou os interditos, para os parentes do morto e para a viúva, e destrói a droga para que não cause nenhum mal. Os parentes próximos do morto podem então retomar sua vida normal.

Assim, a morte evoca a noção de bruxaria; os oráculos são consultados para determinar o curso da vingança; a magia é feita para executar essa vingança; os oráculos decidem se a magia executou a vingança; depois da tarefa cumprida, as drogas mágicas são destruídas.

Os Azande dizem que, no passado, antes que os europeus conquistassem sua pátria, os costumes eram outros. Os plebeus da província utilizavam os métodos que descrevi, mas os freqüentadores da corte não faziam magia. Se lhes morria um parente, consultavam o oráculo de veneno e apresentavam ao príncipe o nome do bruxo acusado. Se o oráculo do príncipe confirmasse esse veredicto, tinham então direito a uma indenização, que consistia em uma mulher e 20 lanças pagas pelo bruxo assassino — ou o matavam. Naqueles tempos a morte evocava a noção de bruxaria, os oráculos denunciavam o bruxo e exigia-se uma indenização, ou executava-se a vingança.

APÊNDICE I

Glossário dos termos usados na descrição das crenças e costumes azande

O emprego aqui feito de termos antropológicos guia-se basicamente por uma preocupação em seguir o pensamento zande. Classifiquei numa única entrada tudo aquilo que os Azande denominam por uma única palavra; e distingui tipos de comportamento que eles consideram distintos. Não estou muito preocupado em definir a bruxaria, os oráculos e a magia como tipos ideais, mas sim em descrever o que os Azande entendem por *mangu*, *soroka* e *ngua*. Portanto, não me preocupa saber se os oráculos deveriam ser classificados como magia, se o tabu é uma forma de magia negativa, ou se a crença de que os bebês cujos dentes de leite superiores despontam antes dos inferiores são azarados está ligada à bruxaria. Meu objetivo aqui é fazer com que alguns termos em nossa língua correspondam às noções azande, isto é, usar o mesmo termo sempre e apenas quando se tratar da mesma noção. Por exemplo, o zande não se refere aos oráculos ou tabus como *ngua*; por isso, não os chamo de "magia". Não está em questão saber se os Azande concebem todas as formas de comportamento denotadas pelo mesmo termo como uma unidade, ou se essa unidade é mera abstração do analista.

Na coluna da direita estão algumas palavras azande que definem certas noções. Na coluna da esquerda estão as palavras que utilizei ao analisar essas noções. O significado dos termos foi elaborado no texto; o objetivo aqui é apenas o de facilitar a leitura. Não pretendo discutir palavras, e se alguém quiser designar as noções e ações descritas por outros termos, que o faça.

Mangu

(1) SUBSTÂNCIA-BRUXARIA: uma substância material encontrada no corpo de certas pessoas. É descoberta na autópsia dos cadáveres, e os oráculos seriam capazes de identificá-la nos vivos.

(2) BRUXARIA: uma suposta emanação psíquica da substância-bruxaria que se acredita causar injúria à saúde e propriedade.

(3) MUCO DE BRUXARIA: entre os adivinhos, *mangu* pode significar uma substância do corpo (dos adivinhos) que dizem ser produzida por drogas. Em sua opinião, trata-se de algo inteiramente diferente da substância-bruxaria mencionada acima. Os adivinhos expectoram um muco que alegam ser derivado dessa substância.

Boro (ira) mangu

BRUXO: uma pessoa cujo corpo contém — ou que os oráculos e adivinhos declaram conter — a substância-bruxaria e que se acredita praticar a bruxaria.

Ngua
(1) MAGIA: uma técnica que pretende atingir seus objetivos pelo uso de drogas. O emprego dessas drogas é um rito mágico, geralmente acompanhado de encantamentos.
(2) DROGAS: quaisquer objetos em que se crê residirem poderes mágicos, e que são usados em ritos mágicos. Usualmente são de origem vegetal.
(3) CURANDEIRISMO: tratamento clínico ou cirúrgico de estados patológicos por meios mágicos ou empíricos. Por clínica, entendo a administração de remédios (empiricamente eficazes) e drogas (mágicas). A cirurgia é um tratamento manual. O curandeirismo em geral é simplesmente uma forma de magia, mas emprego um termo especial para designá-lo porque se trata de um departamento especial da magia, e deixo em aberto a questão de saber se ele contém uma dose de saber experimental.
(4) CONFRARIAS: os Azande possuem várias associações para a prática de ritos mágicos comunais. Neste livro apenas se descreve a confraria *Mani*.

Sima
ENCANTAMENTO: discurso verbal que acompanha os ritos e forma parte integrante destes. Quando tal discurso é dirigido às drogas, denomino-o encantamento; quando é dirigido aos oráculos, chamo-o discurso oracular; à interpelação dos espíritos ou do Ser Supremo chamo prece.

Boro ngua (*ira ngua*)
(1) MÁGICO: qualquer pessoa que possua drogas e as utilize em ritos mágicos.
(2) CURADOR: pessoa que pratica o curandeirismo.

Gbegbere (*gbigbita*) *ngua*, *kitikiti ngua*
(1) FEITIÇARIA (MAGIA NEGRA): magia ilícita ou considerada imoral.
(2) DROGAS MALÉFICAS: drogas usadas na feitiçaria.

Wene ngua
(1) MAGIA BRANCA (ou BOA): magia socialmente aprovada. Salvo indicação em contrário, todas as referências à magia dizem respeito à magia branca.
(2) DROGAS BENÉFICAS: drogas usadas na magia branca.

Ira gbegbere (*kitikiti*) *ngua*
FEITICEIRO: aquele que possui drogas maléficas e as emprega em ritos de feitiçaria.

Gira
TABU ou INTERDITO: interdição de uma ação por crença mágica de que sua realização acarretaria eventos indesejáveis ou perturbaria o curso desejável dos acontecimentos.

Soroka
ORÁCULOS: técnicas que supostamente revelam o que não pode ser descoberto com certeza por inferência lógico-experimental. Os principais oráculos azande são:
(a) *benge*, o oráculo de veneno, que funciona pela administração de estricnina a aves (antigamente também a seres humanos);
(b) *iwa*, o oráculo de atrito, que é um instrumento de madeira;

(c) *dakpa*, o oráculo das térmitas, que funciona pela inserção de ramos de dois tipos de árvores nos canais de certas termiteiras;

(d) *mapingo*, o oráculo dos três gravetos, que opera por meio de uma pilha de três pequenos gravetos.

Pa ngua (*pa atoro*) — ADIVINHAÇÃO: um método de desvendar o desconhecido (e/ou o incognoscível lógico-experimentalmente). O instrumento é um ser humano, inspirado por drogas (*ngua*), por espíritos (*atoro*), ou por ambos.

Abinza (*Avule*) — ADIVINHOS: uma corporação de profissionais que diagnosticam e combatem a bruxaria, e cujo poder deriva da ingestão de certas drogas. Os métodos usados são a dança e o curandeirismo.

Mbisimo — ALMA: uma suposta propriedade psíquica das pessoas e coisas, que às vezes se separa delas.

Atoro — ESPÍRITOS: almas dos mortos.

Mbori — SER SUPREMO: ser espiritual a quem se atribui a criação do mundo.

Além dos termos usados na tradução das noções azande, precisei usar certas categorias para a classificação dessas noções e do comportamento a elas associado. Indico aqui esses conceitos, observando que se trata de uma classificação *ad hoc*. O leitor tem a liberdade de discordar dos termos empregados, do significado a eles atribuído, ou da forma de classificação dos fatos. Os termos são apenas rótulos que nos permitem juntar o igual e separá-lo do diverso; quando se mostram inúteis, devemos abandoná-los. Os fatos são os mesmos, com rótulos ou não.

NOÇÕES MÍSTICAS. Trata-se de formas de pensamento que atribuem qualidades supra-sensíveis aos fenômenos, isto é, qualidades que, integral ou parcialmente, não podem ser observadas ou deduzidas da observação, e que os fenômenos não possuem.

NOÇÕES DO SENSO COMUM. Trata-se de formas de pensamento que atribuem aos fenômenos apenas aquilo que pode ser diretamente observado, ou logicamente deduzido a partir da observação. Mesmo que uma noção se baseie em observação incompleta e errada, não é aqui classificada como noção mística se não implica a existência de qualidades inobservadas. À diferença das noções místicas, não postulam a existência de qualidades supra-sensíveis.

NOÇÕES CIENTÍFICAS. A ciência desenvolveu-se a partir do senso comum, mas é muito mais metódica e dispõe de melhores técnicas de observação e dedução. O senso comum baseia-se na experiência e em normas prático-empíricas;* a ciência baseia-se no experimento e nas regras da lógica. O senso comum leva em conta ape-

* No original, *rule of thumb*. (N.T.)

nas alguns elos da cadeia causal; a ciência leva em conta todos, ou a maioria, desses elos. Neste livro, não houve necessidade de definirmos mais claramente o que sejam noções científicas, porque os Azande não as têm ou têm muito poucas, conforme o lugar em que se convencione traçar a linha de demarcação entre senso comum e ciência. Mas a categoria foi aqui introduzida por ser necessário um critério que decida se uma determinada noção é mística ou do senso comum; e nosso conhecimento científico acumulado e a lógica são os únicos árbitros capazes de decidir o que são noções místicas, científicas e do senso comum. Mas esse juízo nunca é absoluto.

COMPORTAMENTO RITUAL. Todo comportamento que é explicado por noções místicas, isto é, quando não há nexo objetivo entre a ação e o evento que pretende causar. Este tipo de comportamento só se torna inteligível para nós quando estamos de posse das noções místicas a ele associadas.

COMPORTAMENTO EMPÍRICO. Todo comportamento que está referido a noções do senso comum. Este tipo de comportamento é normalmente inteligível, sem que se necessitem maiores explicações, bastando observá-lo em sua totalidade e em seus efeitos.

APÊNDICE II

Bruxaria e sonhos

Os Azande distinguem entre sonhos de bruxaria e sonhos oraculares. Um sonho mau ou pesadelo quase sempre é um sonho de bruxaria; um sonho agradável é oracular. No entanto, todos os sonhos são em certo sentido oraculares: um sonho mau é considerado simultaneamente como uma experiência atual de bruxaria e um prognóstico de infortúnio, pois, se um indivíduo está sendo embruxado, obviamente enfrentará alguma desventura. Os Azande também associam a bruxaria com um sonho oracular que prevê algum infortúnio — sendo ambos, sonho e infortúnio, o resultado da bruxaria. O sonho é uma sombra projetada pela bruxaria em antecipação ao acontecimento que irá suceder — e que de certa forma já ocorreu, embora o sonhador não saiba exatamente de que se trata.

Aqui detenho-me apenas sobre sonhos do tipo que os Azande consideram como experiências de bruxaria. Não foi fácil registrar os sonhos azande, e foi sobremodo difícil obter o contexto em que ocorriam. Parte da informação contida neste apêndice foi obtida por consultas aos Azande sobre as espécies de sonhos que as pessoas têm, e seu significado. Informantes mais íntimos fizeram-me narrativas detalhadas de sonhos reais, mas raramente consegui a informação na época da experiência onírica; em sua maioria, os sonhos me foram narrados muito tempo depois. O sonhador os recordava por seu caráter dramático e por sua relação com acontecimentos importantes da sua história pessoal. Representam, assim, uma amostra muito selecionada; mas seu interesse se mantém, pois mostram com clareza o que os Azande consideram como sonhos típicos, e quais as interpretações gerais e particulares oferecidas por sua cultura. Como se verá, os sonhos possuem interpretações padronizadas, mas o indivíduo é capaz de selecionar aquelas que melhor se ajustam à sua situação.

Deve ser sublinhado que um sonho mau não é somente um símbolo da bruxaria, mas uma experiência real desse fenômeno. Na vigília, o indivíduo só sabe que foi embruxado ao experimentar um infortúnio, ou pela revelação oracular, mas nos sonhos ele vê os bruxos e pode até conversar com eles. Poderíamos dizer que os Azande vêem a bruxaria durante os sonhos, mais do que sonham com ela. Assim, quando um homem sonha que está sendo perseguido por uma besta antropocéfala, tem a certeza de que foi realmente atacado por um bruxo; seu único problema é saber quem o embruxou.

Na verdade, estaríamos mais próximos do pensamento zande se disséssemos que quem tem essas experiências é a alma do sonhador. Percebendo que as sensações oníricas não são como as da vigília, os Azande afirmam que durante o sono a alma se liberta do corpo e deambula à vontade, encontrando outros espíritos e envolvendo-se em aventuras. No mesmo sentido, acreditam que um bruxo adormecido possa enviar a alma de sua bruxaria para comer a alma da carne da vítima. As horas de sono são, desse modo, um cenário apropriado para a batalha psíquica que é a bruxaria para o zande — uma luta entre sua alma e a alma da bruxaria, travada enquanto ambas estão vagando livremente, e ele e o bruxo jazem adormecidos.

Um bruxo pode atacar uma pessoa sob qualquer aparência. Os pesadelos mais comuns são sonhos em que se é perseguido por leões, leopardos ou elefantes, em que se é atacado por homens com cabeça de animal, ou aprisionado por inimigos sem poder pedir socorro, ou em que se cai de uma grande altura sem jamais atingir o solo. Um homem me contou que caíra de uma árvore alta até o chão, onde viu uma casa ocupada por homens estranhos, com rostos pálidos como os de europeus. Sabia que era um sonho maligno, mas não era capaz de dizer o que pressagiava. Às vezes um indivíduo é atacado por cobras; foge de uma mas encontra outra, as cobras se enrolam em suas pernas. Nos sonhos, as pessoas vêem também animais estranhos, como *wangu*, a serpente-arco-íris, e *moma ime*, o leopardo aquático. Um terror súbito os desperta.

Em geral, nesses pesadelos, o sonhador não consegue ver o rosto de seu atacante, e não obtém qualquer evidência circunstancial sobre a identidade deste. O sonhador pode cair doente ao acordar; mas, mesmo que se sinta bem, é aconselhável procurar um oráculo para saber do significado do sonho e tomar as devidas providências defensivas. Não é sempre que os Azande consultam os oráculos a propósito de pesadelos — isso nem mesmo é comum; na maioria dos casos, meditam algum tempo sobre seu conteúdo e em seguida o esquecem —, a não ser quando algo imprevisto e desagradável acontece, e que é imediatamente ligado ao sonho. Mais de uma vez ouvi os Azande dizerem, a respeito de algum infortúnio: "Ah! foi por isso que tive um pesadelo a outra noite; os sonhos realmente prevêem o futuro!"

Por vezes aquele que teve um pesadelo pede, na manhã seguinte, que um irmão de sangue, um parente ou amigo consultem o oráculo de atrito, para saber se a bruxaria lhe fez algum mal e quem a enviou. Ao descobrir o nome do bruxo, vai consultar o oráculo de veneno para confirmação, e em seguida pede a um delegado do príncipe que notifique o bruxo. Os plebeus consultam os oráculos se os pesadelos se repetem; os príncipes consultam-nos quando são visitados em sonhos por seus pais e avós falecidos.

Mas às vezes pode acontecer que um indivíduo consiga identificar o rosto do bruxo em seu sonho. Kisanga foi atacado por dois bruxos, Basingbatara e seu filho, durante o sono. Os dois treparam no telhado de sua cabana e ficaram olhando para ele, deitado no chão, através de um buraco na cobertura. Não havia buraco algum no telhado real, apenas no telhado do sonho. Os dois homens tinham todas as características de babuínos cinocéfalos, exceto pelos rostos humanos. Kisanga disse que a aparência de Basingbatara mudava: ora a cabeça e a barriga eram de Basingbatara, ora as de um babuíno. Aí, Basingbatara disse ao filho: "Bata nele!" — e o rapaz bateu-lhe na cabeça com uma lança. Nesta hora, Kisanga acordou e viu os dois descendo do telhado e fugindo para casa. Kisanga afirmou que ficou muito doente por algumas semanas, depois dessa experiência. Ele podia, além do mais, explicar o motivo do ataque.

Ele e Basingbatara mantinham relações abertamente amistosas, embora não se gostassem; o jovem que o atacou com a lança estava noivo de sua filha, mas as famílias não se davam bem. Muito tempo depois desse sonho, Kisanga processou a família de seus atacantes no tribunal de um chefe, porque o irmão do rapaz estava assediando sua esposa; isso era pior que adultério, porque a mulher era equivalente a uma sogra do rapaz.

Mesmo que não tenha conseguido ver o rosto do bruxo no sonho, um indivíduo pode eventualmente identificá-lo a partir de acontecimentos anteriores. Kamanga narrou-me um sonho que tivera tempos atrás, no qual fora atacado enquanto dormia por uma criatura de corpo humano e cabeça e presas de elefante. Ficou muito assustado e fingiu estar dormindo enquanto espreitava os movimentos da criatura. O bruxo mexia a cabeça como se o estivesse procurando, e então deixou a cabana. Kamanga pulou da cama e, batendo os braços como se fossem asas, voou até uma árvore próxima, abraçando-se a ela. O bruxo o viu voando, mas não pôde descobrir seu poleiro. Kamanga apontou-me sem hesitação quem era esse bruxo. Quando lhe perguntei como sabia, disse que reconheceu o indivíduo pelo corpo, e que aquela pessoa lhe votara vingança por causa de uma questão matrimonial em que Kamanga agira contra os interesses dela. Quando era menino, sua mãe morreu, deixando uma criança para a irmã de Kamanga cuidar. Um dia, a irmã de seu pai levou a criança para amamentar; quando ia para casa com ela, encontrou o homem que atacou Kamanga no sonho. Ele sempre quisera casar com ela, e aproveitou aquele encontro para renovar suas propostas. Ao ser novamente repelido, tomou a criança e fugiu para sua residência. Nessa época, Kamanga estava servindo de pajem na corte do príncipe Ngere, e queixou-se a este sobre a conduta do homem. Ngere disse a Kamanga que seus irmãos poderiam recuperar a criança. Quatro deles, então, foram encontrar o homem e dois de seus filhos numa estrada, e o atacaram enquanto Kamanga fugia com a criança nos braços. Esse homem o agrediu no sonho porque lhe guardava rancor, por causa do que Kamanga contara ao príncipe. Kamanga acrescentou que o homem era conhecido nas vizinhanças como bruxo, pois as roças de seus vizinhos não prosperavam. Ele não sabia direito o que teria acontecido se o homem-elefante tivesse conseguido pegá-lo, mas tinha certeza de que ficaria seriamente doente.

É interessante comparar a narrativa desse sonho com uma outra, feita por Kamanga alguns meses depois, e que transcrevo em suas próprias palavras:

> Dormi profundamente, os sonhos vieram a mim, e sonhei um sonho. Um homem veio como elefante e me atacou. Esse elefante ficou do lado de fora de minha cabana, pôs sua tromba para dentro e me puxou para fora.
>
> A parte de baixo de seu corpo era como a de um homem, sua cabeça era a cabeça de um elefante. Tinha cabelo como se fosse capim, de modo que a cabeça parecia a de um velho. Comecei a correr e correr, do lugar onde ele me tinha atirado. Ele me perseguiu, trepei numa árvore. Ele esfregou a cabeça na árvore, e eu estava bem em cima dele. Ele ficou andando, me procurando, mexendo a tromba assim, e eu na árvore. Não conseguiu me encontrar, então se afastou um pouco. Fiquei em cima da árvore um bom tempo, e então

pulei. Então ele me viu e arremeteu contra mim para me matar. Quando estava chegando, acordei do sonho.

Outro sonho desse mesmo rapaz fornece uma ilustração adicional da forma pela qual os acontecimentos anteriores ao sonho são associados às imagens oníricas, e de que maneira os sonhos são interpretados de acordo com um processo de seleção de eventos e pessoas dirigido pelos afetos do sonhador. Na tarde imediatamente anterior à noite do sonho, eu tinha sugerido aos membros de meu grupo doméstico que eles deveriam ajudar na construção da cabana de Kamanga. Tal sugestão não foi bem recebida, pois soube mais tarde que insultaram Kamanga, e — disse-me este — por pouco não lhe espancaram. Na manhã seguinte, Kamanga me disse que lhe doía o flanco esquerdo; disse que no meio da noite as almas de seus companheiros o agrediram, esmurrando seu flanco esquerdo — isto é, fazendo o que não ousaram fazer de dia. Kamanga disse que não pôde ver seus rostos, mas que só podiam ser meus outros criados. Acrescentou que, embora o corpo de um indivíduo possa estar adormecido, sua alma está desperta.

É difícil saber se é a alma do bruxo que ataca a vítima de noite, ou se esta alma é diferente da alma da bruxaria. Creio que os Azande não têm clareza sobre isso.

Os sonhos com animais compósitos (*kodikodi anya*) não são incomuns — como o corpo humano com cabeça de elefante visto por Kamanga, ou o homem com cabeça de babuíno cinocéfalo visto por Kisanga. Disseram-me que nos sonhos aparecem as seguintes criaturas: um ser com a cara de homem, cabeça, bico e corpo de pássaro e com um rabo de cobra; um ser com a cara de homem, as presas e orelhas de elefante, o corpo de cachorro e as pernas de um velho; e uma criatura com rosto humano, corpo de andorinha e asas de morcego. A mulher de Kisanga foi atacada por um indivíduo chamado Böli, que tinha rosto de gente e corpo de leopardo. Esse homem tinha-lhe feito propostas que ela repeliu. Mais tarde, ela teve um profundo abscesso no local em que o homem-leopardo lhe enfiara as garras, no sonho.

É muito comum para um bruxo assumir algumas das características de um elefante, búfalo ou antílope. Uma pessoa que tenha ingerido drogas contra a bruxaria é capaz de ver o bruxo em sua forma humana, antes que vire animal. Soube que não são apenas os bruxos que aparecem em forma animal nos sonhos; um indivíduo pode ver um amigo assim metamorfoseado, e mais tarde lhe diz: “Vi você em sonho a noite passada; você tinha uma cabeça de búfalo. Algum bruxo deve ter feito isso comigo.” Ao que o amigo replica: “Ah, foi? que coisa desagradável, se foi um bruxo.” Nesses casos, a noção de bruxaria é excluída por considerações de amizade, pois se o homem-búfalo não fosse um amigo do sonhador, este seguramente o acusaria de ser bruxo.

Os sonhos que descrevi mostram-nos de outro ângulo como a noção de bruxaria é uma função dos infortúnios e das inimizades. Quando o infortúnio ocorrido pode ser relacionado a um sonho prévio, ambos são provas da ação da bruxaria. O sonho é uma experiência real da bruxaria, como o infortúnio conseqüente o demonstra. Um sonho de bruxaria, portanto, pressagia o desastre: o sonhador já está embruxado, já está votado a alguma desventura. Um sonho mau é como uma declaração inauspiciosa de um oráculo. Em ambos os casos, o indivíduo vai bem no momento, mas tem uma premonição do desastre. O sonho e a indicação oracular são mais que anunciadores de infortúnio; são um sinal de que o infortúnio já ocorreu, por assim dizer, no futuro. É portanto necessário agir como se a desventura fosse inevitável, isto é, entrar em contato com o responsável da maneira já descrita.

Vimos também como o Zande procura interpretar as experiências oníricas da mesma maneira que interpreta outros infortúnios — atribuindo-as às maquinações de seus inimigos. Ele pode perceber tais inimigos no sonho; ou então deduz que as pessoas que lhe surgiram devem ser seus rivais, embora não lhes possa ver o rosto, porque eventos prévios não deixam dúvidas sobre a identidade delas; ou, por fim, pode apresentar o nome dos inimigos diante dos oráculos para saber qual deles é o culpado.

APÊNDICE III

Outros agentes malignos associados à bruxaria

A bruxaria pode ser às vezes detectada nos cachorros e está associada a vários animais e pássaros. O cão tem um jeito maldoso de olhar as pessoas, e é tão rancoroso que parece um ser humano; por causa destes e de outros sinais, os Azande acreditam que os cães costumam ser bruxos. Essa opinião é abonada por alguns casos em que cachorros foram inculpados de bruxaria pelo oráculo de veneno. Os Azande disseram-me que pode suceder que os parentes de um morto consultem inutilmente o oráculo a respeito de vizinhos, até que por fim, ao perguntar se o responsável é um cão, recebem uma resposta afirmativa. Não registrei qualquer caso concreto desta natureza.

É difícil garantir até que ponto os Azande levam a sério a tradição de que outros animais são bruxos. No cotidiano, eles tratam geralmente o assunto com humor, embora eu os tenha visto ficarem apreensivos com a aparição ou grito de um animal associado à bruxaria. Este é o caso para aves e animais noturnos, que se pensa serem servos dos bruxos. Os morcegos são universalmente detestados, e as corujas são consideradas nefastas se sobrevoam uma residência durante a noite. Há uma coruja chamada *gbuku* que grita "*he he he*" de noite, e quando alguém ouve esse grito sabe que há um bruxo por perto; então sopra seu apito mágico e senta-se perto das drogas que crescem em seu pátio. Os uivos do chacal são um prenúncio de morte.

Mas os Azande também se referem despreocupadamente a certos animais como bruxos, querendo dizer apenas que são espertos e possuem poderes estranhos. Assim, dizem do galo doméstico, que canta para anunciar o nascente antes que os homens possam pressenti-lo: "Ele vê a aurora dentro de si, é um bruxo." Os Azande não ficaram surpresos ao achar substância-bruxaria dentro de uma cabra de minha propriedade, lembrando que ela tentara chifrar as pessoas e que era uma criatura rabugenta, de maus bofes.

Nunca se sabe quais animais do mato possuem bruxaria — especialmente aqueles matreiros, que parecem saber tudo que o caçador está fazendo. Os Azande dizem do animal que escapa de suas redes e armadilhas: "É um bruxo." Embora eu considere que a expressão deva ser traduzida por "É esperto como um bruxo", ela sugere uma associação entre inteligência ou esperteza e a posse de bruxaria, a qual é claramente enunciada por outros povos do Congo que, como os Azande, têm a bruxaria por uma substância orgânica.

A mais temida dessas criaturas malignas classificadas como bruxas é uma espécie de gato selvagem chamada *adandara*. Esses animais vivem na mata; diz-se que têm um corpo brilhante e olhos faiscantes, e que dão gritos assustadores à noite. Os Azande dizem desses animais: "É bruxaria, eles são o mesmo que bruxaria." Os gatos machos têm relações sexuais com humanas, que dão à luz gatinhos e os amamentam como a bebês. Todo mundo concorda que tais gatos existem, e que ver um deles é fatal. Dá azar até mesmo ouvir seus gritos. Ouvi um gato gritar de noite, certa vez, e logo depois um de meus criados veio à minha cabana pedir um apito mágico que eu comprara, e que havia sido feito especialmente para afastar a má influência desses gatos. Ele rezou um encantamento, soprou o apito e voltou à sua cabana satisfeito por ter afastado o perigo de nossa casa.

Um texto que colhi sobre os gatos diz assim:

> A mulher que dá à luz gatos tem relações sexuais com um gato, e depois com um homem. Ela fica prenhe de crianças e gatos. Quando a hora do parto se aproxima, ela procura uma especialista em fazer o parto de gatos, e diz que quer que ela seja sua parteira. Vão juntas para o mato e, quando chegam a uma termiteira, sentam-se. A mulher dá à luz gatos, a parteira os lava. Elas os escondem na termiteira e voltam para casa. A parteira diz à mãe dos gatos que vai pilar *kurukpu* e sésamo para untar os gatinhos. A mãe concorda. Ela unta os gatinhos com *kurukpu* e óleo. A parteira então se vai.
>
> No dia seguinte a mulher dá à luz uma criança, e ninguém fica sabendo que ela pariu gatos. Os gatos crescem e começam a devorar as galinhas do marido dessa mulher, que se lamenta: "Quem trouxe gatos para comer minhas galinhas?" Ele não sabe que foi sua mulher que pariu os gatos.
>
> Esses animais são terríveis, e se um homem os vê, é muito provável que morra. Não são muitas as mulheres que dão à luz gatos, só umas poucas. Uma mulher comum não pode parir gatos, só uma mulher cuja mãe também os tenha parido.

Só duas das pessoas que conheci tinham visto os *adandara*; mas a tradição zande abunda em historias sobre eles. Diz-se que alguns grandes reis do passado morreram ao ver esses gatos; penso que isso é um tributo à sua realeza, isto é, foi preciso mais que a bruxaria comum para matá-los. Quando se questiona a existência de tais gatos, os Azande recorrem a esses casos célebres. Todo mundo está firmemente convencido de sua existência, e muita gente carrega apitos mágicos especiais contra eles.

Os Azande costumam referir-se ao lesbianismo como *adandara*. Dizem: "É a mesma coisa que os gatos." Essa comparação baseia-se na natureza inauspiciosa dos dois fenômenos, e no fato de que ambos são ações femininas que podem causar a morte de qualquer homem que as testemunhe. Devemos referir-nos brevemente ao lesbianismo e práticas similares, que são consideradas agourentas pelos Azande. As mulheres azande, especialmente nos haréns dos príncipes, costumavam ter intercurso homossexual por meio de um falo confeccionado com raízes. Os príncipes não hesitavam em executar uma esposa que tivesse descobertas suas atividades homossexuais; eu mesmo conheci um príncipe que expulsou de casa algumas esposas por este motivo. Entre os plebeus, se um homem descobre que sua mulher mantém relações lésbicas com outra, açoita-a e faz um escândalo. A ira do marido deve-se ao temor das conseqüências nefastas que podem ocorrer. Os Azande, assim, falam do lesbianismo como algo maligno, do mesmo modo que a bruxaria e os gatos são malignos; afirmam, além disso, que mulheres homossexuais são o tipo mesmo daquelas que dão à luz gatos e são bruxas. A geração de gatos e o lesbianismo associam o mal com as funções sexuais femininas. Observe-se, aliás, que toda utilização incomum da genitália feminina é considerada de mau agouro. Considera-se um insulto se uma mulher expõe provocantemente sua vagina para o marido, e pior ainda se expõe o ânus em presença de homens. Uma mulher às vezes encerra uma discussão doméstica ao exibir uma parte do corpo aos olhos do marido. Tais costumes são aqui mencionados para que o leitor perceba que a bruxaria não é o único agente do infortúnio, mas que muitos outros fatores e agências são concebidos como tendo uma influência pouco auspiciosa sobre os seres humanos; e os Azande os comparam à bruxaria, que é o protótipo de todo mal. Outros fenômenos de mau agouro, como a menstruação, não têm relação especial com a bruxaria.

Há um agente de azar, contudo, que possui tal semelhança com a bruxaria e que merece menção. Trata-se da pessoa que, em criança, teve seus dentes superiores despontados antes dos inferiores. Ela é chamada um *irakörinde*: *ira*, possuidor de; *kö* (contração de *kere*), maus ou malignos; *rinde*, dentes. Tais indivíduos são considerados azarentos, mas não são uma ameaça tão grande quanto os bruxos, pois não matam gente. Nunca vi uma pessoa que fosse considerada um dono de dentes malignos; mas, como dizem os Azande, como se pode sabê-lo? Mesmo assim, diz-se que às vezes se sabe se um bebê mostrou os dentes superiores antes dos inferiores; ele é visto como um perigo para as roças dos vizinhos e, se sua influência maligna não for combatida por meio de drogas, corre o risco de ser vítima de drogas protetoras. Diz-se de tal criança:

> Oh, como é que esta criança foi mostrar primeiro seus dentes de cima! Ela é bruxa. Oh, proteja minhas primícias para que este dono de dentes malignos não vá comê-las.

No tempo da semeadura, os homens protegem suas roças contra a bruxaria e contra os donos de dentes malignos. Provavelmente existem drogas especiais que fazem mal aos donos de dentes malignos se eles comem as primícias da safra — pois é o ataque às primícias o que faz o maior estrago. Assim, um indivíduo colhe seus primeiros amendoins, deixando o principal da safra no chão. Com eles sua esposa faz um tempero pastoso para o mingau, convidando alguns vizinhos a compartilharem da refeição. Se um dono de dentes maligno come desse mingau, toda a safra de amendoins ainda na roça pode estragar. Como não há meios de saber quem são os donos de dentes malignos, as pessoas precisam recorrer à magia para que eles tenham medo de comer as primícias dos vizinhos. Tais drogas também têm uma ação produtiva, fazendo com que o amendoim, o milho e a eleusina cresçam abundantemente.

Os Azande dizem ainda que um dono de dentes malignos estraga tudo que é novo. Se um indivíduo faz um belo banco, uma gamela ou pote novos, e uma dessas pessoas vem admirar a obra e a toca com o dedo, ela racha. Creio ter entendido que os donos de dentes malignos prejudicam as pessoas sem querer, ou pelo menos sem maldade, mas a opinião zande sobre isso não é unânime. No entanto, tal pessoa é considerada responsável, pois tem consciência de sua ação nefasta e deveria evitar comer primícias, ou tocar em utensílios novos. Além do mais, seu pai deveria ter usado de magia para torná-lo inofensivo. Assim, ela só pode culpar a si mesma quando sofre algum mal atribuído à magia protetora. Nunca ouvi falar que as pessoas procurassem os oráculos para saber quem foi o dono de dentes malignos que estragou suas coisas, e assim eles não são identificados. Quando um zande sofre um revés, pergunta sobre bruxaria, não sobre dentes; e, além da magia protetora, não há comportamento especial associado aos donos de dentes malignos. Os Azande não os levam muito a sério, e pouco se ouve falar deles.

APÊNDICE IV

Algumas reminiscências e reflexões sobre o trabalho de campo[1]

Muitas vezes me perguntam como se faz o trabalho de campo, e como nos havíamos naqueles dias que parecem tão distantes. Não me tinha ocorrido antes, pelo menos tão claramente quanto deveria, que as informações que coletamos e publicamos fossem um dia ser analisadas e até certo ponto avaliadas à luz das circunstâncias em que conduzimos nossas pesquisas. E assim rabisquei estas notas, que devem ser lidas como um fragmento da história da antropologia.

I

Paul Radin, aquele simpático e inteligente antropólogo austro-americano, disse uma vez que ninguém sabe muito bem como faz o próprio trabalho de campo. Talvez devêssemos ficar por aí. Mas quando eu era um jovem e sério estudante em Londres, achei que seria bom obter algumas indicações de pesquisadores experimentados antes de partir para a África Central. Recorri primeiro a Westermarck. Tudo que consegui dele foi: "Não converse com um informante por mais de 20 minutos, pois se a essa altura você já não estiver entediado, ele certamente estará." Excelente recomendação, embora um tanto inadequada. Procurei em seguida aconselhar-me com Haddon, que se distinguira na pesquisa de campo. Ele me disse que tudo era muito simples: bastava portar-se como um cavalheiro. Outro bom conselho. Seligman, meu professor, mandou-me tomar dez grãos de quinino toda noite e ficar longe das mulheres. Sir Flinders Petrie, o famoso egiptólogo, disse-me apenas para não me preocupar com ter de beber água suja, pois logo se fica imunizado contra ela. Por fim falei com Malinowski, e ele me disse para não ser um maldito idiota, e então tudo iria bem. Como vêem, não há uma resposta única — muito depende do pesquisador, da sociedade que ele estuda e das condições em que tem de fazê-lo.

Às vezes ouço dizer que qualquer pessoa pode observar e escrever um livro sobre um povo primitivo. Talvez qualquer pessoa possa, mas não vai estar necessariamente acrescentando algo à antropologia. Na ciência, como na vida, só se acha o que se procura. Não se pode ter as respostas quando não se sabe quais são as perguntas. Por conseguinte, a primeira exigência para que se possa realizar uma pesquisa de campo é um treinamento rigoroso em teoria antropológica, que dê as condições de saber o quê e como observar, e o que é teoricamente significativo. É essencial percebermos que os

[1] Este trabalho baseia-se em palestras proferidas nas Universidades de Cambridge e Cardiff.

fatos em si não têm significado. Para que o possuam, devem ter certo grau de generalidade. É inútil partir para o campo às cegas. É preciso saber exatamente o que se quer saber, e isso só pode ser conseguido graças a um treinamento sistemático em antropologia social acadêmica.

Assim, por exemplo, estou certo de que não poderia ter escrito o livro sobre a bruxaria zande que escrevi, sequer feito as observações que o sustentam, se não tivesse lido os livros do grande Lévy-Bruhl; duvido também que tivesse conseguido me convencer de que não estava delirando, ao descrever e interpretar o sistema de linhagens dos Nuer, se não tivesse como que subitamente percebido que Robertson Smith descrevera, praticamente com as mesmas palavras que usei, um sistema semelhante entre os antigos árabes. Acho que não poderia ter contribuído para a compreensão da estrutura política dos Shilluk e Anuak, caso não tivesse me aprofundado nos estudos sobre a Idade Média. E tampouco poderia ter escrito sobre os Sanusi se não dispusesse, como referência, de um modelo da história de outros movimentos religiosos. Estes dois últimos exemplos ilustram algo mais. A rigor, a Europa medieval e os movimentos religiosos são coisas que talvez estejam fora do escopo dos estudos de antropologia social; mas uma certa reflexão mostra-nos que não é bem assim. Todo saber é relevante para nossas pesquisas, podendo, ainda que não seja classificado e ensinado como antropologia, influenciar a direção de nossos interesses e, por intermédio destes, nossas observações e a maneira de apresentá-las. Além disso, pode-se dizer que, desde que nosso objeto de estudo são os seres humanos, tal estudo envolve toda a nossa personalidade — cabeça e coração; e que, assim, tudo aquilo que moldou essa personalidade está envolvido, não só a formação acadêmica: sexo, idade, classe social, nacionalidade, família, escola, igreja, amizades e assim por diante. Sublinho com isso que o que se traz de um estudo de campo depende muito daquilo que se levou para ele. Essa pelo menos foi a minha experiência, tanto no que diz respeito às minhas próprias pesquisas, quanto do que pude concluir das de meus colegas.

Costumava-se dizer, e talvez ainda se diga, que o antropólogo vai para o campo com idéias preconcebidas sobre a natureza das sociedades primitivas, e que suas observações são guiadas por suas tendências teóricas — como se isso fosse um vício, e não uma virtude. Todo mundo vai a uma sociedade primitiva com idéias preconcebidas. Mas como Malinowski costumava lembrar, as do leigo são desinformadas, em geral preconceituosas, ao passo que as do antropólogo são científicas, pelo menos no sentido de que se baseiam num corpo muito considerável de conhecimento acumulado e aprimorado. Se o antropólogo não fosse ao campo com idéias preconcebidas, não saberia o que observar, nem como fazê-lo. Também é evidente que as observações do antropólogo são infletidas por seus interesses teóricos; isso significa apenas que ele está de posse de várias hipóteses permitidas pelo conhecimento disponível e que, se seus dados o permitirem, vai testar essas hipóteses. Como poderia ser diferente? Não se pode estudar coisa alguma sem uma teoria a respeito de sua natureza.

Por outro lado, o antropólogo deve seguir o que encontra na sociedade que escolheu estudar: a organização social, os valores e sentimentos do povo, e assim por diante. Posso ilustrar este ponto com meu próprio caso. Eu não tinha interesse por bruxaria quando fui para o país zande, mas os Azande tinham; e assim tive de me deixar guiar por eles. Não me interessava particularmente por vacas quando fui aos Nuer, mas os Nuer, sim; e assim tive aos poucos, querendo ou não, que me tornar um especialista em gado.

Talvez tenha ficado evidente, a partir do que já foi dito, que é desejável que o antropólogo estude mais de uma sociedade, embora isso nem sempre seja possível. Se realiza apenas um estudo, é inevitável que perceba as instituições da sociedade estudada em contraste com as suas próprias, que oponha as idéias e valores desse povo com os de sua própria cultura, e isso apesar de todo esforço corretivo implícito em seu conhecimento da literatura antropológica. Mas, quando for estudar uma segunda sociedade estrangeira, vai abordá-la à luz de sua experiência com a primeira — como se através de outras lentes, outra perspectiva —, e isso tende a fazer com que seu estudo se torne mais objetivo, ou pelo menos lhe sugere linhas de pesquisa que poderiam não se ter aberto. Assim, por exemplo, os Azande possuem reis e príncipes e uma organização político-burocrática razoavelmente elaborada. Quando fui viver com os Nuer, após meses entre os Azande, descobri que, embora eles tivessem grupos políticos bastante consideráveis, não dispunham aparentemente de qualquer autoridade política significativa; de forma que eu naturalmente me perguntei o que daria o sentido de unidade a esses grupos, e, com isso, cheguei a descobrir seu sistema de linhagens. Do mesmo modo, os Azande tinham um profundo interesse pela bruxaria, ao passo que os Nuer pareciam absolutamente desinteressados dessa noção ou de qualquer coisa similar; então me perguntei a que agência eles atribuíam os infortúnios. Isso me levou ao estudo do conceito nuer de *kwoth*, espírito, e a meu livro sobre sua religião.

O estudo de uma segunda sociedade possui também a vantagem de que o investigador é então mais experiente: já sabe que erros evitar, como iniciar mais rapidamente suas observações, como cortar caminho na investigação e discernir sem muito esforço o que é relevante, pois pode ver os problemas fundamentais mais depressa. A desvantagem é que o período de redação e publicação dos materiais torna-se muito extenso — por exemplo, eu só publiquei, até agora, uma pequena porção de meu material zande, recolhido num estudo que comecei em 1927! É sem dúvida esta forte ênfase britânica na pesquisa de campo que explica o desaparecimento do outrora tão celebrado método comparativo. Todo mundo está tão ocupado em organizar suas notas de campo que ninguém tem muito tempo para ler os livros escritos pelos outros.

Quando o pesquisador volta do campo, e tem que escrever um livro sobre a sociedade que estudou, é que a importância de uma fundamentação sólida em teoria geral começa a se revelar. Tenho muita — demasiada — experiência de campo e descobri há muito tempo que a batalha decisiva não se trava no campo, mas depois da volta. Qualquer pessoa que não seja completamente idiota pode fazer trabalho de campo, e se o povo com quem se está trabalhando nunca foi estudado antes, é inevitável que se dê alguma contribuição original para o conhecimento. Mas será uma contribuição teórica, ou apenas factual? Qualquer um pode mostrar um fato novo; o problema é propor uma nova idéia. Tenho tido a triste experiência de ver muitos estudantes voltarem para casa e se porem a escrever apenas mais outro livro sobre apenas mais outra sociedade, sem terem a menor idéia do que fazer com as observações que tão penosamente acumularam. Nunca é demais repetir que, em ciência, para que a observação empírica tenha validade, é preciso que ela seja guiada e inspirada por alguma visão geral sobre a natureza dos fenômenos estudados. Só assim as conclusões teóricas aparecerão como implicitamente contidas numa descrição exata e exaustiva.

2

Isso me traz àquilo que os antropólogos costumam chamar de observação participante. Eles querem dizer com isso que, na medida do possível e do conveniente, o pesquisador deve viver a vida do povo que está estudando. Esse é um assunto complicado, e aqui falarei apenas de seu aspecto material. Percebi que, se eu queria saber como e por que os africanos faziam certas coisas, o melhor era fazê-las eu mesmo: possuí uma cabana e um estábulo, como eles; cacei com eles, com lança e arco-e-flecha; aprendi o ofício de oleiro; consultei os oráculos; e assim por diante. Mas é preciso reconhecer que há um certo fingimento em tais esforços de participação, e os povos que estudamos nem sempre os acolhem bem. Na verdade, entra-se numa outra cultura, mas ao mesmo tempo guarda-se uma distância dela. Não é possível ao antropólogo tornar-se verdadeiramente um zande, um nuer ou um beduíno; a atitude mais digna a seu respeito talvez seja a de manter-se, no essencial, apartado deles. Pois, de qualquer modo, sempre seremos nós mesmos e nada mais — membros de nossa própria sociedade, visitantes numa terra estranha. Talvez seja melhor dizer que o antropólogo vive simultaneamente em dois mundos mentais diferentes, construídos segundo categorias e valores muitas vezes de difícil conciliação. Ele se torna, ao menos temporariamente, uma espécie de indivíduo duplamente marginal, alienado de dois mundos.

O problema fica mais evidente e penoso quando somos postos diante de noções inexistentes em nossa cultura atual, e que, portanto, não nos são familiares. Idéias como as de Deus ou alma são familiares, e, por meio de certos ajustamentos, a tradução é possível; mas que dizer de crenças em bruxaria, magia, oráculos? Muitas vezes me perguntaram se, quando estava entre os Azande, cheguei a aceitar suas idéias sobre bruxaria. Esta é uma pergunta difícil de responder. Acho que se poderia dizer que as aceitei; não tinha escolha. Em minha própria cultura, dentro da atmosfera de pensamento em que nasci e fui criado, rejeitava e rejeito as noções zande sobre bruxaria. Na cultura deles, dentro do horizonte de idéias em que então vivia, eu as aceitava; de certa forma, acreditava nelas. Os Azande falavam o tempo todo de bruxaria, entre si e comigo; a comunicação seria absolutamente impossível se a bruxaria não fosse aceita por mim como algo natural. Não podemos ter uma conversa produtiva ou sequer inteligível com as pessoas sobre algo que elas têm por auto-evidente, se damos a impressão de considerar tal crença como ilusão ou delírio. Se fizéssemos isso, logo cessaria qualquer entendimento mútuo e, junto com ele, toda simpatia. Assim, por mais reservas que tivesse, precisava agir como se confiasse nos oráculos azande e me curvar ao dogma da bruxaria. Se queria ir caçar, por exemplo, ninguém me acompanharia, a menos que eu pudesse fornecer um veredicto do oráculo de veneno dizendo que tudo ia dar certo, que a bruxaria não ameaçava nosso projeto. Se pretendemos levar nossa vida em harmonia com a de nossos anfitriões — cuja companhia se busca, e sem a qual mergulharíamos na loucura e na desorientação —, é preciso ceder, ao menos parcialmente. Quando se precisa agir como se acreditássemos, acabamos por acreditar, ou quase acreditar — à medida mesma que agimos.

Aqui se coloca uma questão sobre a qual eu e meus colegas nem sempre estamos de acordo. Ao escrever sobre as crenças de povos primitivos, será que importa saber se as consideramos válidas ou falaciosas? Vejamos o caso da bruxaria. Será que faz alguma diferença se acreditamos nela ou não? Ou basta apenas descrever como as pessoas acreditam nela, pensam e agem a partir dessa crença, e como essa crença afeta as relações sociais? Bem, acho que faz uma diferença, sim. Se não achamos sustentáveis as premissas psíquicas em que se baseiam as crenças sobre bruxaria, temos diante de nós a tarefa de dar conta de algo que é senso comum para o povo estudado, mas incompreensível para nós. Estamos em posição completamente diferente quando se trata da crença em Deus, ou pelo menos eu estou. Achamos que a bruxaria não existe, mas fomos ensinados a acreditar em Deus, de forma que, neste caso, não sentimos que temos de dar conta de uma ilusão. Temos apenas que descrever como aquele povo pensa a respeito de algo que nós também consideramos real, e de que forma essa crença afeta suas vidas. O ateu, contudo, está diante do mesmo problema, seja bruxaria ou Deus, e sente a necessidade de explicar uma ilusão mediante várias hipóteses psicológicas ou sociológicas. Reconheço que esta é uma questão filosófica muito difícil, pois é perfeitamente razoável perguntar por que — além da fé — deveria alguém aceitar Deus, e não a bruxaria, uma vez que é possível sustentar, como é o caso de muitos antropólogos, que as provas da existência do primeiro não são mais convincentes que as da existência da segunda. A resposta, imagino, é que em nossa cultura (deixando de lado as crenças do passado, e o ceticismo moderno), a idéia de Deus faz sentido, a de bruxaria não. Levanto o problema mesmo sem poder dar a ele uma resposta satisfatória. Mas, afinal, penso que faz alguma diferença achar que uma vaca existe ou que é apenas uma ilusão!

Já que surgiu esta questão de como entrar nas formas de pensamento de outros povos, devo mencionar uma implicação adicional. Pergunto-me se os antropólogos têm consciência de que, ao longo de seu trabalho de campo, podem ser — e às vezes são — transformados pelo povo que estão estudando, que de uma forma sutil e inconsciente eles "viraram nativos", como se costumava dizer. Ora, se o antropólogo é uma pessoa sensível, não poderia ser de outro jeito. Mas essa é uma questão muito pessoal, e direi apenas que aprendi com os "primitivos" africanos muito mais do que eles comigo. Aprendi com eles muita coisa que não me ensinaram na escola: uma coragem, resistência, paciência, resignação e tolerância que eu não conhecera antes. Para dar somente um exemplo, eu diria que aprendi mais com os Nuer sobre a natureza de Deus e sobre nossa condição humana do que com tudo o que me ensinaram em casa.

3

Qual a diferença entre a sociologia e a antropologia social? — eis aí uma questão acadêmica de certa importância, que já causou muita confusão e algum ressentimento. Já discuti o tema alhures, e não voltarei a ele, uma vez que é marginal ao meu problema aqui. Mas gostaria apenas de comentar uma indagação que os estudantes de sociologia volta e meia me fazem: por que os antropólogos, em seu trabalho de campo, não empregam as técnicas usadas pelos sociólogos, como questionários, amostragens, entrevistas, estatísticas etc.? A resposta é que, no meu tempo —acho que hoje a situação é um pouco diversa —, o uso de semelhantes técnicas no estudo de um povo primitivo não seria útil de forma alguma, e talvez nem mesmo fosse possível. As sociedades que estudei eram totalmente iletradas, de modo que a aplicação de questionários seria perda de tempo. Em sociedades rurais ou seminômades, homogêneas, a técnica de amostragem, necessária no estudo de comunidades urbanas socialmente heterogêneas, é inútil e sem sentido. Entrevistas fechadas e formais, na cabana ou tenda do antropólogo, ao contrário de conversas informais, são geralmente impossíveis, porque os nativos não cooperam; e de qualquer forma são indesejáveis, porque não dão conta do contexto das atividades sociais. Nunca andei em público com meu caderno de notas; não porque as pessoas tivessem alguma idéia do que eu estava fazendo, mas porque achava que um caderno atrapalharia nosso contato. Eu memorizava o que via e ouvia, e escrevia quando estava só. As estatísticas, por sua vez, têm um valor muito limitado, mesmo quando os dados numéricos podem ser obtidos, o que nem sempre é o caso. Se eu perguntasse a uma mulher nuer quantos filhos tinha, ela não saberia dizer; se perguntasse a um homem nuer quantas cabeças de gado possuía, ele, a menos que me conhecesse realmente muito bem, fecharia a cara de vez, se é que não quebraria a minha cara.

Quando digo que, no meu tempo, a técnica de entrevistas não era usada, não me refiro obviamente a conversas privadas com alguns indivíduos, aqueles que o antropólogo chama de informantes (palavra infeliz). Há certos assuntos que não podem ser discutidos em público; há explicações que não podem ser obtidas na hora (por exemplo, durante um funeral ou uma cerimônia religiosa), a menos que se queira ser importuno e criar constrangimento; e há textos que devem ser transcritos, o que só pode ser feito em condições de isolamento. É necessário, portanto, poder contar com informantes confidenciais que se dispõem a trabalhar em sessões regulares, às vezes diárias; e é evidente que estes devem ser pessoas íntegras, honestas, inteligentes, instruídas e genuinamente interessadas em nossos esforços de entender o modo de vida de seu povo. Eles tornam-se nossos amigos. Entre os Azande, trabalhei principalmente com meus dois criados pessoais e com dois informantes pagos; mas como é comum na África, sempre apareciam em nossa casa pessoas ligadas aos informantes. O único jovem que encontrei capaz de escrever zande tornou-se meu secretário por algum tempo, pois tinha sido despedido da C.M.S. Mission por ter-se casado com uma mulher divorciada. Entre os Nuer, Anuak e Beduínos, nunca encontrei alguém que pudesse ou quisesse trabalhar como informante (no sentido acima), de modo que precisei me contentar em recolher informações de quem estivesse disposto no momento. É preciso ter muita cautela na seleção dos informantes (quando se tem esta oportunidade), pois pode acontecer que só um certo tipo de pessoa esteja disposta a esta função — alguém que provavelmente trabalha para o europeu como modo de escapar da família e de outras obrigações sociais. Tal indivíduo pode fornecer um ponto de vista anômalo e distorcer a visão do antropólogo.

Às vezes se diz que o antropólogo é quase sempre ludibriado e despistado pelos informantes. Isto não é verdade — se ele é um bom antropólogo e um bom juiz do caráter alheio. E por que alguém lhe iria mentir, se há confiança recíproca? Se não houver, é melhor voltar para casa. Quando se está nas mãos de um intérprete, é verdade que há um certo risco, mas, quando se fala a língua nativa, é sempre possível verificar e voltar a verificar a informação. Neste último caso, a menos que todos estejam contando a mesma mentira, é impossível que o informante minta sistematicamente. Pode haver — e quase sempre há — muita diferença de opinião entre dois informantes, sobre um fato ou interpretação em particular, mas isso não quer dizer que um deles esteja mentindo. Assim como nós, os nativos também não têm todos a mesma opinião, e alguns são mais bem informados que os demais. É claro que pode haver temas sigilosos, a respeito dos quais um informante não deseje falar, e aí então ele pode distorcer os fatos e evitar que se siga uma certa linha de investigação. Até o fim de minha estada entre os Azande, minhas perguntas sobre suas confrarias mágicas ficaram sem resposta, mesmo por parte daqueles em quem eu mais confiava e conhecia. Os informantes que eram membros de tais associações fingiam nada saber sobre elas. E não podiam deixar de fazê-lo, pois tinham jurado segredo. Contudo, para um antropólogo observador, uma mentira pode ser mais reveladora que a verdade, pois se ele desconfia ou sabe que está sendo enganado, pergunta-se sobre qual seria o motivo disso, e assim pode alcançar profundezas ocultas.

Talvez este seja o momento de discutir outra questão que me é freqüentemente colocada. A visão nativa sobre a vida (e sobre as mulheres) só pode ser obtida por meio dos homens, ou seria possível conhecer as mulheres e chegar a ver as coisas de seu ângulo? Isso depende muito do grupo estudado e do status que as mulheres têm nele. Durante uma pesquisa de campo interrompida (estourou a guerra) numa aldeia do Alto Egito (Quft), eu jamais consegui falar com uma mulher; aliás, só uma vez consegui ver uma, e rapidamente. As mulheres dos Beduínos da Cirenaica não usam véu e podem ser abordadas, se não com intimidade, pelo menos sem grandes embaraços. As mulheres azande eram quase uma casta inferior e, exceto as velhas matronas, eram tímidas e caladas. No país dos Nuer, onde as mulheres têm um status elevado e afirmam sua independência, elas vinham falar comigo sempre que queriam — em geral nas horas mais inconvenientes; parecia um flerte interminável. Sem dúvida foram elas, e não eu, que tomaram a iniciativa. Em geral eu diria que o antropólogo do sexo masculino, por não se ajustar às categorias nativas do masculino e do feminino, e portanto não precisando comportar-se, em certas circunstâncias, como um homem deveria fazê-lo, não está sujeito a suspeitas, juízos e códigos que definem os sexos. Ele realmente está fora dessas categorias, pois está fora da vida social do grupo, por mais que procure identificar-se com ela; é uma pessoa até certo ponto sem sexo. Por exemplo, nenhum dos Azande fez objeção às minhas conversas com as mulheres; mas se um zande não-parente fizesse o mesmo, haveria confusão séria. Nos tempos pré-europeus seria exigida uma indenização, sob pena de castração do culpado.

Trata-se de saber, então, se uma antropóloga é capaz de obter mais ou melhores informações sobre os hábitos e idéias femininas que um homem. Novamente isso depende do tipo de sociedade. Numa sociedade muçulmana urbana, onde as mulheres ficam reclusas em haréns, é óbvio que só uma mulher teria acesso a elas. Mas eu diria que, nos demais casos, tenho poucas evidências de que as antropólogas tenham feito mais pesquisas sobre a posição da mulher na sociedade, e sobre seu modo de vida em geral, que os antropólogos. Acrescento, aliás, que não sei se é uma vantagem para o antropólogo ter sua esposa consigo no campo. Eles formariam uma pequena comunidade fechada, dificultando a ambos o aprendizado da língua e o processo geral de conversão que somente a necessidade de companhia e amizade pode forçar um homem a empreender. Contudo, suponho que um homem com a esposa no campo fique, pelo menos, melhor alimentado. De qualquer forma, como eu era solteiro quando fiz minhas pesquisas, e esse não foi um problema para mim. Não consigo resistir contudo à observação de que o que arruinou nossas relações com os povos do Sudão meridional foram os automóveis e as esposas britânicas.

Outro ponto associado à questão dos informantes é a relação do antropólogo com outros europeus que residam nas áreas de pesquisa. Esse não era um grande problema no Sudão do meu tempo. Só havia um punhado de funcionários administrativos, uns poucos missionários e um ou outro médico. Com uma ou duas exceções, achei-os bondosos, hospitaleiros e solícitos. Por vezes puderam me dar informações que, embora nem sempre exatas do ponto de vista antropológico, fizeram-me ganhar tempo, permitindo-me começar de algum lugar. Tal foi especialmente o caso dos missionários presbiterianos norte-americanos, entre os Nuer; do sr. Elliot Smith, entre os Anuak, e do arquidiácono Owen, entre os Luo do Quênia. Nesses assuntos o antropólogo deve ser prudente. Afinal, é uma espécie de intruso no território deles, no qual se consideram às vezes a única autoridade. Não é preciso, nem faz sentido, ser condescendente; se o antropólogo for sensato quanto a isso, será ajudado. E é preciso lembrar sempre que ele, pelo menos no começo da pesquisa, embora saiba mais antropologia que os europeus residentes, sabe menos em geral sobre os fatos etnográficos locais. Deve lembrar também que, se não consegue se dar bem com gente de seu próprio povo, é difícil que o consiga com gente de um outro. Além do mais, os europeus locais são parte do seu objeto de estudo.

Mas devo advertir os estudantes para que não aceitem, sobretudo em assuntos de religião, o que se encontra na literatura missionária. O missionário geralmente só conhece a língua fora do contexto da vida nativa, e portanto pode desconhecer o pleno significado de palavras que apenas o contexto permite captar. O fato de o missionário ter estado com um povo por muito tempo nada prova: o que conta é a maneira e o modo de residência; é preciso também saber se Deus lhe deu, entre outras bênçãos, o dom da inteligência. Peço cautela, sobretudo, em temas religiosos. É óbvio que, como os nativos não sabem inglês, o missionário, em sua propaganda, não tem outra escolha senão procurar palavras da língua nativa que possam servir para exprimir conceitos como "Deus", "alma", "pecado" etc. Assim, ele não está traduzindo as palavras nativas para sua língua, mas procurando traduzir palavras européias que possivelmente não compreende em palavras de uma língua nativa que talvez entenda menos ainda. O resultado desse exercício pode ser algo confuso, se não caótico. Publiquei uma notícia sobre a quase-idiotia de certos hinos ingleses quando traduzidos para o zande. Os missionários usaram, por exemplo, a palavra *mbori* para traduzir "Deus" em zande, sem ter a menor idéia do significado do termo para os Azande. Coisas ainda piores aconteceram em algumas línguas nilóticas. Não vou insistir no assunto; deixem-me apenas dizer que, no final das contas, a confusão se torna inextricável: ao escolher uma palavra nativa para "Deus", os missionários terminam inevitavelmente por conferir ao termo nativo o significado e as qualidades que a palavra "Deus" tem para eles, missionários. No passado, abstive-me de fazer estas críticas aos missionários porque não queria ofendê-los e porque achava que qualquer pessoa inteligente poderia fazê-las por conta própria.

Aqui seria talvez o lugar de se discutir um tópico conexo. Que tipo de ajuda o antropólogo pode esperar de técnicos que trabalharam em sua área de pesquisa — agrônomos, botânicos, médicos, veterinários etc.? Bem, ele pode conseguir informações que não conseguiria obter de outra forma, e algumas delas podem ser relevantes para seus problemas e linhas de pesquisa. Mas apenas ele pode julgar o que é importante ou não. Em poucas palavras: um fato físico torna-se um fato social quando é importante para uma comunidade, e portanto para o estudioso dessa comunidade. Saber que os Azande não podem, por causa da mosca tsé-tsé (*Glossina morsitans*), criar animais domésticos além do cachorro e das galinhas é um fato obviamente importante; mas o conhecimento da patologia dos tripanossomas não vai esclarecer grande coisa sobre efeitos sociais destes parasitos. Além disso, não se deve aceitar sem mais nem menos o que uma pessoa diz sobre a vida nativa, não importam suas qualificações técnicas. Um exemplo terrível é o livro de Schlippe sobre a agricultura zande: o que é ali descrito são menos os modos de cultivo azande que aqueles impostos pelo governo do Sudão anglo-egípcio. Se Schlippe fosse capaz de falar e entender a língua zande, teria percebido isso. Tenham cuidado, também, com as equipes de pesquisa; esse tipo de coisa só leva à perda de tempo e à irritação. Meyer Fortes contou-me que, quando esteve com uma equipe dessas em Gana, passou a maior parte do tempo tentando explicar aos outros membros da equipe a importância das observações que faziam; eu, quando participei de uma equipe de pesquisa no Quênia, era a única pessoa a fazer alguma coisa. Quando realizei minha pesquisa no Sudão não havia agrônomos, entomólogos e outros peritos, de forma que tive de fazer o máximo que pude e ser meu próprio especialista. Talvez tenha dado no mesmo.

Tudo que os antropólogos tinham de fazer, nos países governados pelos ingleses, era mostrar tato e humildade ao tratar com os europeus. As coisas mudaram. Em primeiro lugar, está-se mostrando cada vez mais difícil, até impossível, fazer pesquisas antropológicas em muitas partes do mundo. Atualmente, é claro, não se deve encorajar ninguém a estudar na União Soviética, em alguns de seus países-satélites, ou na China. Nas circunstâncias atuais, e embora fale árabe, eu tampouco perderia tempo tentando pesquisar em muitos países árabes. Mesmo que obtivesse permissão, teria de me submeter a muitas interferências e supervisões. Em tais países o antropólogo é considerado um espião; seus conhecimentos correm o risco, aliás, de serem usados pelo serviço secreto de seu próprio país. Além disso, ele é considerado um abelhudo pelos nativos, e malvisto.

Mesmo nos países em que os problemas não são especificamente políticos, pode haver — e creio que realmente há — uma atitude hostil com relação às pesquisas antropológicas. Entende-se que essas pesquisas sugerem que o país onde foram feitas é povoado por selvagens primitivos. A antropologia lhes cheira a colonialismo cultural, a uma afirmação arrogante da superioridade européia — o branco estudando o negro inferior. E alguns de seus ressentimentos e suspeitas são justificados, pois no passado os antropólogos se alugaram ou venderam com muita facilidade aos interesses colonialistas. O falecido dr. Nkrumah uma vez queixou-se a mim de que os antropólogos procuravam fazer o africano parecer o mais primitivo possível: fotografavam pessoas nuas, escreviam sobre bruxaria, fetiches e outras superstições, esquecendo as estradas, portos, escolas, fábricas etc. Como efeito disso, a antropologia tornou-se — acho que injustamente, e sem que suas intenções tenham sido entendidas — uma noção repugnante para os povos dos estados novos e independentes, especialmente na África. Por isso, tenho aconselhado meus estudantes que vão para o trabalho de campo a dizer que são historiadores ou lingüistas, especialidades que não ofendem a ninguém; ou então que falem vagamente a respeito de "sociologia".

Sobre a questão da extensão do trabalho de campo, eu diria que um primeiro estudo de uma sociedade deve levar, se pretende ser rigoroso, até dois anos. (Meu trabalho com os Azande durou 20 meses.) Não creio que se possa completá-lo em menos tempo, apesar do estilo norte-americano de fazer pesquisa. Idealmente o programa deveria ser: um ano no campo; uma pausa de alguns meses, para ruminar o que se conseguiu, discutir com colegas os problemas que surgiram, ver o que foi omitido; e de volta ao campo por mais um ano. Nem sempre isso é possível, porém. Além disso, o estudante deve reservar mais um ano para organizar seu material e redigir sua monografia. Isso também nem sempre é possível, e o pesquisador às vezes precisa aceitar um emprego em que vai mergulhar no ensino, enquanto os resultados de sua pesquisa ficam mofando. Quantas vezes isso não aconteceu?

4

Evidentemente a coisa mais essencial em uma pesquisa antropológica é um profundo conhecimento da língua do povo que se está estudando. Não há outro caminho para que o pensamento do grupo — que sempre foi o que me interessou, e a isso devotei toda a minha carreira — seja compreendido e exposto pelo antropólogo. Assim, nas pesquisas que fiz (exceto os levantamentos etnográficos, em árabe, para agradar ao prof. Seligman), sempre aprendi e dominei a língua nativa: zande, nuer, anuak, beduíno, árabe e até um pouco de luo e de galla. Todos os antropólogos ingleses, hoje em dia — ao contrário de seus antecessores, Rivers, Haddon, Seligman e outros —, aceitam automaticamente essa exigência e afirmam falar bem a língua nativa. Talvez o façam, mas o fato é que raramente dão provas dessa habilidade. Mesmo que não duvide que entendam a língua, lembro que, um dia no futuro, algum crítico poderá perguntar quais eram suas credenciais. No passado elas eram apresentadas sob a forma de textos (com traduções), mas hoje em dia isso não pode ser aceito como prova, pois, como muitas sociedades primitivas vêm-se tornando letradas, é possível para o antropólogo encontrar alguém que escreva ou traduza os textos para ele — coisa rara ou impossível no meu tempo. Só encontrei um zande que podia escrever coerentemente, e entre os Nuer, os Anuak, os Beduínos e outros, não havia ninguém. Assim, tive que registrar os textos eu mesmo, e à mão, pois não havia gravadores — um instrumento nem sempre útil. Tendo tido uma educação baseada no grego e no latim, a tradução de textos era para mim uma competência necessária; minha paixão por eles foi estimulada por Malinowski, que, por sua vez, inspirara-se no egiptólogo sir Alan Gardiner. O problema, porém, é como conseguir publicar textos em vernáculo — quem pode ou quer lê-los? Fiz o que pude no caso do zande, o que me custou tempo e dinheiro. E desisti completamente de continuar a fazê-lo, para o zande ou qualquer das outras línguas.

Uma das coisas que sempre me perguntam é como o antropólogo se arranja para começar seu estudo de uma sociedade primitiva. Devo responder a essa questão à luz de minha própria experiência, que não é a mesma de outros pesquisadores.[2] Ajudou muito, é claro, ter realizado a maioria de minhas pesquisas no Sudão, na época governado pelos ingleses, e cujo governo e funcionários eram simpáticos à pesquisa antropológica. O que ajudou mais ainda foi que os ingleses eram poucos, e estavam longe — em outras palavras, que eu podia ser aceito ou rejeitado, amado ou odiado, não como membro de uma classe. No Quênia foi muito diferente, pois lá era difícil decidir quem era mais desagradável, se os funcionários ou os colonos, todos tão execrados pelos africanos que era difícil para qualquer antropólogo branco ganhar sua confiança. Mas uma vez em condições favoráveis, tais como as que havia no Sudão, a mim sempre pareceu muito simples ir até uma sociedade dita primitiva e lá residir. Por que alguém seria contra essa permanência, se eu não fazia mal a ninguém e era um hóspede? Não faria o mesmo se um deles viesse morar perto de mim? Eu não espero ser amado, como alguns antropólogos norte-americanos parecem fazê-lo. Queria dar, e não receber. Sempre fui acolhido de braços abertos, exceto entre os Nuer, mas estes estavam, na época, hostilizando duramente o governo. Suponho que, se sabe-

---

[2] As *Notes and Queries* [tradução em português: *Guia prático de antropologia*, Cultrix. (N.T.)] não me ajudaram grande coisa. Carreguei meus livros dentro da cabeça, mas devo registrar: antes de ir para os Nuer falei com Max Gluckman sobre este problema de livros, e decidimos que, a levar algum, que fosse o *Primitive Society*, de Lowie — uma escolha que se revelou excelente.

mos que podemos ser mal recebidos, simplesmente chegamos no lugar e tentamos estabelecer contato com as pessoas; em minha experiência, elas ficam contentes em serem contatadas. Pode suceder que um antropólogo que encontrou dificuldades entre um povo se saia muito bem em outro; até certo ponto, pode-se dizer que há um elemento de acaso.

Na verdade, não há receita para se conhecer as pessoas. De um jeito ou de outro, sempre se encontram alguns criados — ou melhor, eles nos acham — e um ou dois indivíduos capazes e dispostos a ensinar a língua nativa. Essas pessoas tendem a identificar-se com você, de forma que nada do que você possui é "seu", e sim "nosso". Elas passarão a gozar de algum renome por terem — eu ia dizer possuírem — seu homem branco, e ficam contentes em apresentá-lo às suas famílias e amigos; e as coisas assim vão indo. Há um período inicial de perplexidade, pode-se até dizer de desespero, mas se perseveramos, a coisa passa. Sempre acabei descobrindo que a melhor maneira (de minha parte, não-intencional) de superar minha timidez e as suspeitas de meu anfitrião era por meio das crianças, que não mostram a mesma reserva diante de estranhos (nem eu diante delas). Entre os Azande, comecei por pedir aos meninos que me ensinassem jogos, e entre os Nuer, a ir pescar toda manhã com os rapazes. Descobri que, quando as crianças me aceitavam, então os adultos também me aceitariam. Outra sugestão que dou é a de não fazer investigações sobre assuntos sociais — família, parentesco, religião — antes de dominar um pouco a língua e de solidificar certos relacionamentos, pois certos mal-entendidos e confusões podem surgir que são difíceis de serem desfeitos. Se vocês procederem como eu o fiz, recusando (ou não conseguindo) intérpretes, não poderão investigar tais temas logo de início. Portanto, o jeito de começar é trabalhando 12 horas por dia no aprendizado da língua, socorrendo-se de quem estiver disposto a ajudar. Isso significa que você é um aluno deles, uma criança que deve ser educada e orientada. As pessoas entendem facilmente que você queira falar a língua delas, e os tropeços iniciais são aceitos com boa vontade. Os professores mais severos foram os Nuer, que me corrigiam polida mas firmemente se eu pronunciava erradamente uma palavra ou me enganava sobre seu significado. Eles ficaram muito orgulhosos de seu aluno quando comecei a falar mais ou menos inteligivelmente. A mudez inicial deve ser combatida por um aprendizado tanto auditivo quanto visual. Novamente, as pessoas acham inocente e razoável — embora algo divertido — que alguém que parece ter surgido do nada procure associar-se com elas, se interesse pelo que ocorre à sua volta e aprenda a fazer o que elas fazem: trabalhar na roça, fazer cerâmica, pastorear o gado, selar camelos, dançar, seja lá o que for.

Só acrescentaria a estas observações dispersas que sempre aconselhei os estudantes que partiam para o campo a aprenderem algumas palavras novas todo dia e a registrarem coisas materiais. Todo processo social, toda relação social, toda idéia têm sua representação em palavras e objetos, e se alguém consegue dominar as palavras e as coisas, nada termina por escapar. Uma sugestão final: afastem-se de criados e informantes regulares de vez em quando, e encontrem pessoas que não conheçam vocês. Aí vocês vão ver como falam mal a língua deles!

5

Pode-se perguntar — e deve-se fazê-lo, mais cedo ou mais tarde — o que se deve registrar sobre um grupo que se estuda, e quanto desse registro deve ser publicado. Sempre sustentei que se deve registrar nos cadernos de campo o máximo possível, isto é, tudo o que se observa. Sei que essa é uma tarefa impossível, mas depois, quando já faz anos que se deixou o campo e a memória começa a falhar, fica-se satisfeito por ter registrado as coisas mais simples e corriqueiras: o que, como e quando as pessoas cozinhavam, por exemplo. E quanto, dos cadernos de campo, deve ir para a publicação? Idealmente, acho que tudo, pois o que não é publicado está perdido para sempre — a descrição do modo de vida de um povo num certo momento de sua história, que desaparece nas cavernas sombrias do tempo. E ninguém pode saber quão valioso será, para um futuro estudante que esteja se perguntando coisas que não perguntamos, aquilo que para nós parecia tão banal. Portanto, acho que é um dever publicar tudo o que se sabe, embora esta seja uma tarefa dura — os editores também acham. Fica-se carregando o resto da vida o que se publicou, aprisionado na cela que se construiu; mas devemos algo à posteridade.

Talvez eu deva aqui protestar contra o fato de os antropólogos escreverem livros sobre as pessoas. Um certo grau de abstração é sem dúvida necessário, ou não se chega a lugar algum, mas será que é realmente necessário fazer de seres humanos — um livro? Acho os relatórios comuns de pesquisa de campo tão chatos que chegam a ser ilegíveis — sistemas de parentesco, sistemas políticos, sistemas rituais, todo tipo de sistema, estrutura e função, mas bem pouca carne e sangue. Raramente se tem a impressão de que o antropólogo alguma vez sentiu-se em comunhão com o povo sobre o qual está escrevendo. Se isso é romantismo e sentimentalismo, bem, aceito a pecha.

E.E. EVANS-PRITCHARD